\ サクッとうかる /

社会福祉法人
経営実務検定試験
（厚生労働省後援）

会 計 1級

公式
テキスト&トレーニング

桑原知之

Ⓢ ネットスクール出版

はじめに

～社会福祉法人経営実務検定試験を目指される皆様へ～

本書を手に取ったみなさんは、いいところに目を付けられましたね。

社会福祉法人における会計処理や経営管理を学習範囲とするこの試験は、その内容の社会的重要性から 2022 年度に**厚生労働省の後援を得る**に至りました。

保育から介護に至るまで、あらゆる場面での社会福祉の担い手である社会福祉法人の、会計はもとより経営までも学ぶ『**社会福祉法人経営実務検定試験**』は、今後、ますます注目され、評価されていくものと思われます。

～社会福祉法人で働く皆様へ～

社会福祉法人に勤めると、最初は現場で働くことが多いかと思われます。

しかしそんな中でよく見ると、ご自身の退職給付制度や、介護保険制度、さらには施設自体への補助金制度など、**行政から手厚く保護されている**ことに気づかれるのではないでしょうか。

誰しも肉体労働的に働くには限界があります。

今は肉体労働的に働いていても、この資格に合格し実力をつけ、いつしか、社会福祉法人の経営の一翼を担える存在になっていくというのも良い生き方ではないでしょうか。

～簿記を学んだ皆様へ～

　簿記会計のルールは、産業分野ごとの実態に則して若干異なります。つまり、一般簿記との違いを理解すれば「その分野の会計スペシャリストになれる」ことを意味しています。

　社会福祉法人は、全国で 21,000 法人ほどあり、携わる人も多ければ、お世話になる人はもっと多いのが特徴です。**この分野に就転職される方は絶対に取っておくべき資格ですし、将来お世話になる方も知っておいて損はない知識でしょう。**

　また、この『**社会福祉法人経営実務検定試験**』は厚生労働省の後援を得たことにより、社会福祉法人での認知も高まり、高い評価を得るようになることは確実です。

　社会福祉法人会計では、資金の範囲や基本金の扱いなど、一般簿記と異なる点もありますが、**基本的な簿記の考え方はまったく変わりません。**

　この機会に社会福祉会計を学び、自分自身の価値を高めておいてはいかがでしょうか。

「**日商簿記検定試験**」の受験後に「**社会福祉法人経営実務検定試験**」を受験するさいの目安となる級を示すと次のようになります。

日商簿記検定試験後に受験する社会福祉法人経営実務検定試験

日商簿記検定試験	社会福祉法人　経営実務検定試験	
日商簿記１級　　➡	会計１級	経営管理
日商簿記２級　　➡	会計２級	
日商簿記３級　　➡	会計３級	
	入　門※	

※入門の試験には、経営管理に関する初歩的な内容も含まれています。

ネットスクール　桑原　知之

社会福祉法人経営実務検定試験 会計 1 級のプロフィール

社会福祉法人経営実務検定試験 会計 1 級とは

　社会福祉法人経営実務検定試験とは、社会福祉法人会計に携わる人々が、業務に必要な知識を学ぶことができる認定試験です。社会福祉法人会計は企業会計とは大きく異なる会計のため、その特殊性に配慮した勉強が必要となります。

　会計 1 級における受験対象者は、社会福祉法人における統括会計責任者、職業会計人、会計事務所職員などとなっており、社会福祉法人の職員のみならず、社会福祉法人や会計事務所への就職活動にも役立つものです。

　なお、2021 年 12 月までに 17 回実施されていた社会福祉会計簿記認定試験上級（簿記会計）の名称が、2022 年より社会福祉法人経営実務検定試験会計 1 級に変更されました。

過去の合格率

　過去 7 回の合格率は、平均約 18％となっています。

　※社会福祉会計簿記認定試験上級（簿記会計）として実施されたものです。

	第 11 回	第 12 回	第 13 回	第 14 回	第 15 回	第 16 回	第 17 回
	2015 年	2016 年	2017 年	2018 年	2019 年	2020 年	2021 年
受験申込者	231	225	233	175	176	173	157
実受験者	197	190	194	151	156	144	120
合格者	27	26	27	35	22	20	42
合格率	13.71%	13.68%	13.92%	23.18%	14.10%	13.89%	35.00%

受験資格・試験日など

受験資格：男女の別、年齢、学歴、国籍等の制限なく誰でも受けられる。

試験日：年間 1 回／ 12 月実施

試験時間：11 時 00 分から 12 時 40 分の 100 分

大問数：5 問

受験料：11,000 円（税込）

合格基準：100 点を満点とし、70 点以上。

　　　　　ただし、大問のうち 1 つでも 0 点がある場合は不合格となる。

出題範囲：新試験制度の導入により、出題範囲は一般財団法人総合福祉研究会の

　　　　　ホームページをご確認ください。

　　　　　【URL　https://www.sofukuken.gr.jp/】

本書の使い方

内容理解はこの1冊でOK！

図表やイラストを使って、読みやすくしました。

また、『Point』などで、学習の要点が一目でわかるようになっています。

第3章　引当金の会計処理

徴収不能引当金の表示方法

徴収不能引当金は、貸借対照表上、次のいずれかにより表示します。

運用上の取扱い（局長通知）18(2)

① 間接法

設定対象となった債権の区分（流動資産またはその他の固定資産）に控除項目として表示する方法

② 直接法

債権から徴収不能引当金を直接控除した額を計上し、控除した徴収不能引当金の額を注記する方法

注記については、第9章で確認します。

決算のさい、徴収不能見積額を徴収不能引当金として計上しますが、決算整理前に徴収不能引当金の残高がある場合、「徴収不能見積額」と「決算整理前の徴収不能引当金の残高」との差額を徴収不能引当金として計上します（差額補充法）。

なお、企業会計で認められている洗替法は、社会福祉簿記では認められていません。

徴収不能実績率の計算

徴収不能実績率は、一般的に以下の方法で計算します。

point 徴収不能実績率

徴収不能実績率：$\dfrac{\text{当期末以前の3年間の徴収不能額の合計額}}{\text{当期末以前の3年間の一括評価債権期末残高の合計額}}$

経理規程細則 13. 第2条3（注1）

67

キャラクターが補足説明します。

まとめです。復習の際に便利です。

カバー裏もチェック！

本書のカバー裏には、社会福祉充実残額の計算を掲載しています。取り外して机の前に貼るなど、学習にお役立てください。

※必要に応じてコピーなどをされることをお勧めします。

理解のためのツーステップ式！

「初回のアウトプットはインプットの内」と言われています。

つまり、学習は、「アウトプット（確認テストを解くこと）をしないとインプット（知識習得）は完了しない」ということを意味しています。そこで、基本知識を学んだらすぐに確認テストを解きましょう。

テキスト ＋ 確認テスト

確認テストは、過去の試験で出題された問題が中心です。問題を解いたら必ず解説をお読み下さい。

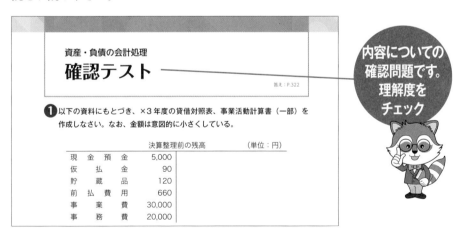

サンプル問題を使って実力を把握！

テキストと確認テストで学んだ知識を確認し、一通り学習が終わったら、サンプル問題に挑戦してみましょう。

社会福祉法人マイスター制度

　2022年度から、新しい試験制度でスタートする「社会福祉法人経営実務検定試験」（旧 社会福祉会計簿記認定試験）では、「**会計1級**」と「**経営管理**」の2科目に合格すると「**社会福祉法人マイスター**」の称号が付与されるとのことです。

　平成28年（2016年）の社会福祉法改正により、社会福祉法人にはより一層のガバナンス強化が求められることとなりました。そこで、新試験制度では会計分野に加えて、新たにガバナンス分野も出題範囲とされたのです。

　社会福祉法人の次世代を担う経営者候補として、ぜひ社会福祉法人マイスターを目指して頑張ってみませんか？

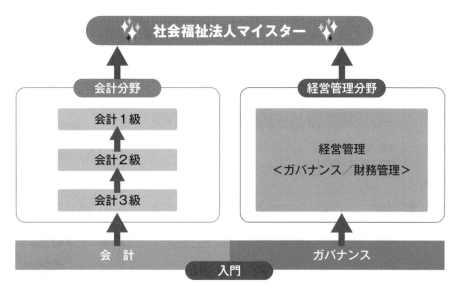

みんなでマイスターにチャレンジしよう！

頑張ります！！

【凡例】

本書では、各種法令や通知等について以下のように省略して記載しています。

会計基準省令
：社会福祉法人会計基準（平成 28 年厚生労働省令第 79 号）

運用上の取扱い（局長通知）
：社会福祉法人会計基準の制定に伴う会計処理等に関する運用上の取扱いについて（平成 28 年 3 月 31 日付け雇児発 0331 第 15 号・社援発 0331 第 39 号・老発 0331 第 45 号 局長連名通知）

運用上の留意事項（課長通知）
：社会福祉法人会計基準の制定に伴う会計処理等に関する運用上の留意事項について（平成 28 年 3 月 31 日付け雇児総発 0331 第 7 号・社援基発 0331 第 2 号・障障発 0331 第 2 号・老総発 0331 第 4 号 課長連名通知）

経理規程細則
：社会福祉法人モデル経理規程 細則（平成 29 年 1 月 31 日 全国社会福祉法人経営者協議会）

社会福祉法人会計基準の運用上の取扱いについて（Q＆A）
：社会福祉法人会計基準の運用上の取扱いについて（Q＆A）（平成 23 年 7 月 27 日 厚生労働省事務連絡）

社会福祉充実計画の承認等に係る事務処理基準
：社会福祉法第 55 条の 2 の規定に基づく社会福祉充実計画の承認等について（平成 29 年 1 月 24 日付け雇児発 0124 第 1 号・社援発 0124 第 1 号・老発 0124 第 1 号 局長連名通知）

子ども・子育て支援法附則第6条の規定による 私立保育所に対する委託費の経理等について
：子ども・子育て支援法附則第 6 条の規定による私立保育所に対する委託費の経理等について（平成 27 年 9 月 3 日付け府子本第 254 号・雇児発 0903 第 6 号 内閣府 子ども・子育て本部統括官、厚生労働省 雇用均等・児童家庭局長通知）

社会福祉法人が経営する社会福祉施設における運営費の運用及び指導について
：社会福祉法人が経営する社会福祉施設における運営費の運用及び指導について（平成 16 年 3 月 12 日付け雇児発 0312 第 1 号・社援発第 0312 第 1 号・老発第 0312 第 1 号 局長連名通知）

（注）本書は令和 4 年（2022 年）4 月 1 日現在施行されている法令等に基づいて作成しています。

CONTENTS

第1章 社会福祉法人の会計

第2章 資産・負債の会計処理

第10章 計算書類の作成Ⅱ

第11章 社会福祉法人の課税制度

巻末

会計1級で学習する内容は、社会福祉法人経営実務検定試験の会計分野で最もハイレベルな内容です。

　覚えることも多くて大変だと思いますが、合格すれば「社会福祉法人マイスター」の称号に一歩近づきます。

　何度も復習を重ねながら、着実に理解していきましょう。

第1章

社会福祉法人の会計

❶ 社会福祉法人とは
❷ 社会福祉法人の会計
❸ 計算書類

この章では、社会福祉法人の概要、会計基準、計算書類などについて学習します。ほとんどが2級までに学習したものですが、第2章以降で学習する会計処理の基礎となるものです。

全体像を把握するための章であるため丸暗記しようとせずに、肩の力を抜いて始めていきましょう！

1 社会福祉法人とは

社会福祉法人とは

　社会福祉事業を行うことを目的として、設立された法人を社会福祉法人といいます。

　社会福祉事業は「**社会福祉を目的とする事業のうち、規制と助成を通じて公明かつ適正な実施の確保が図られなければならない事業**」です。利用者の保護の必要性が高い**第一種社会福祉事業**と、第一種社会福祉事業よりも利用者の保護の必要性が低い**第二種社会福祉事業**があります。

　　　社会福祉法人の設立には、社会福祉法の要件を満たす必要があります。

　第一種社会福祉事業は、**経営が安定している必要があること**から、都道府県知事などによる指導・監督を受け、**原則として国や地方公共団体と社会福祉法人しか経営することができません。**

　他方、**第二種社会福祉事業**には、このような事業主体に関する制約がないため、株式会社などでも行うことができます。

　また、社会福祉法人は、その経営する社会福祉事業に支障がない限り公益事業や収益事業も行うことができます。

point

社会福祉事業

一種
- ・特別養護老人ホーム
- ・児童養護施設
- ・障害者支援施設
- ・救護施設 等

二種
- ・保育所
- ・訪問介護
- ・デイサービス
- ・ショートステイ 等

利用者の保護を行う施設を運営
<経営主体>
行政及び**社会福祉法人**に限定

在宅生活を支えるサービスを行う
<経営主体>
制限はありません

公益事業
- ・子育て支援事業
- ・入浴、排せつ、食事等の支援事業
- ・介護予防事業、有料老人ホーム、老人保健施設の経営
- ・人材育成事業
- ・行政や事業者等の連絡調整事業

収益事業
- ・貸ビル、駐車場、公共的な施設内の売店の経営

社会福祉法人のメリット

社会福祉法人は、次に示す3つの支援・助成を受けることができます。

① 社会福祉施設利用者の福祉向上を目的として、**施設整備を取得するさいに一定額の補助**を受けることができる。

② 社会福祉事業の公益性が高いため、**法人税・固定資産税・寄附等についての税制優遇措置**が受けられる。（第11章参照）

③ 社会福祉事業の振興を目的として、**社会福祉施設職員等を対象に国家公務員の給付水準に準拠した退職金制度**が設けられている。

2 社会福祉法人の会計

会計報告の必要性

(1) 所轄庁からの視点

　社会福祉法人で運営される事業の多くは、国や地方公共団体からの補助金や助成金で運営されています。また、法人税等の優遇措置もあります。所轄庁は、補助金等が交付目的通りに利用されているか、社会福祉法人が適正に社会福祉事業を行っているかをチェックする必要があります。

(2) 利用者からの視点

　利用者は、社会福祉法人が健全かつ適正に運営され、サービスを安心して持続的に利用できるかを知る必要があります。

(3) 社会福祉法人内部からの視点

　社会福祉法人内部において事業活動が予算どおり行われているか管理し、評価する必要があります。

　上記の理由より、計算書類を作成し、利害関係者などに対して会計報告をする必要があります。

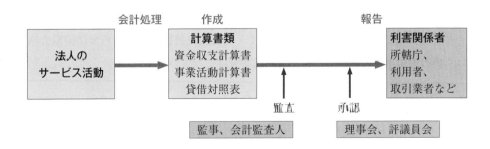

社会福祉法人会計基準

社会福祉法人が準拠すべき会計の基準については、「**会計基準省令**（社会福祉法人会計基準）」によって、次のように規定されています。

会計基準省令

（第1章　総則）

第1条　社会福祉法人は、この省令で定めるところに従い、会計処理を行い、会計帳簿、計算書類（貸借対照表及び収支計算書をいう。以下同じ。）、その附属明細書及び財産目録を作成しなければならない。

2　社会福祉法人は、この省令に定めるもののほか、一般に公正妥当と認められる社会福祉法人会計の慣行を斟酌（しんしゃく）しなければならない。

3　この省令の規定は、社会福祉法人が行う全ての事業に関する会計に適用する。

---

point　社会福祉法人会計基準の構成

■社会福祉法人会計基準は、「会計基準省令」と、一般に公正妥当と認められる社会福祉法人会計の慣行を記載した通知（「運用上の取扱い」、「運用上の留意事項」）によって構成されます。

社会福祉法人会計基準省令

- 会計基準の目的や一般原則等、会計ルールの基本原則を定めるもの。
- 計算書類の様式、勘定科目を規定

社会福祉法人会計基準の制定に伴う会計処理等に関する運用上の取扱いについて（局長通知）

- 基準省令の解説
- 附属明細書及び財産目録の様式を規定

社会福祉法人会計基準の制定に伴う会計処理等に関する運用上の留意事項について（課長通知）

- 基準省令及び運用上の取扱いでは定めていない一般に公正妥当と認められる社会福祉法人会計の慣行
- 各勘定科目の説明を規定

※なお、上記通知に加え事務連絡も省令の補足として発出されています。

資料：厚生労働省

また、「会計基準省令」はすべての社会福祉法人に適用される会計基準ですが、それぞれの法人の特殊性により、使用する具体的な勘定科目などは異なることがあります。そのため、各法人は管理組織を確立し、自らの組織に則した会計処理のルールを「経理規程」として定めることとされています。

社会福祉法人会計の会計原則

会計基準省令において、社会福祉法人の場合、4つの会計原則が定められています。これは、企業会計では「一般原則」と称されるものに相当します。

会計基準省令

（会計原則）

第2条 社会福祉法人は、次に掲げる原則に従って、会計処理を行い、計算書類及びその附属明細書(以下「計算関係書類」という。)並びに財産目録を作成しなければならない。

一　計算書類は、資金収支及び純資産の増減の状況並びに資産、負債及び純資産の状態に関する真実な内容を明瞭に表示すること。

二　計算書類は、正規の簿記の原則に従って正しく記帳された会計帳簿に基づいて作成すること。

三　採用する会計処理の原則及び手続並びに計算書類の表示方法については、毎会計年度継続して適用し、みだりにこれを変更しないこと。

四　重要性の乏しいものについては、会計処理の原則及び手続並びに計算書類の表示方法の適用に際して、本来の厳密な方法によらず、他の簡便な方法によることができること。

社会福祉法人は、この省令の定めるところに従い、会計処理を行って、会計帳簿、**計算書類**（**貸借対照表**及び**収支計算書**をいう。)、附属明細書及び財産目録を作成しなければなりません。

（会計基準省令　第1条　社会福祉法人会計の基準）

　また、社会福祉法人は、第2条の会計原則に従って**計算関係書類**（計算書類及び附属明細書）並びに財産目録を作成しなければなりません。

（**会計基準省令　第2条　会計原則**）

会計原則の解釈

　会計基準省令の4原則は以下のように解釈します。

①「真実性の原則」と「明瞭性の原則」**会計基準省令第2条一**

　「真実性の原則」は、計算書類が真実な報告であることを求める原則であり、「明瞭性の原則」は計算書類をわかりやすい表示方法で表示し、また採用した会計処理の原則や手続きを明らかにすることを求める原則です。

②「正規の簿記の原則」**会計基準省令第2条二**

　正確な会計帳簿を作成し、その会計帳簿にもとづいて、計算書類を作成することを求める原則です。また、この原則は、正確な会計帳簿から誘導して計算書類を作成すること（誘導法による計算書類の作成）も要請しています。

③「継続性の原則」**会計基準省令第2条三**

　1つの会計事実について、例えば減価償却の方法として「定額法」と「定率法」のように、2つ以上の会計処理の原則や手続きが認められている場合、そのうちの1つを採用したならば、**正当な理由がない限り**、原則として、毎期継続して適用しなければならないという原則です。

④「重要性の原則」**会計基準省令第2条四**

　重要性の高いものは厳密な会計処理、明瞭な表示によることを要請し、重要性の乏しいものは簡便な会計処理や表示を認めるという原則です。

計算書類

貸借対照表

社会福祉法人の貸借対照表の様式は次のようになります。

貸 借 対 照 表

資産の部		負債の部	
流動資産	120	流動負債	50
現金預金	50	短期運営資金借入金	30
事業未収金	30	事業未払金	20
未収補助金	20	固定負債	100
貯蔵品	15	設備資金借入金	100
仮払金	5	負債の部合計	150
固定資産	4,880	純資産の部	
基本財産	4,000		
土地	3,000	基本金	3,000
建物	1,000		
その他の固定資産	880	国庫補助金等特別積立金	1,000
土地	500		
建物	300	次期繰越活動増減差額	850
車輌運搬具	50		
器具及び備品	30	純資産の部合計	4,850
資産の部合計	5,000	負債及び純資産の部合計	5,000

社会福祉法人の貸借対照表の特徴

社会福祉法人の貸借対照表には次の特徴があります。

1．固定資産の区分と内容

固定資産は、受け入れた**基本金や国庫補助金などで取得した、維持すべき資産**である「基本財産」と、それ以外の「その他の固定資産」に区分されています。

2．純資産の区分と内容

純資産の区分には、**外部から受け入れた寄附金を計上する**「基本金」の他に、**国や地方公共団体などから受け入れた補助金等を計上する**「国庫補助金等特別積立金」、さらに、社会福祉法人として**活動した結果、当期末に残ったものを表す**「次期繰越活動増減差額」といった科目が表示されています。

正常営業循環基準と1年基準

　資産は、流動資産と固定資産に分類され、負債もまた流動負債と固定負債に分類されます。この分類は、資産も負債も同じ考え方に基づくもので、正常営業循環基準と1年基準（ワンイヤー・ルール）という2本のナイフを用いて行います。

（1）正常営業循環基準←1本目のナイフ

　正常営業循環基準とは、サービスの提供による事業収益や、事業費、事務費の支払いなどの**日々の事業活動から生じる経常的な取引によって発生した債権・債務を流動資産・流動負債とする基準**をいいます。

　　まず正常営業循環基準に該当する科目を流動資産・流動負債とし、該当しない科目について1年基準により流動項目と固定項目に分類します。

（2）1年基準（ワンイヤー・ルール）←2本目のナイフ

　1年基準とは、決算日の翌日から**1年以内**に現金化する資産・負債を**流動項目**とし、**1年を超えて**現金化する資産・負債を**固定項目**とする基準をいいます。

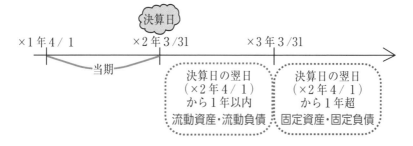

　　×2年3月31日の決算では、返済期限が×3年3月31日までの借入金なら流動負債に、×3年4月1日以降の借入金なら固定負債に分類されます。

運用上の取扱い（局長通知）6

事業活動計算書

事業活動計算書の様式は次のようになります。

事 業 活 動 計 算 書

勘定科目			当年度決算(A)	前年度決算(B)	増減(A)−(B)
サービス活動増減の部	収益	介護保険事業収益			
		経常経費寄附金収益			
		サービス活動収益計			
	費用	人件費			
		事業費			
		事務費			
		徴収不能引当金繰入			
		サービス活動費用計			
		サービス活動増減差額			
サービス活動外増減の部	収益	受取利息配当金収益			
		サービス活動外収益計			
	費用	支払利息			
		サービス活動外費用計			
		サービス活動外増減差額			
		経常増減差額			
特別増減の部	収益	施設整備等補助金収益			
		施設整備等寄附金収益			
		特別収益計			
	費用	基本金組入額			
		国庫補助金等特別積立金積立額			
		特別費用計			
		特別増減差額			
		当期活動増減差額			
繰越活動増減差額の部		**前期繰越活動増減差額**			
		当期末繰越活動増減差額			
		基本金取崩額			
		その他の積立金取崩額			
		その他の積立金積立額			
		次期繰越活動増減差額			

11

事業活動計算書の特徴

　事業活動計算書は、以下の４つに区分され、それぞれに該当する収益と費用が記載されます。

１．サービス活動増減の部

　社会福祉事業の対象者に対する、サービスの提供に関する収益と費用が計上される区分です。

　具体的には、**福祉サービスによって得た収益**と、人件費、事業費、事務費といった**サービスを提供するために直接的にかかる費用**が計上され、その結果として**サービス活動増減差額**が計算されます。なお、表示される科目は行っている福祉サービスにより異なります。

２．サービス活動外増減の部

　収益であれば受取利息や配当金、費用であれば支払利息など、**サービス活動の提供に直接的には関係しない収益と費用**が計上され、結果として経常増減差額が計算されます。

３．特別増減の部

　経常的でない、臨時的な収益と費用が計上される区分です。

　具体的には、収益であれば、**施設整備等補助金収益**や**固定資産受贈額**など、費用であれば、**固定資産売却損・処分損**、さらには基本金を組み入れる際には**基本金組入額**といった、実質的には費用でないものも記載されます。

　この結果、当期のすべての活動による純資産の増減額を表す**当期活動増減差額**が計算されます。

４．繰越活動増減差額の部

　社会福祉法人が１年間活動した結果としての**当期活動増減差額**が計算され、この当期活動増減差額に**前期繰越活動増減差額**を加算することで、**当期末繰越活動増減差額**が計算されます。

　また、当期中に基本金の取崩しやその他の積立金の積立及び取崩を行った場合には、当期末繰越活動増減差額に加算、減算して最終的に次期繰越活動増減差額を計算します。

　ここで計算された**次期繰越活動増減差額**は、貸借対照表の純資産の部に記載される金額となります。

資金収支計算書とは

支払資金の増減の状況を報告する計算書です。

> **会計基準省令**
>
> **第3章　計算関係書類　第2節　資金収支計算書**
> （資金収支計算書の内容）
> **第12条**　資金収支計算書は、当該会計年度における全ての支払資金の増加及び減少の状況を明瞭に表示するものでなければならない。

資金の範囲

　資金収支計算書に記載される「**支払資金**」の範囲について、基準では以下のように規定しています。

> **会計基準省令**
>
> **第3章　計算関係書類　第2節　資金収支計算書**
> （資金収支計算書の資金の範囲）
> **第13条**　支払資金は、流動資産及び流動負債（経常的な取引以外の取引によって生じた債権又は債務のうち貸借対照表日の翌日から起算して1年以内に入金又は支払の期限が到来するものとして固定資産又は固定負債から振り替えられた流動資産又は流動負債、引当金及び棚卸資産（貯蔵品を除く。）を除く。）とし、支払資金残高は、当該流動資産と流動負債との差額とする。

この規定によると、支払資金の定義としてまずは「流動資産および流動負債」としています。そして、「流動資産と流動負債の差額」を支払資金残高としています。

ただし、すべての流動資産および流動負債が支払資金に含まれるわけではありません。

運用上の取扱い

局長通知

5　支払資金について（会計基準省令第13条関係）

　資金収支計算書の支払資金とは、経常的な支払準備のために保有する現金及び預貯金、短期間のうちに回収されて現金又は預貯金になる未収金、立替金、有価証券等及び短期間のうちに事業活動支出として処理される前払金、仮払金等の流動資産並びに短期間のうちに現金又は預貯金によって決済される未払金、預り金、短期運営資金借入金等及び短期間のうちに事業活動収入として処理される前受金等の流動負債をいう。

　ただし、支払資金としての流動資産及び流動負債には、1年基準により固定資産又は固定負債から振替えられたもの、引当金並びに棚卸資産（貯蔵品を除く。）を除くものとする。支払資金の残高は、これらの流動資産と流動負債の差額をいう。

この規定を要約すると以下のようになります。

プラスの支払資金：貸借対照表の流動資産（下記①〜③を除く）

　　　　　　　　　　①貯蔵品を除く製品・仕掛品などの棚卸資産

　　　　　　　　　　②徴収不能引当金

　　　　　　　　　　③1年以内回収予定の長期貸付金

マイナスの支払資金：貸借対照表の流動負債（下記①〜②を除く）

　　　　　　　　　　①賞与引当金などの引当金

　　　　　　　　　　②1年以内返済予定の長期借入金

超 重要

　支払資金残高 ＝ プラスの支払資金 － マイナスの支払資金

資金収支計算書の特徴

　社会福祉法人は、期首に予算を立てて承認を得、期中はそれに基づいて実行し、決算では差異を把握するというサイクルで運営されます。

　したがって資金収支計算書も、予算欄、決算欄、差異欄を縦に設けて、予算と決算を比較しやすくなっています。

　社会福祉法人の資金収支計算書は、3つの区分に分かれ、それぞれに該当する収入と支出が記載されます。

1. 事業活動による収支

　保育事業や老人福祉事業による収入、経常経費寄附金収入などの事業活動による収入と人件費支出、事業費支出、事務費支出といった事業活動に関わる支出が記載され、この差額として**事業活動資金収支差額**が計算されます。なお、表示される科目は行っている福祉サービスにより異なります。

　　事業活動収入に受取利息配当金収入が、事業活動支出に支払利息支出が含まれるのが事業活動計算書との違いです。

2. 施設整備等による収支

　施設整備等補助金収入や施設整備等寄附金収入が記載され、固定資産取得支出や設備資金借入金元金償還支出といった支出も記載されます。

　この差額として**施設整備等資金収支差額**が計算されます。

3. その他の活動による収支

　長期運営資金借入金収入や、投資有価証券売却収入、積立資産取崩収入といった収入が記載され、長期運営資金借入金元金償還支出や投資有価証券取得支出、積立資産支出といった支出が記載されます。

　この差額として**その他の活動資金収支差額**が計算されます。

　上記3つの区分の収支差額を合計し、**当期資金収支差額合計**が計算されます。

資 金 収 支 計 算 書

勘定科目			予算(A)	決算(B)	差異(A)−(B)
事業活動による収支	収入	介護保険事業収入			
		経常経費寄附金収入			
		受取利息配当金収入			
		事業活動収入計			
	支出	人件費支出			
		事業費支出			
		事務費支出			
		支払利息支出			
		事業活動支出計			
		事業活動資金収支差額			
施設整備等による収支	収入	施設整備等補助金収入			
		固定資産売却収入			
		施設整備等収入計			
	支出	固定資産取得支出			
		施設整備等支出計			
		施設整備等資金収支差額			
その他の活動による収支	収入	長期運営資金借入金収入			
		積立資産取崩収入			
		その他の活動収入計			
	支出	長期運営資金借入金元金償還支出			
		積立資産支出			
		その他の活動支出計			
		その他の活動資金収支差額			
予備費支出					
当期資金収支差額合計					
前期末支払資金残高					
当期末支払資金残高					

貸借対照表、事業活動計算書、資金収支計算書

貸借対照表を中心に、事業活動計算書、資金収支計算書の関係を示すと次のようになります。

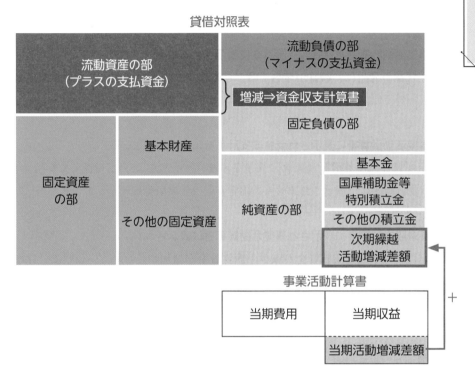

貸借対照表と資金収支計算書の関係

貸借対照表の流動資産の中のプラスの支払資金部分と流動負債の中のマイナスの支払資金部分の増減を示すのが資金収支計算書になります。

貸借対照表と事業活動計算書の関係

貸借対照表の次期繰越活動増減差額の増加要因が収益、減少要因が費用となり、その純増減額（当期活動増減差額）が「次期繰越活動増減差額」として純資産に反映されます。

事業活動計算書と資金収支計算書の異同

　日常の取引の多くは、事業活動計算書と資金収支計算書に表示されます。

　ただし、事業活動計算書に表示され資金収支計算書に表示されない取引、資金収支計算書に表示され事業活動計算書に表示されない取引もあります。

(1)　事業活動計算書と資金収支計算書に表示される取引

　事業収益の発生は、収益が発生するとともに支払資金が増加するため事業活動計算書と資金収支計算書に表示されます。

(2)　事業活動計算書に表示され資金収支計算書に表示されない取引

　減価償却費は事業活動計算書に表示されますが、支払資金が増減しないため、資金収支計算書には表示されません。固定資産の無償取得も同じです。

(3)　資金収支計算書に表示され事業活動計算書に表示されない取引

　固定資産の購入は支払資金が減少し固定資産が増加するため、資金収支計算書に表示されます。しかし、費用、収益が発生しないため、事業活動計算書には表示されません。

参考　貸借対照表だけに表示される取引

　事業未収金の回収は貸借対照表に表示されますが、収益、費用が発生しないため事業活動計算書に表示されず、同額の支払資金が増加・減少するため資金収支計算書にも表示されません。

　この他に、１年基準による固定負債（固定資産）から流動負債（流動資産）への振替えも同じです。

月次決算

法人が経営状況をタイムリーに把握するため、月次決算を行うことがあります。このとき、会計責任者は月次試算表を作成し理事長に報告（月次報告）します。月次決算の流れは次のようになります。

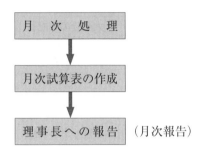

月次処理

↓

月次試算表の作成

↓

理事長への報告 （月次報告）

(1) 月次処理

会計責任者は、月次処理において主に以下の作業を行います。

主な月次処理	内　　　容
現金及び預金残高の確認	現金は実際有高と帳簿残高の一致を確認し、預金は通帳残高と帳簿残高の一致を確認します。
事業未収金、事業未払金の確認	事業未収金、事業未払金が過不足なく計上されているかを確認します。
賞与引当金、退職給付引当金の月割計上	賞与引当金、退職給付引当金の年間支給見積額の12分の1を毎月、引当金に計上します。
減価償却費、国庫補助金等特別積立金取崩額の月割計上	固定資産の減価償却費と、それに伴う国庫補助金等特別積立金取崩額の年間見積額の12分の1を、毎月計上します。

(2) 理事長への報告（月次報告）

会計責任者は、月次処理後に月次試算表を作成し、経理規程で定めた期日までに理事長に報告します。

勘定科目の各区分について

社会福祉法人では、大区分、中区分、小区分の勘定科目が設けられています。法人全体、事業区分別、拠点区分別など、作成する計算書類の単位によって、用いる科目が異なります。　　　　　　　　　　　運用上の留意事項（課長通知） 25(1)

	資金収支計算書	事業活動計算書	貸借対照表
法人全体 （第1様式）	**大区分のみ記載** （法人単位C/F）	**大区分のみ記載** （法人単位P/L）	**中区分まで記載** （法人単位B/S）
事業区分別内訳 （第2様式）	**大区分のみ記載** （C/F内訳表）	**大区分のみ記載** （P/L内訳表）	**中区分まで記載** （B/S内訳表）
拠点区分別内訳 （第3様式）	**大区分のみ記載** （○事業区分　C/F内訳表）	**大区分のみ記載** （○事業区分　P/L内訳表）	**中区分まで記載** （○事業区分　B/S内訳表）
拠点区分ごと （第4様式）	**小区分まで記載** （○拠点区分　C/F）	**小区分まで記載** （○拠点区分　P/L）	**中区分まで記載** （○拠点区分　B/S）

C/F：資金収支計算書　　P/L：事業活動計算書　　B/S：貸借対照表

なお、貸借対照表の大区分とは、流動資産、固定資産などの表示区分をいい、中区分とは現金預金などの科目をいいます。貸借対照表の小区分はほぼありません。

資金収支計算書の場合

例えば、資金収支計算書における「事務費収入」は下記のとおりになります。

資金収支計算書勘定科目		
＜事業活動による収入＞		
大区分	中区分	小区分
児童福祉事業収入	措置費収入	事務費収入

本書では、上記の資金収支計算書および事業活動計算書の科目の区分は主に表形式で掲載しています。

勘定科目	表示区分	各区分の科目
事務費収入	**事業活動による収支** （収　入）	大区分：児童福祉事業収入
		中区分：措置費収入
		小区分：事務費収入

—第1章には確認テストはございません—

第2章

資産・負債の会計処理

費用・収益の繰延べ・見越しと長期預り金では、会計期間に対応する費用と収益をどうやって適切に計上するかがポイントとなります。そして、当期の会計期間に対応しないものは、資産・負債として繰越されます。

また、資産と負債をどうやって適切に評価するかがとても重要です。資産と負債の評価の結果、簿価との間で生じた差額は、その期の費用、収益となります。

1 現金過不足

現金預金

(1) 現金預金の内容

現金預金は、大きく現金と預貯金に分類されます。**現金**は、硬貨、紙幣と通貨代用証券（他人振出し小切手や為替証書など）をいいます。

預貯金には、当座預金、普通預金、定期預金、郵便貯金などがあります。

---

point 現金預金の内容

現金預金 ─┬─ **現金**：硬貨、紙幣と通貨代用証券

　　　　　└─ **預貯金**：当座預金、普通預金、定期預金、郵便貯金など

---

(2) 現金預金勘定の細分化

現金や預貯金は、貸借対照表上、**現金預金（流動資産）**として表示します。しかし、日々の取引の記帳では、取引の内容を明らかにするために、現金預金を細分化した勘定を用います。

---

point 現金預金を細分化した勘定

現金預金 ┤ 小口現金勘定、現金勘定、当座預金勘定、

　　　　　　普通預金勘定、定期預金勘定など

小口現金

多額の現金を法人内に保管しておくと盗難、紛失の危険があるので、受取った現金はすべて預貯金に預け入れます。

そうすると少額の支払いに不便が生じるので、小口現金を設け、小口の支払いはそこから行います。小口現金勘定は、この少額の支払いを処理する勘定です。

現金過不足

現金の実際有高と小口現金出納帳の残高が異なることがあり、この差額を**現金過不足**といいます。

現金過不足があった場合には、すみやかに原因を調査します。

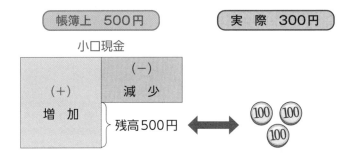

現金過不足の処理

(1) 現金過不足の原因が不明の場合

　現金過不足の原因を調査しても決算時（期末）まで不明であった場合、実際有高が帳簿残高より大きいときは雑収益（**収益**）で処理し、実際有高が帳簿残高より小さいときは雑損失（**費用**）で処理します。

取引　現金過不足1

(1)　小口現金の実際有高を確認したところ、帳簿残高75,000円に対して、実際有高は72,000円であった。

　　　現金過不足の原因を調査したが不明であった。

(2)　小口現金の実際有高を確認したところ、帳簿残高75,000円に対して、実際有高は76,000円であった。

　　　現金過不足の原因を調査したが不明であった。

(1) 帳簿残高＞実際有高の場合

（借）雑　　損　　失	3,000	（貸）小　口　現　金	3,000

(2) 帳簿残高＜実際有高の場合

（借）小　口　現　金	1,000	（貸）雑　　収　　益	1,000

注）　本書では、現金と預金の仕訳について計算書類上の科目に合わせて「現金預金」で記載しています。しかし、ここでは、解説の便宜上、現金預金を細分した勘定科目で仕訳をしています。

資金仕訳

　本書では、資金収支計算書を作成するための仕訳を「資金仕訳」として記載しています。

(1)	（借）雑　　支　　出	3,000	（貸）支　払　資　金	3,000
(2)	（借）支　払　資　金	1,000	（貸）雑　　収　　入	1,000

☆**事業活動計算書の記載**

　現金過不足に係る事業活動計算書上の記載は、次のとおりです。

勘定科目	表示区分	各区分の科目
雑　収　益	**サービス活動外増減の部** **（収 益）**	大区分：その他のサービス活動外収益
		中区分：雑　収　益
		小区分：　　　　—
雑　損　失	**サービス活動外増減の部** **（費 用）**	大区分：その他のサービス活動外費用
		中区分：雑　損　失
		小区分：　　　　—

○**資金収支計算書の記載**

　現金過不足に係る資金収支計算書上の記載は、次のとおりです。

勘定科目	表示区分	各区分の科目
雑　収　入	**事業活動による収支** **（収 入）**	大区分：その他の収入
		中区分：雑　収　入
		小区分：　　　　—
雑　支　出	**事業活動による収支** **（支 出）**	大区分：その他の支出
		中区分：雑　支　出
		小区分：　　　　—

⑵　**現金過不足の原因が判明した場合**

　現金過不足が発生したときに、原因が判明するまで一時的に**現金過不足勘定**などで処理し、原因が判明したときに、該当する勘定に振り替えることがあります。

　現金過不足勘定の代わりに、仮払金または仮受金勘定を用いることもあります。実際には各法人の経理規程で定められた科目を用いて処理します。

取引 現金過不足2

以下の各取引の仕訳を行う。現金過不足が生じた場合、一時的に現金過不足勘定で処理している。

(1) 小口現金の実際有高を確認したところ、帳簿残高 75,000 円に対して、実際有高は 72,000 円であった。

(2) 現金過不足の原因を調査したところ、小口現金出納帳に会議費 2,000 円の記帳漏れがあったことが判明した。

(3) 決算となったが、現金過不足のうち残額の 1,000 円については原因が判明しなかった。

(1) **現金過不足発生時**

(借) 現 金 過 不 足	3,000	(貸) 小 口 現 金	3,000

(2) **原因判明時**

(借) 会 議 費	2,000	(貸) 現 金 過 不 足	2,000

(3) **決算時**

(借) 雑 損 失	1,000	(貸) 現 金 過 不 足	1,000

資金仕訳

(1) 資金仕訳はありません。

(借) 会 議 費 支 出	2,000	(貸) 支 払 資 金	2,000

(2)

(借) 雑 支 出	1,000	(貸) 支 払 資 金	1,000

(3)

忘れてた！

2 費用・収益の繰延べ

費用の繰延べとは

　期中に支出があり費用として計上していても、その費用のうち翌期の費用となる部分は、当期の費用になりません。

　　会計期間で区切っているため、支払った金額が当期の費用にならない場合があります。

　決算にさいし、いったん費用として計上したものを、**当期の費用になるもの**と**次期の費用になるもの**に分け、**次期の費用になるものを費用から控除**し、次期へ繰り延べます。

　費用を次期へ繰り延べることを「費用の繰延べ」といい、当期の費用から控除した金額を**前払費用（流動資産）**として処理します。

取引 費用の繰延べ

決算整理仕訳を行う。決算日は×2年3月31日である。

保険料 1,200 円は、×2年2月1日に1年分を前払いしたものであり、未経過分について繰り延べる。

（借）前 払 費 用　　1,000 *	（貸）保 険 料　　1,000

＊　次期の費用になるもの（4月～1月の10カ月分）

$$1,200 円 \times \frac{10 カ月}{12 カ月} = 1,000 円（繰延べ）$$

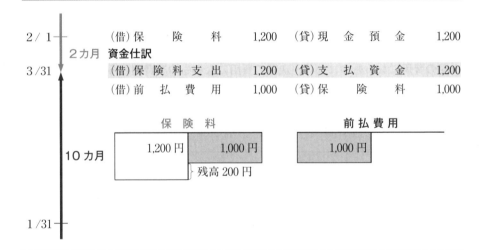

2/ 1		（借）保 険 料　　1,200	（貸）現 金 預 金　　1,200
2カ月	**資金仕訳**		
3/31		（借）保 険 料 支 出　　1,200	（貸）支 払 資 金　　1,200
		（借）前 払 費 用　　1,000	（貸）保 険 料　　1,000

保 険 料　　　　　　　前 払 費 用

| 1,200 円 | 1,000 円 | | 1,000 円 |

残高 200 円

10カ月

1/31

○**資金収支計算書の記載**

保険料（固定資産の保険料、法人の職員や役員の生命保険料等）に係る資金収支計算書上の記載は、次のとおりです。

勘定科目	表示区分	各区分の科目
保険料支出	事業活動による収支 （ 支 出 ）	大区分：事務費支出
		中区分：保険料支出
		小区分：　　―

なお、利用者のための損害保険料などは、大区分が「事業費支出」となります。

収益の繰延べとは

　期中に収益として計上していても、その収益の全額が当期の収益にならない場合があります。

　決算にさいし、いったん、収益として計上したものを、「**当期の収益になるもの**」と「**次期の収益になるもの**」に分け、**次期の収益になるものを収益から控除し**、次期へ繰り延べる処理を行います。

　収益を次期へ繰り延べることを「収益の繰延べ」といい、当期の収益から控除した金額を前受収益（**流動負債**）として処理します。

取引　収益の繰延べ

　決算整理仕訳を行う。決算日は×2年3月31日である。

　受取家賃 2,400 円は、所有する建物の一部賃貸によるもので、×1年11月1日に半年分を受け取ったものであり、未経過分について繰り延べる。

| （借）受　取　家　賃 | 400* | （貸）前　受　収　益 | 400 |

* 当期の収益になるもの（11月〜3月の5カ月分）
　次期の収益になるもの（4月の1カ月分）

$$2,400 円 \times \frac{1 カ月}{6 カ月} = 400 円（繰延べ）$$

資金仕訳

　決算時の資金仕訳はありません。

長期前払費用

　長期にわたる前払費用を支払った場合には、1年基準により、翌期中にサービスの提供を受けるものと、翌々期以降にサービスの提供を受けるものに分ける必要があります。

　そして、翌々期以降にサービスの提供を受けるものを**長期前払費用（その他の固定資産）** として処理します。そして、翌期中にサービスの提供を受けるものは**1年以内償却予定長期前払費用（流動資産）** などとして処理します。

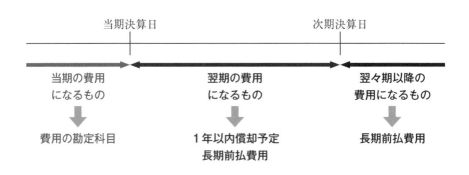

取引　長期前払費用

　以下の保険料に係る仕訳を行う。

(1)　×1年4月1日に、施設建物の損害保険料60,000円（5年分）を、一括で現金で支払った。支払った金額については、全額を長期前払費用に計上した。

(2)　×2年3月31日の決算にあたり、当期分の保険料を費用に計上するとともに、翌期分を1年以内償却予定長期前払費用に振り替えた。

(1) **保険料の支払い**

(借)	長期前払費用	60,000	(貸)	現金預金	60,000

(2) **期末**

(借)	保険料	12,000	(貸)	長期前払費用	24,000
	1年以内償却予定長期前払費用	12,000			

　決算時の処理もれを防ぐために、支払時に長期前払費用に計上することがあります。

資金仕訳

(1)

(借)	保険料支出	60,000	(貸)	支払資金	60,000

(2) 　資金仕訳はありません。

参考　1年以内償却予定長期前払費用の支払資金への影響

　流動資産と流動負債の差額である支払資金残高には、固定資産（または固定負債）から振り替えられた流動資産（または流動負債）は除かれます。

　そのため、長期前払費用自体の支払いは支払資金の減少となりますが、長期前払費用から1年以内償却予定長期前払費用への振替えの仕訳は支払資金に影響しません。

　上記例題の場合、資金収支計算書には「保険料支出：60,000円」として原則表示します。

　前払費用は、流動資産のため支払資金の範囲に含まれます。
　前払費用と長期前払費用の違いを意識しましょう。

3 費用・収益の見越し

費用の見越しとは

期中に支払っていなくても、当期の費用に計上すべきものがあります。

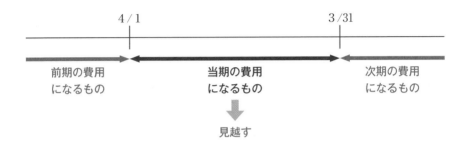

決算にさいし、「**当期の費用にすべきもの**」の見越し処理を行います。

　当期の費用として見越すことを「費用の見越し」といい、当期の費用として加算した金額を未払費用（**流動負債**）として処理します。

取引 費用の見越し

　決算整理仕訳を行う。決算日は×2年3月31日であり、利息の計算は月割りによる。

　短期運営資金借入金10,000円は、×1年12月1日に期間1年、年利率3％の条件で借り入れたもので、利息は返済時に一括して支払うことになっている。

| （借）支 払 利 息 | 100* | （貸）未 払 費 用 | 100 |

* 当期の費用にすべきもの（12月～3月の4カ月分）

$$10,000 円 \times 3 \% \times \frac{4 カ月}{12 カ月} = 100 円（見越し）$$

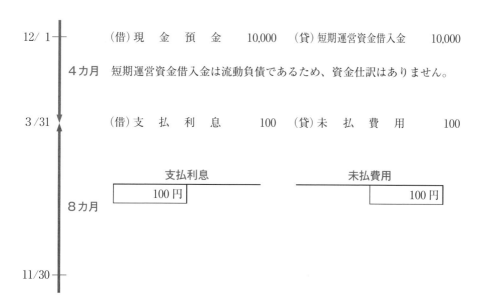

12/ 1 　　　（借）現 金 預 金　10,000　（貸）短期運営資金借入金　10,000

　4カ月　短期運営資金借入金は流動負債であるため、資金仕訳はありません。

3 /31 　　　（借）支 払 利 息　100　（貸）未 払 費 用　100

　　　　　　　支払利息　　　　　　　　　　未払費用

　　　　　|　100 円　|　　　　　　　　　|　100 円　|

8カ月

11/30

　12月～3月分の利息を当期の費用として見越し計上します。

収益の見越しとは

期中に収入として受取っていなくても、当期の収益にすべきものがあります。決算にさいし、「**当期の収益にすべきもの**」の見越し処理を行います。

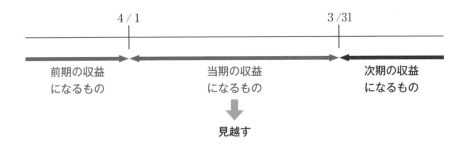

当期の収益として見越すことを「収益の見越し」といい、当期の収益として加算した金額を未収収益（**流動資産**）として処理します。

取引　収益の見越し

決算整理仕訳を行う。決算日は×2年3月31日であり、利息の計算は月割りによる。

短期貸付金 30,000 円は×1年11月1日に期間1年、年利率2％の条件で貸し付けたもので利息は返済時に一括して受け取ることになっている。

（借）未　収　収　益	250*	（貸）受取利息配当金収益	250

＊　当期の収益にすべきもの（11月～3月の5カ月分）

$$30,000 円 × 2 ％ × \frac{5 カ月}{12 カ月} = 250 円（見越し）$$

資金仕訳

資金仕訳はありません。翌期に受取利息配当金収入 600 円が計上されます。

4 長期預り金

長期預り金

　ケアハウスでは、入居時に居住に要する費用を管理費として数年分まとめて徴収することがあります。ただし、退去時には徴収分のうち未経過分を返還しなければなりません。

　そのため、退去時に返還する資金が不足しないように、法人は資金を積み立てておく必要があります。

　ケアハウスとは、60歳以上の高齢者で、収入が低いこと、家族からの支援を受けられないこと、身体機能が低下してきたことなどにより自立生活に不安を感じ、支援を受けながら生活したい方が入居できる施設です。軽費老人ホームの1つです。

(1) **管理費の預り時**

　管理費等を一括して徴収した場合には、**長期預り金**（**固定負債**）で処理します。

　そして、退去時に備えて徴収分を個別管理用の預金口座に預け入れたときに**長期預り金積立資産**（**その他の固定資産**）を計上します。

(2) **決算時**

　決算時に、入居期間の経過により返還不要となった預り金を長期預り金から管理費収益勘定に振り替えます。

(3) **退去時**

　入居者が退去し未経過分の管理費を返還したときに、長期預り金積立資産を取り崩し現金預金に振り替えるとともに、長期預り金及び現金預金を減少させます。

取引 長期預り金

当期の一連の取引の仕訳を行う。

(1) ×1年4月1日に、入所にあたり入居者から5年分の管理費600,000円（1カ月当たり10,000円）を入居者から現金で預かった。

(2) ×1年4月2日に、預った管理費600,000円を個別管理用の預金口座に預け入れた。

(3) ×2年3月末の決算にあたり、入居期間の経過による返還不要分120,000円を収益に振り替えた。

(4) ×2年4月1日に個人の事情により入居者が退去したため、管理費のうち未経過分480,000円を返還した。

(1) **管理費の預り時**

(借) 現 金 預 金	600,000	(貸) 長 期 預 り 金	600,000

(2) **積立時**

(借) 長期預り金積立資産	600,000	(貸) 現 金 預 金	600,000

(3) **決算時**

(借) 現 金 預 金	120,000	(貸) 長期預り金積立資産	120,000
(借) 長 期 預 り 金	120,000	(貸) 管 理 費 収 益	120,000

(4) **退去時**

(借) 現 金 預 金	480,000	(貸) 長期預り金積立資産	480,000
(借) 長 期 預 り 金	480,000	(貸) 現 金 預 金	480,000

資金仕訳

(1) (借) 支 払 資 金	600,000	(貸) 管 理 費 収 入	600,000

(2) （借）長期預り金積立資産支出　600,000　　（貸）支　払　資　金　600,000

(3) （借）支　払　資　金　120,000　　（貸）長期預り金積立資産取崩収入　120,000

(4) （借）支　払　資　金　480,000　　（貸）長期預り金積立資産取崩収入　480,000
　　（借）管理費返還支出　480,000　　（貸）支　払　資　金　480,000

☆事業活動計算書の記載

　管理費収益に係る事業活動計算書上の記載は、次のとおりです。

勘定科目	表示区分	各区分の科目	
管理費収益	サービス活動増減の部 （収益）	大区分：老人福祉事業収益	
		中区分：運営事業収益	
		小区分：管理費収益	

○資金収支計算書の記載

　管理費及び積立資産に係る資金収支計算書上の記載は、次のとおりです。

勘定科目	表示区分	各区分の科目	
管理費収入	事業活動による収支 （収入）	大区分：老人福祉事業収入	
		中区分：運営事業収入	
		小区分：管理費収入	
管理費返還支出	事業活動による収支 （支出）	大区分：事業費支出	
		中区分：管理費返還支出	
		小区分：　　—	

勘定科目	表示区分	各区分の科目	
長期預り金積立資産支出	その他の活動による収支 （支出）	大区分：積立資産支出	
		中区分：長期預り金積立資産支出	
		小区分：　　—	
長期預り金積立資産取崩収入	その他の活動による収支 （収入）	大区分：積立資産取崩収入	
		中区分：長期預り金積立資産取崩収入	
		小区分：　　—	

棚卸資産の評価

棚卸資産とは

　棚卸資産とは、販売目的で一時的に保有している商品・製品・原材料・仕掛品や、販売目的でなくても短期間に消費される貯蔵品などをいいます。

　社会福祉法人の場合、授産施設以外では販売目的で商品を保有するケースは少なく、介護用品や給食用材料などを保有するケースが多くあります。

社会福祉法人における棚卸資産の勘定科目

　社会福祉法人における棚卸資産の勘定科目には、「貯蔵品、医薬品、診療・療養費等材料、給食用材料、商品・製品、仕掛品、原材料」があります。

勘定科目	説　明
貯　蔵　品	消耗品等で未使用の物品
医　薬　品	医薬品の棚卸高[※]
診療・療養費等材料	診療・療養費等材料の棚卸高[※]
給 食 用 材 料	給食用材料の棚卸高
商　品・製　品	売買または製造する物品の販売を目的として所有するもの
仕　　掛　　品	製品製造または受託加工のために現に仕掛中のもの
原　材　料	製品製造または受託加工の目的で消費される物品で、消費されていないもの

※　医薬品と診療・療養費等材料は、病院や介護老人保健施設のみで棚卸を行います。
　　医薬品と診療・療養費等材料で、保健室にある少額の医薬品は、貯蔵品に含めます。

棚卸資産の処理

① 原則処理

　棚卸資産については、原則として、販売または消費した額を**費用処理**し、未販売または未消費額を**資産計上**します。　運用上の留意事項（課長通知）16

② 容認処理（重要性が乏しい場合）

　「製品、商品、仕掛品等の販売用品及びこれに準ずる棚卸資産」以外の棚卸資産について、重要性の乏しいものについては、購入時に全額を**費用処理**できます（重要性の原則）。　運用上の取扱い（局長通知）1(1)

---

point 棚卸資産の処理

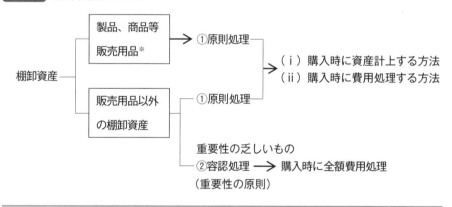

※　製品、商品、仕掛品等の販売用品及びこれに準ずる棚卸資産

① 原則処理

　棚卸資産について①原則処理を行う場合、（ⅰ）**購入時に資産計上**し、消費時に費用計上する方法と、（ⅱ）**購入時に費用処理**し、期末に未販売（未消費）額を資産に振り替える方法があります。

② 容認処理

　棚卸資産について容認処理を行う場合、**購入時に全額を費用処理**します。

取引 棚卸資産

　当期の一連の取引の仕訳を①原則処理と②容認処理で行う。

⑴　給食用材料 100,000 円を購入し、代金は普通預金口座より支払った。

⑵　給食用材料 90,000 円を消費した。

① 原則処理（ⅰ）購入時に資産計上する方法

　⑴　**購入時**

（借）給 食 用 材 料 100,000	（貸）現 金 預 金 100,000

　⑵　**消費時**

（借）給 　 食 　 費 90,000	（貸）給 食 用 材 料 90,000

　⑶　**決算時（仕訳なし）**　　期末棚卸資産：給食用材料 10,000 円

① 原則処理（ⅱ）購入時に費用計上する方法

　⑴　**購入時**

（借）給 　 食 　 費 100,000	（貸）普 通 預 金 100,000

　⑵　**消費時**

仕 訳 な し

　⑶　**決算時**

（借）給 食 用 材 料 10,000	（貸）給 　 食 　 費 10,000

② **容認処理**（重要性の乏しい場合）

(1) **購入時**

> (借) 給 食 費 100,000 (貸) 現 金 預 金 100,000

(2) **消費時**

> 仕 訳 な し

(3) **決算時（仕訳なし）** 期末棚卸資産：0円

資金仕訳

① **原則処理（ⅰ）**

(1) (借) 給 食 費 支 出 100,000 (貸) 支 払 資 金 100,000

(2)、(3)の資金仕訳はありません。

① **原則処理（ⅱ）**

(1) (借) 給 食 費 支 出 100,000 (貸) 支 払 資 金 100,000

(2)、(3)の資金仕訳はありません。

② **容認処理**

(1) (借) 給 食 費 支 出 100,000 (貸) 支 払 資 金 100,000

(2)、(3)の資金仕訳はありません。

期末棚卸資産の評価

　期末における棚卸資産の時価が取得原価より低いときは時価で評価し、評価差額を棚卸資産評価損（**事業費**）として処理します。 会計基準省令 第4条 第6項

☆事業活動計算書の記載
　給食費に係る事業活動計算書上の記載は、次のとおりです。

勘定科目	表示区分	各区分の科目	
給 食 費	**サービス活動増減の部** （**費 用**）	大区分：	事 業 費
		中区分：	給 食 費
		小区分：	―

資金収支計算書上の扱い

　棚卸資産のうち貯蔵品以外は、資金収支計算書上、購入した期に資金の支出（減少）を認識します。そのため、期末に棚卸資産がある場合、資金収支計算書の支出と事業活動計算書の費用が一致しません。

　一方、貯蔵品は、消費した期に資金の支出を認識します。期末に残った貯蔵品は翌期以降の消費時に資金の支出（減少）を認識します。そのため、資金収支計算書の支出と事業活動計算書の費用が一致します。

①　貯蔵品以外の棚卸資産

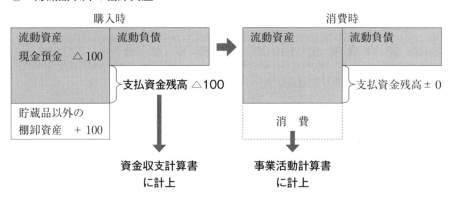

②　貯蔵品

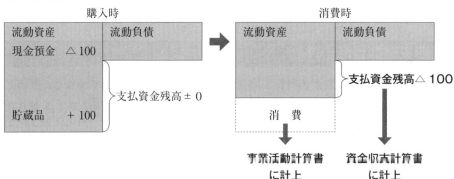

6 有価証券の評価

有価証券とは

　有価証券とは、文字どおり「価値の有る証券」です。具体的には、**株式**や**社債**、国債、地方債などがあります。

　株式を持っていると**配当金**、社債や国債を持っていると**利息**を受け取ることができます。

　また、市場で売買される有価証券の価格は日々変動するため、安いときに買って、高いときに売れば差額を儲けることができます。

有価証券の期末評価

⑴　満期保有目的の債券

　満期保有目的の債券については、債券金額より低い価額または高い価額で取得した場合において、取得価額と債券金額との差額の性格が金利の調整と認められるときは、期末に償却原価法に基づいて算定された価額で評価しなければなりません。
運用上の取扱い（局長通知）15⑴

　なお、取得価額と債券金額との差額について重要性が乏しい満期保有目的の債券については、償却原価法を適用しないことができます。
運用上の取扱い（局長通知）1⑷

　なお、満期保有目的の債券への分類はその取得当初の意図に基づくものであるので、取得後の満期保有目的の債券への振替は認められないことに注意しましょう。

⑵　満期保有目的の債券以外の有価証券

　満期保有目的の債券以外の有価証券のうち、市場価格のあるものについては、期末の時価で評価しなければなりません。
会計基準省令　第4条 第5項

満期保有目的の債券

　利息と元本を受け取ることを**目的**として、満期まで保有する社債・国債などの債券を満期保有目的の債券といいます。満期保有目的の債券は、**投資有価証券（その他の固定資産）**で処理します。

(1)　満期保有目的の債券の評価

　満期保有目的の債券については、額面金額と取得価額との差額が、金利の調整と認められる場合には**償却原価法**で評価し、金利の調整と認められない場合には取得価額で評価します。

運用上の取扱い（局長通知）｜15 (1)

---

point　満期保有目的の債券の評価

分　類	額面金額と取得価額の差額	期末評価	評価差額
満期保有目的の債券	金利の調整と認められる	償却原価	—
	金利の調整と認められない	取得価額	—

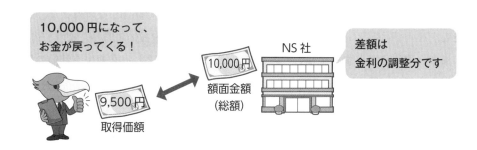

10,000円になって、お金が戻ってくる！

9,500円
取得価額

10,000円
額面金額
（総額）

NS社

差額は
金利の調整分です

⑵　償却原価法

債券は、債券金額よりも低い（または高い）金額で取得しても満期時には債券金額で償還されます。

償却原価法とは、債券金額（額面金額）と取得価額との差額を、取得日から満期日（償還日）までの間に、取得価額に加減して、満期日には帳簿価額を債券金額にする方法で、①定額法（簡便法）と②利息法があります。

①　定額法

定額法は、債券金額（額面金額）と取得価額との差額のうち、当期の所有月数に対応する金額を帳簿価額に加減算する方法です。

---

point 償却原価法（定額法）

$$償却額＝（債券金額－取得価額）\times \frac{当期の所有月数}{取得日から満期日までの月数}$$

取引 **満期保有目的の債券**（定額法）

当期の一連の取引の仕訳を行う。

⑴　B社の社債（債券金額 10,000 円）を×1年4月1日に額面 100 円につき 91 円（9,100 円）で取得し、代金は普通預金口座より支払った。利率は年2％であり、利払日は3月末日である。

　　同社債の満期日は×7年3月31日である。債券金額と取得価額との差額は金利の調整と認められる。

⑵　利払日になり社債の利息 200 円が普通預金口座に振り込まれた。

⑶　決算（×2年3月31日）において償却原価法（定額法）を適用する。

(1) **取得時**

(借) 投 資 有 価 証 券	9,100	(貸) 現 金 預 金	9,100

(2) **利息受取り**

(借) 現 金 預 金	200	(貸) 受取利息配当金収益	200

(3) **決算時**

(借) 投 資 有 価 証 券	150 *	(貸) 受取利息配当金収益	150

$$* \quad 償却額：(10,000円 - 9,100円) \times \frac{12\,カ月}{72\,カ月} = 150円$$

資金仕訳

(1)

(借) 投資有価証券取得支出	9,100	(貸) 支 払 資 金	9,100

(2)

(借) 支 払 資 金	200	(貸) 受取利息配当金収入	200

(3) 資金仕訳はありません。

② **利息法**

利息法は、帳簿価額に実効利子率を掛けた金額（利息配分額）から、利息受取額を差し引いた金額を償却額として、帳簿価額に加減算する方法です。

---

point 償却原価法（利息法）

利息配分額：帳簿価額×実効利子率

利息受取額：債券金額×券面利子率

償　却　額：利息配分額－利息受取額

実効利子率は、券面利子率に償却額（債券金額と取得価額の差額）まで加味した実質的な利子率です。

取引 **満期保有目的の債券**（利息法）

当期の一連の取引の仕訳を行う。円未満の端数は四捨五入する。

(1)　B社の社債（債券金額 10,000 円）を ×1 年 4 月 1 日に額面 100 円につき 91 円（9,100 円）で取得し、代金は普通預金口座より支払った。

　　利率は年 2 ％であり、利払日は 3 月末日である。社債の満期日は ×7 年 3 月 31 日である。

　　債券金額と取得価額との差額は金利の調整と認められ、償却原価法（利息法、実効利子率：年 3.7 ％）で処理する。

(2)　利払日になり社債の利息 200 円が普通預金口座に振り込まれた。

(3)　決算（×2 年 3 月 31 日）において償却原価法（利息法）を適用する。

(1)　**取得時**

（借）投 資 有 価 証 券	9,100	（貸）現 金 預 金	9,100

(2)　**利払い時**

（借）現 金 預 金	200	（貸）受取利息配当金収益	200

(3)　**決算時**

（借）投 資 有 価 証 券	137 *	（貸）受取利息配当金収益	137

＊　利息配分額：9,100 円× 3.7 ％＝ 336.7 → 337 円
　　利息受取額：10,000 円× 2 ％＝ 200 円
　　償　却　額：337 円－ 200 円＝ 137 円

資金仕訳

　資金仕訳は、前のページと同じです。

年 月 日	利息配分額	利息受取額	償 却 額	償却原価
×1年4月1日	—	—	—	9,100
×2年3月31日	337	200	137	9,237
×3年3月31日	342	200	142	9,379
×4年3月31日	347	200	147	9,526
×5年3月31日	352	200	152	9,678
×6年3月31日	358	200	158	9,836
×7年3月31日	364	200	164	10,000
合　　計	2,100	1,200	900	—

参考 実効利子率の計算

　実効利子率は次の算式で計算しなければならず面倒なため、簡便的な定額法が認められています。実効利子率を r とします。

$$\frac{200}{1+r}+\frac{200}{(1+r)^2}+\frac{200}{(1+r)^3}+\frac{200}{(1+r)^4}+\frac{200}{(1+r)^5}+\frac{200+10{,}000}{(1+r)^6}=9{,}100$$

r ≒ 3.7%

　将来のキャッシュ・フローを割り引いたときの現在価値が取得価額になる利子率が実効利子率となります。

長期保有目的有価証券（満期保有目的の債券以外）

　満期保有目的の債券以外で長期的に保有する有価証券は、投資有価証券（その他の固定資産）で処理します。

　長期保有目的有価証券については期末に、市場価格のあるものは時価で評価し、市場価格のないものは取得価額で評価します。　　　| 会計基準省令 | 第4条 第5項

---

point 市場価格のある長期保有目的有価証券（満期保有目的の債券以外）

分　類	期末評価	評　価　差　額
長期保有目的有価証券	期末時価	時価＞取得価額→投資有価証券評価益
		時価＜取得価額→投資有価証券評価損

取引 長期保有目的有価証券（満期保有目的以外）

　当期の一連の取引の仕訳を行う。

(1)　C社が発行する株式30株を長期保有目的で1株あたり1,000円で購入し、代金は証券会社に対する手数料1,500円とともに普通預金口座より支払った。

(2)　保有する株式30株の期末時価は1,150円であった。

(1)　**取得時**

（借）投 資 有 価 証 券	31,500*	（貸）現 金 預 金	31,500

＊　@1,000円×30株＋1,500円＝31,500円

(2)　**決算時**

（借）投 資 有 価 証 券	3,000*	（貸）投資有価証券評価益	3,000

＊　（@1,150円−@1,050円）×30株＝3,000円

資金仕訳

(1) （借）投資有価証券取得支出　31,500　　（貸）支　払　資　金　31,500

(2) 資金仕訳はありません。

☆事業活動計算書の記載

　投資有価証券評価損益に係る事業活動計算書上の記載は、次のとおりです。

勘定科目	表示区分	各区分の科目
投資有価証券評価益	サービス活動外増減の部 （収　益）	大区分：投資有価証券評価益
		中区分：　　　—
		小区分：　　　—
投資有価証券評価損	サービス活動外増減の部 （費　用）	大区分：投資有価証券評価損
		中区分：　　　—
		小区分：　　　—

○資金収支計算書の記載

　投資有価証券に係る資金収支計算書上の記載は、次のとおりです。

勘定科目	表示区分	各区分の科目
投資有価証券取得支出	その他の活動による収支 （支　出）	大区分：投資有価証券取得支出
		中区分：　　　—
		小区分：　　　—

勘定科目	表示区分	各区分の科目
投資有価証券売却収入	その他の活動による収支 （収　入）	大区分：投資有価証券売却収入
		中区分：　　　—
		小区分：　　　—

　投資有価証券評価損益は、資金の増減を伴わないため記載されません。

7 外貨建取引

外貨建取引とは

海外企業との取引では、ドルやユーロといった外貨単位で行われることがあります。このような取引を**外貨建取引**といいます。

外貨建取引については、為替相場を用いて円に換算して記帳します。

外貨建取引の換算は、取引の発生時、決算時及び決済時に必要になります。

円建の金額 ＝ 外貨建の金額 × 為替相場

取引発生時の処理

外貨預金の開設や外貨建有価証券の取得など、取引が発生したときには、取引発生時の為替相場（ＨＲ：ヒストリカルレート）で換算します。

取引 外貨建取引（取引発生時）

以下の取引の仕訳を行う。預金の利息は考慮しないものとする。

×1年8月1日に銀行で外貨建普通預金口座を開設し、1,000ドルを当座預金口座より預け入れた。

預入れ時の為替相場は1ドル110円であった。

（借）普 通 預 金 110,000* （貸）当 座 預 金 110,000

* 1,000ドル×110円＝110,000円

注）　上記の取引の仕訳で現金預金を用いると、借方、貸方ともに「現金預金」となってしまうため、解説の便宜上、現金預金を細分した勘定科目で仕訳をしています。

資金仕訳
　資金仕訳はありません。

決算時の処理

外国通貨、外貨建金銭債権債務（外貨預金を含む）及び外貨建有価証券等については、決算時に、決算時の為替相場（ＣＲ：カレントレート）に換算替えを行います。換算替えによって生じた換算差額は、原則として、**為替差損または為替差益**として処理します。 運用上の取扱い（局長通知）13

事業活動計算書上、為替差益と為替差損は相殺し、純額を**サービス活動外増減の部**に表示します。

> カレント（Current；現時点の）＝決算時の、という意味です。
> これは、取引発生時の為替相場で換算した資産や負債の金額が、為替相場の変動によって実態とかけ離れてしまうことを防ぐためです。

取引 外貨建取引（決算時）

×2年3月末の決算になり、外貨建普通預金1,000ドル（預入れ時の為替相場1ドル110円）について換算替えを行う。決算時の為替相場は1ドル114円であった。

（借）普 通 預 金	4,000	（貸）為 替 差 益	4,000 *

* （@114円－110円）×1,000ドル＝4,000円

資金仕訳

（借）支 払 資 金	4,000	（貸）為 替 差 益	4,000

決済時の処理

　代金の決済時には、決済時の為替相場で決済金額を換算します。しかし、為替相場は日々変動しているため、取引発生時の為替相場と決済時の為替相場は異なり、差額が生じます。

　この為替相場の変動から生じる差額は、**為替差益または為替差損（サービス活動外増減の部）** として処理します。

取引　外貨建取引（決済時）

　×2年7月31日に、外貨建普通預金1,000ドルを引き出し、当座預金口座に預け入れた。預け入れ時の為替相場は1ドル120円であった。

　なお、外貨建普通預金は×2年3月末の為替相場1ドル114円で換算している。

（借）当 座 預 金 120,000^{*1}	（貸）普 通 預 金 114,000^{*2}
	為 替 差 益 6,000^{*3}

* 1　1,000ドル×@120円＝120,000円
* 2　1,000ドル×@114円＝114,000円
* 3　（@120円－@114円）×1,000ドル＝6,000円

資金仕訳

（借）支 払 資 金 6,000	（貸）為 替 差 益 6,000

☆事業活動計算書の記載

　為替差損益に係る事業活動計算書上の記載は、次のとおりです。

勘定科目	表示区分	各区分の科目	
為替差益	**サービス活動外増減の部** **（収　益）**	大区分：	その他のサービス活動外収益
		中区分：	為替差益
		小区分：	―
為替差損	**サービス活動外増減の部** **（費　用）**	大区分：	その他のサービス活動外費用
		中区分：	為替差損
		小区分：	―

○資金収支計算書の記載

　流動項目の為替差損益に係る資金収支計算書上の記載は、次のとおりです。

勘定科目	表示区分	各区分の科目	
為替差益	**事業活動による収支** **（収　入）**	大区分：	流動資産評価益等 による資金増加額
		中区分：	為替差益
		小区分：	―
為替差損	**事業活動による収支** **（支　出）**	大区分：	流動資産評価損等 による資金減少額
		中区分：	為替差損
		小区分：	―

　固定項目の為替差損益は支払資金に影響しないため、資金収支計算書に記載されません。

外貨建有価証券の換算

　利息や配当金を考慮し、海外の有価証券を購入することがあります。

　外貨建有価証券とは、外貨建で取引価額が表示され支払いが行われる有価証券をいいます。

満期保有目的の債券以外の外貨建有価証券

　満期保有目的の債券以外の外貨建有価証券のうち市場価格のあるものは、決算時に、外貨建の時価を決算時の為替相場により円換算した額で評価します。

　この場合に生じる換算差額は、「（投資）有価証券評価益」（**収益**）または「（投資）有価証券評価損」（**費用**）として処理します。

取引　外貨建有価証券（満期保有目的の債券以外）

当期の一連の取引の仕訳を行う。

(1)　C社が発行する株式を長期保有目的で 1,000 ドルで購入し、代金は普通預金口座より支払った。取得時の為替相場は 1 ドル 100 円であった。

(2)　決算日における C 社株式の時価は 1,100 ドルであった。
　　決算日における為替相場は 1 ドル 120 円であった。

(1)　**取得時**

> （借）投 資 有 価 証 券　100,000 *　（貸）現 金 預 金　100,000

＊　1,000 ドル×＠ 100 円＝ 100,000 円

(2)　**決算時**

> （借）投 資 有 価 証 券　32,000　（貸）投資有価証券評価益　32,000 *

＊　期末時価：1,100 ドル×＠ 120 円＝ 132,000 円
　　評 価 益：132,000 円－ 100,000 円＝ 32,000 円

資金仕訳

(1)　（借）投資有価証券取得支出　100,000　（貸）支 払 資 金　100,000

(2)　**資金仕訳はありません。**

外貨建満期保有目的債券

外貨建満期保有目的債券について償却原価法を適用する場合には、外国通貨による償却原価を決算時の為替相場で換算した額で評価します。

なお、償却原価法を適用する場合の償却額は、期中平均為替相場（ＡＲ：アベレージレート）で換算し「受取利息配当金収益」（**サービス活動外増減の部**）として処理します。

また、換算差額は「為替差益」または「為替差損」として処理します。

運用上の取扱い（局長通知）13

---

point 外貨建満期保有目的債券

① 償 却 額：外国通貨による償却額×期中平均為替相場（ＡＲ）
② 償 却 原 価：帳簿価額＋償却額
③ 期末評価額：外国通貨による償却原価×決算時の為替相場（ＣＲ）
④ 換 算 差 額：期末評価額－償却原価

外貨建満期保有目的債券の評価のイメージ図は、次のとおりです。

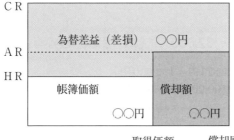

ＣＲ：決算時の為替相場
ＡＲ：期中平均為替相場
ＨＲ：取得時の為替相場

取引 外貨建満期保有目的債券

当期の一連の取引の仕訳を行う。

⑴ ×3年4月1日に満期保有目的で外貨建国債（額面1,000ドル）を950ドル
で取得した。償還期限は×8年3月31日である。取得時の為替相場は1ドル＝
100円である。外貨建国債の債券金額（額面金額）と取得価額との差額の性格は
金利の調整と認められることから、償却原価法（定額法）を適用する。

⑵ ×4年3月31日の決算時の為替相場は1ドル＝103円、期中平均為替相場は
1ドル＝102円である。

⑴ **取得時**　　950ドル×@100円＝95,000円

> （借）投 資 有 価 証 券　　95,000　　（貸）現 金 預 金　　95,000

⑵ **決算時**

① **償却原価法**

> （借）投 資 有 価 証 券　　1,020 *　　（貸）受取利息配当金収益　　1,020

＊ （1,000ドル－950ドル）÷5年＝10ドル　　10ドル×@102円＝1,020円
償却原価：95,000円＋1,020円＝96,020円

② **換算替え**

> （借）投 資 有 価 証 券　　2,860 *　　（貸）為 替 差 益　　2,860

＊ 期末評価額：960ドル×@103円＝98,880円
換 算 差 額：98,880円－96,020円＝2,860円

資金仕訳

⑴ （借）投資有価証券取得支出　　95,000　　（貸）支 払 資 金　　95,000

⑵の資金仕訳はありません。

確認テスト

答え：P.322

❶以下の資料にもとづき、×3年度の貸借対照表、事業活動計算書（一部）を作成しなさい。なお、金額は意図的に小さくしている。

決算整理前の残高　　　　　（単位：円）

現　金　預　金	5,000	
仮　　払　　金	90	
貯　　蔵　　品	120	
前　払　費　用	660	
事　　業　　費	30,000	
事　　務　　費	20,000	

1．仮払金の内訳は、次のとおりであった。

(1) 出張費用　40円

　　×4年3月に出張研修に行くための旅費40円を職員に渡していたが、出席できなくなったため3月31日に返金されていた。返金分はそのまま金庫に保管されており、何ら処理がされていなかった。

(2) 事務用のプリンター取得費　50円

　　×4年3月25日付けの領収書（40円）とおつり10円が会計担当者の手許に保管されていた。仮払金精算書の作成が未了であったため、会計処理も未処理であった。

2．貯蔵品は入所者用の紙おむつを前期にまとめて購入したものである。当期末に棚卸しをしたところ、50円分残っていた。

3．前払費用の残高を検証したところ、前期末に計上した前払費用（×3年度分地震保険料300円）と当期中に支払った前払費用（×4年度分地震保険料360円）であることが判明したので、前期末と同様の処理を行う。なお、地震保険料は事務費で処理している。

答案用紙

貸 借 対 照 表

流動資産	
現 金 預 金	（　　　　　　）
貯 蔵 品	（　　　　　　）
前 払 費 用	（　　　　　　）

事業活動計算書

増減の部 サービス活動	事　業　費	（　　　　　　）
	事　務　費	（　　　　　　）
	…	…
	…	…

❷ 以下の資料にもとづき、×8年度の貸借対照表、事業活動計算書（一部）を作成しなさい。なお、金額は意図的に小さくしている。

決算整理前の残高　　　　　（単位：円）

貯　蔵　品	250	設備資金借入金　672,000
事　業　費	30,000	長期運営資金借入金　各自計算
支　払　利　息	1,900	

1．決算日における医薬品の期末棚卸高は、総額で200円であった。医薬品は金額が少額であることから貯蔵品に含めて処理している。

　期首棚卸高（250円）及び期末たな卸高の洗替処理が未了であった。なお、期中は購入時に事業費に計上し、決算日の在庫を貯蔵品として計上する。

2．借入金の内訳は次のとおりである。

内　容	借入総額	借入時期	借入期間
設備資金借入金	各自計算	×7年4月1日	9年
長期運営資金借入金	1,440,000円	×6年10月1日	10年

⑴　設備資金借入金は、×7年4月末より毎月元金均等返済している。設備資金借入金の翌期以降の残余期間は84カ月である。

⑵　長期運営資金借入金は、×6年10月末より毎月元金均等返済している。

⑶　当期の返済と利息の支払いは適正に処理済みである。

答案用紙

（単位：円）

貸 借 対 照 表

流動資産		
貯蔵品	(	)
流動負債		
1年以内返済予定設備資金借入金	(	)
1年以内返済予定長期運営資金借入金	(	)
固定負債		
設備資金借入金	(	)
長期運営資金借入金	(	)

事業活動計算書

サービス活動増減の部	⋮ 事 業 費 ⋮ ⋮	⋮ (⋮ ⋮	⋮) ⋮ ⋮
サービス活動外増減の部	⋮ 支 払 利 息 ⋮ ⋮	⋮ (⋮ ⋮	⋮) ⋮ ⋮

❸ 以下の資料にもとづき、×3年度の貸借対照表、事業活動計算書（一部）を作成しなさい。なお、金額は意図的に小さくしている。

	決算整理前の残高		（単位：円）
現 金 預 金	30,600	受取利息配当金収益	800
投 資 有 価 証 券	16,880		

1．期末に保有している有価証券は次のとおりである。

銘　　　　柄	期末簿価	期末時価	保有目的
N　社　株　式	7,000 円	6,800 円	長期保有
A国の外貨建国債	95 ドル	97 ドル	満期保有

⑴ ×3年4月1日にA国の外貨建国債（額面100ドル）を満期保有目的で95ドルで取得した。償還期限は×8年3月31日である。

　外貨建国債の取得価額と額面金額との差額の性格は金利の調整と認められることから、償却原価法（定額法）を適用する。

　取得時の為替相場は1ドル＝104円、期中平均為替相場は1ドル＝105円、決算時の為替相場は1ドル＝107円である。

2．現金預金のうち10,600円は、×4年3月1日に100ドルを外貨建普通預金に預け入れたものである。預入れ時の為替相場は1ドル＝106円である。為替差益は、その他のサービス活動外収益として表示する。

答案用紙

（単位：円）

貸 借 対 照 表

流動資産	
現 金 預 金	（　　　　　）
⋮	⋮
固定資産	
その他の固定資産	
投 資 有 価 証 券	（　　　　　）

事業活動計算書

サービス活動外増減の部	受取利息配当金収益	（　　　　　）
	その他のサービス活動外収益	（　　　　　）
	⋮	⋮
	⋮	⋮
	⋮	⋮
	投資有価証券評価損	（　　　　　）

引当金の会計処理

❶ 徴収不能引当金
❷ 賞与引当金
❸ 退職給付引当金
❹ 役員退職慰労引当金

引当金は大きく分けて、資産を評価するための引当金と、負債としての性質を持つ引当金に分かれます。

徴収不能引当金は企業会計でいう貸倒引当金であり、将来の収入の減少に備えて設定する引当金です。

一方、賞与引当金、退職給付引当金、役員退職慰労引当金は、賞与や退職金といった将来の支出に備えて設定する引当金です。

いずれも、引当金の原因が発生した期に費用処理し、その期の収益と対応させることで、法人の適正な期間損益を計算することができます。

1 徴収不能引当金

徴収不能額とは

事業未収金などの金銭債権が徴収できなくなった場合、その額を**徴収不能額**といいます。

当期発生債権の徴収不能額

当期に発生した事業未収金が、当期に徴収できなくなったときは、事業未収金を減らすとともに徴収不能額（**サービス活動増減の部**）を計上します。

(借) 徴 収 不 能 額	× × ×	(貸) 事 業 未 収 金	× × ×

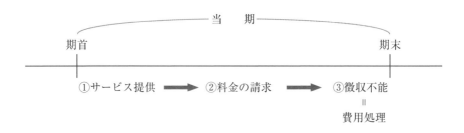

　発生した債権に対する徴収不能引当金は期末に計上されるため、当期に発生した債権が当期中に貸倒れたときは、まだ徴収不能引当金を計上していません。

　そのため、徴収不能引当金を取崩すことはできず、「徴収不能額」（費用）で処理します。

徴収不能引当金の計上

　決算にあたり、翌期以降に徴収不能が予想される金額を見積り、徴収不能引当金を設定するとともに、徴収不能引当金繰入（**サービス活動増減の部**）を計上します。

　しかし、実際に徴収不能となったわけではないため、事業未収金などを直接減らすのではなく、徴収不能引当金勘定を用いて間接的に控除します。

　事業未収金 10,000 円から徴収不能引当金 200 円を差し引いた 9,800 円が貸借対照表に最終的に表示される金額となります。

☆**事業活動計算書の記載**

　事業未収金の徴収不能額に係る事業活動計算書上の記載は、次のとおりです。

勘定科目	表示区分	各区分の科目	
徴 収 不 能 額	**サービス活動増減の部** （**費 用**）	大区分：徴収不能額	
		中区分：	—
		小区分：	—
徴収不能引当金繰入	**サービス活動増減の部** （**費 用**）	大区分：徴収不能引当金繰入	
		中区分：	—
		小区分：	—

債権の分類

　徴収不能引当金の計上にあたって、金銭債権を個別に評価する債権「個別評価債権」と、その他の債権「一括評価債権」に分類します。

> 運用上の留意事項（課長通知）18⑴
> 経理規程細則 13. 第2条

⑴　個別評価債権

　「個別評価債権」とは、破産、経営破綻または実質的に破産等に陥っている債務者に対する債権など、徴収不能の可能性が極めて高い債権をいいます。

> **参考**　破産等の状態
>
> 　破産等の状態に陥っている債務者とは、法的、形式的な破産等の事実が発生している債務者をいい、例えば、破産、清算、会社整理、和議等の事由が生じている債務者をいいます。
> 　実質的に破産等に陥っている債務者とは、法的、形式的に破産等の事実は発生していないが、深刻な状態にあると認められる債務者をいいます。

⑵　一括評価債権

　「一括評価債権」とは、個別評価債権以外の債権をいいます。

徴収不能引当金の設定

　「個別評価債権」と「一括評価債権」の徴収不能引当金は次のように計算します。

point　徴収不能引当金

① 個別評価債権

　徴収することが困難な債権を個別に評価し、その債権金額との差額を徴収不能引当金に計上する。

② 一括評価債権

　一括評価債権の期末残高×徴収不能実績率

徴収不能引当金＝①＋②

徴収不能引当金の表示方法

徴収不能引当金は、貸借対照表上、次のいずれかにより表示します。

運用上の取扱い（局長通知） 18 (2)

① **間接法**

設定対象となった債権の区分（流動資産またはその他の固定資産）に控除項目として表示する方法

② **直接法**

債権から徴収不能引当金を直接控除した額を計上し、控除した徴収不能引当金の額を注記する方法

注記については、第9章で確認します。

決算のさい、徴収不能見積額を徴収不能引当金として計上しますが、決算整理前に徴収不能引当金の残高がある場合、「徴収不能見積額」と「決算整理前の徴収不能引当金の残高」との差額を徴収不能引当金として計上します（差額補充法）。

なお、企業会計で認められている洗替法は、社会福祉簿記では認められていません。

徴収不能実績率の計算

徴収不能実績率は、一般的に以下の方法で計算します。

---

point 徴収不能実績率

$$徴収不能実績率：\frac{当期末以前の3年間の徴収不能額の合計額}{当期末以前の3年間の一括評価債権期末残高の合計額}$$

経理規程細則 13. 第2条3（注1）

例えば、当期が第4期である場合、以下のようになります。

徴収不能実績率：

$$\frac{第2期の徴収不能額＋第3期の徴収不能額＋第4期の徴収不能額}{第2期末債権残高＋第3期末債権残高＋第4期末債権残高}$$

参考 徴収不能実績率の計算 ─────────────

　債権と徴収不能の発生の対応を考えた場合、第1期末の債権残高が第2期になって徴収不能となります。そのため、第2期の徴収不能額には第1期末の債権残高を含みます。

　したがって、分母を前期末以前の3年間の期末債権残高とする考え方もあります。その場合、徴収不能実績率は以下のようになります。

徴収不能実績率：

$$\frac{第2期の徴収不能額＋第3期の徴収不能額＋第4期の徴収不能額}{第1期末債権残高＋第2期末債権残高＋第3期末債権残高}$$

なお、企業会計では上記の方法で計算しています。

取引 徴収不能引当金

　×4年3月期の決算につき、以下の資料にもとづき、事業未収金の期末残高に対して、徴収不能引当金を計上する。

(1)　徴収不能実績率は、当期末以前の3年間の期末債権残高と徴収不能額をもとに計算する。前期以前には個別評価債権は発生していない。

一括評価債権期末残高		徴収不能額	
×2年3月末	200,000円	×1年4月～×2年3月	3,000円
×3年3月末	300,000円	×2年4月～×3年3月	6,000円
×4年3月末	500,000円	×3年4月～×4年3月	11,000円

(2)　上記の一括評価債権の他に、当期末に発生した事業未収金 20,000 円について、徴収不能のおそれがきわめて高いと判断されたため、債権全額について徴収不能引当金を計上する。

(3)　決算整理前の徴収不能引当金の残高は 8,000 円であり、差額補充法により徴収不能引当金を計上する。

徴収不能実績率：$\dfrac{3,000\,円 + 6,000\,円 + 11,000\,円}{200,000\,円 + 300,000\,円 + 500,000\,円} = 2\,\%$

一括評価債権見積高：500,000 円 × 2 % = 10,000 円

個別評価債権見積高：20,000 円

徴収不能引当金繰入：（10,000 円 + 20,000 円）− 8,000 円 = 22,000 円

（借）徴収不能引当金繰入　22,000　　（貸）徴収不能引当金　22,000

資金仕訳
　資金仕訳はありません。

徴収不能引当金の戻入れ

　徴収不能見積額が、徴収不能引当金の残高より少ない場合、前期の徴収不能引当金の設定が過剰であったとして、徴収不能引当金を減少させます。

　徴収不能引当金を減少させるさい、相手勘定科目として、**徴収不能引当金戻入益（収益）**を計上し、当期の収益とします。

取引 徴収不能引当金の戻入れ

決算整理仕訳を行う。

決算につき、事業未収金の期末残高に対して、2％の徴収不能を見積もる。

なお、事業未収金の期末残高は 10,000 円、徴収不能引当金の期末残高は 220 円であり、徴収不能引当金の設定は差額補充法による。

（借）徴収不能引当金	20	（貸）徴収不能引当金戻入益	20 *

* 10,000 円× 2 ％＝ 200 円
　200 円－ 220 円＝△ 20 円（戻入）

資金仕訳

資金仕訳はありません。

☆事業活動計算書の記載

徴収不能引当金戻入益に係る事業活動計算書上の記載は、次のとおりです。

勘定科目	表示区分	各区分の科目
徴収不能引当金戻入益	**特別増減の部** （**収 益**）	大区分：その他の特別収益
		中区分：徴収不能引当金戻入益
		小区分：　　　―

徴収不能となった場合の処理

前期以前に発生した事業未収金などが実際に徴収不能となってしまった場合は、徴収不能となった債権を減少させるとともに、徴収不能引当金も減少させます。

なお、徴収不能となった金額が、徴収不能引当金の残高を超えている場合、その超えた部分については徴収不能額（**費用**）で処理します。

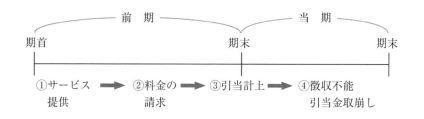

取 引 徴収不能となった場合の処理

前期に発生した事業未収金230円が徴収不能となった。なお、徴収不能引当金の残高は200円である。

（借）	徴収不能引当金	200	（貸）	事 業 未 収 金	230
	徴 収 不 能 額	30*			

＊ 230円－200円＝30円

資金仕訳

（借）	徴 収 不 能 額	230	（貸）	支 払 資 金	230

○**資金収支計算書の記載**

　事業未収金の徴収不能額に係る資金収支計算書上の記載は、次のとおりです。

勘定科目	表示区分	各区分の科目
徴収不能額	**事業活動による収支 （支 出）**	大区分：流動資産評価損等による資金減少額
		中区分：徴収不能額
		小区分：　　　－

　徴収不能引当金を取り崩しても、徴収不能額として費用計上しても、資金収支計算書上、「徴収不能額」として記載します。そのため、事業活動計算書の徴収不能額と一致しないこともあります。上記の例題の場合、230円が徴収不能額となります。

徴収不能処理した債権を翌年度以降に回収できた場合

　徴収不能処理した債権を翌年度以降に現金で回収した場合、雑収益等で処理する場合があります。

取引 | 徴収不能処理した債権を翌年度以降に回収できた場合の処理

　前期に徴収不能として処理した事業未収金230円を、当期に現金で回収した。

| （借）現 金 預 金 | 230 | （貸）雑 収 益 | 230 |

資金仕訳

| （借）支 払 資 金 | 230 | （貸）雑 収 入 | 230 |

☆事業活動計算書の記載

　徴収不能処理した債権を翌年度以降に回収できた場合に係る事業活動計算書上の記載は、次のとおりです。

勘定科目	表示区分	各区分の科目
雑 収 益	サービス活動外増減の部 （ 収 益 ）	大区分：その他のサービス活動外収益
		中区分：雑 収 益
		小区分：　　 －

○資金収支計算書の記載

　徴収不能処理した債権を翌年度以降に回収できた場合に係る資金収支計算書上の記載は、次のとおりです。

勘定科目	表示区分	各区分の科目
雑 収 入	事業活動による収支 （ 収 入 ）	大区分：その他の収入
		中区分：雑 収 入
		小区分：　　 －

引当金の設定目的

　引当金とは、将来の費用・損失のうち当期の負担に属する金額を当期の費用・損失としてあらかじめ見越計上したときの貸方項目です。

　引当金を設定する目的には、次の2つがあります。

① 　当期の負担とすべき費用を正しく計上する。

② 　社会福祉法人が所有している資産の適正価額（徴収不能引当金の場合）または社会福祉法人が負っている経済的な負担（負債）を期末現在で正しく認識する。

引当金の設定要件

　引当金は以下の4つの要件をすべて満たした場合に、計上しなければなりません。

① 　将来の特定の費用または損失であること

② 　発生が当期以前の事象に起因していること

③ 　発生の可能性が高いこと

④ 　金額を合理的に見積もることができること

運用上の取扱い（局長通知） 18⑴

次期に支給する賞与のうち、当期の分を費用計上

2 賞与引当金

賞与引当金の処理

　決算にさいして、次期に職員に対して支給する賞与のうち、当期負担分について賞与引当金（**流動負債**）を計上します。

| 運用上の取扱い（局長通知） | 18(3) |
| 運用上の留意事項（課長通知） | 18(2) |

(1) 決算時

　賞与引当金の当期繰入額を賞与引当金繰入（**サービス活動増減の部**）で処理します。

| （借）賞与引当金繰入 | ×× | （貸）賞 与 引 当 金 | ×× |

(2) 賞与支給時

　賞与を支給したときは、前期末に設定していた賞与引当金（負債）を取り崩し、当期負担分は職員賞与（**サービス活動増減の部**）で処理します。

| （借）賞 与 引 当 金 | ×× | （貸）現 金 預 金 | ××× |
| 職 員 賞 与 | × | | |

☆事業活動計算書の記載

　賞与引当金に係る事業活動計算書上の記載は、次のとおりです。

勘定科目	表示区分	各区分の科目	
賞与引当金繰入	サービス活動増減の部 （**費 用**）	大区分：人件費	
		中区分：賞与引当金繰入	
		小区分： —	
職 員 賞 与	サービス活動増減の部 （**費 用**）	大区分：人件費	
		中区分：職員賞与	
		小区分： —	

賞与引当金の計算

取引　賞与引当金1

以下の賞与に係る一連の取引の仕訳を行う。6月末に夏期賞与、12月末に冬期賞与を職員に支払っている。

(1)　×2年3月末の決算にあたり、賞与引当金を計上する。

支 給 月	支給対象期間	支 給 額
×2年6月	×1年12月～×2年5月	6,000円

(2)　×2年6月に夏期賞与6,000円を、普通預金口座より職員に支払った。

(3)　×2年12月に冬期賞与6,600円を、普通預金口座より職員に支払った。

支 給 月	支給対象期間	支 給 額
×2年12月	×2年6月～×2年11月	6,600円

(4)　×3年3月末の決算にあたり、賞与引当金を計上する。

支 給 月	支給対象期間	支 給 額
×3年6月	×2年12月～×3年5月	7,200円

(1) ×2年3月（賞与引当金設定時）

| （借）賞 与 引 当 金 繰 入 | 4,000* | （貸）賞 与 引 当 金 | 4,000 |

* $6,000 円 \times \dfrac{4 \, カ月}{6 \, カ月} = 4,000 \, 円$

(2) ×2年6月（夏期賞与支給時）

| （借）賞 与 引 当 金 | 4,000 | （貸）現 金 預 金 | 6,000 |
| 職 員 賞 与 | 2,000* | | |

* $6,000 円 - 4,000 円 = 2,000 円$

(3) ×2年12月（冬期賞与支給時）

| （借）職 員 賞 与 | 6,600 | （貸）現 金 預 金 | 6,600 |

(4) ×3年3月（賞与引当金設定時）

| （借）賞 与 引 当 金 繰 入 | 4,800* | （貸）賞 与 引 当 金 | 4,800 |

* $7,200 円 \times \dfrac{4 \, カ月}{6 \, カ月} = 4,800 \, 円$

　上記取引の結果、×3年3月期には、職員賞与8,600円と賞与引当金繰入4,800円の合計13,400円が人件費として計上されます。

資金仕訳

(1) 資金仕訳はありません。

(2) | （借）職 員 賞 与 支 出 | 6,000 | （貸）支 払 資 金 | 6,000 |

(3) | （借）職 員 賞 与 支 出 | 6,600 | （貸）支 払 資 金 | 6,600 |

(4) 資金仕訳はありません。

社会保険料を含める場合

「社会福祉法人モデル経理規程 細則」12 では、賞与の額に**賞与に係る法定福利費（社会保険料の事業主負担分）を含めた額**のうち、当期分を賞与引当金として計上することとされています。

取引　賞与引当金2（社会保険料を含める場合）

以下の賞与に係る取引の仕訳を行う。

(1)　×2年3月末の決算にあたり、賞与引当金を計上する。賞与引当金の計算方法は、社会保険料の事業主負担分を含む方法を採用している。

支 給 月	支給対象期間	支給見込み額
×2年6月	×1年12月～×2年5月	6,000円

上記の他に社会保険料の事業主負担分600円が別途発生する。

(2)　×2年6月に夏期賞与6,000円を普通預金口座より職員に支払うとともに、社会保険料の事業主負担額600円を社会保険事務所に納付した。

(1)　×2年3月（賞与引当金設定時）

（借）賞与引当金繰入	4,400 *	（貸）賞 与 引 当 金	4,400

＊　$(6,000 円 + 600 円) \times \dfrac{4 カ月}{6 カ月} = 4,400 円$

(2)　×2年6月（夏期賞与支給時）

法定福利費にはいくつかの処理方法が考えられますが、本書では仕訳の一例を示します。

（借）賞 与 引 当 金	4,000	（貸）現 金 預 金	6,000
職 員 賞 与	2,000[1]		
（借）法 定 福 利 費	200[2]	（貸）事 業 未 払 金	200

＊1　$6,000 円 \times \dfrac{2 カ月}{6 カ月} = 2,000 円$　　＊2　$600 円 \times \dfrac{2 カ月}{6 カ月} = 200 円$

社会保険料の納付

(借) 賞 与 引 当 金	400	(貸) 現 金 預 金	600
事 業 未 払 金	200		

資金仕訳

(1) 資金仕訳はありません。

(2)

(借) 職 員 賞 与 支 出	6,000	(貸) 支 払 資 金	6,000

(借) 法定福利費支出	600	(貸) 支 払 資 金	600

○資金収支計算書の記載

賞与引当金に係る資金収支計算書上の記載は、次のとおりです。

勘定科目	表示区分	各区分の科目	
職 員 賞 与 支 出	**事業活動による収支** **（ 支 出 ）**	大区分：	人件費支出
		中区分：	職員賞与支出
		小区分：	―
法定福利費支出	**事業活動による収支** **（ 支 出 ）**	大区分：	人件費支出
		中区分：	法定福利費支出
		小区分：	―

賞与を支給した期に支給額全額(社会保険料を除く)を記載します。

上記の例題の場合、6,000円が職員賞与支出となります。

給料の処理 (参考)

(1) 所得税の源泉徴収

職員に給料を支払うときに、職員の所得税の源泉徴収額を給料から天引きして
いったん預かり、職員に代わって国などへ納付する場合があります。この制度を
源泉徴収制度といいます。

所得税の源泉徴収額を預かった場合、**職員預り金**（**流動負債**）で処理します。

(2) 社会保険料

社会保険には、健康保険、厚生年金保険、介護保険の3つがあり、原則として、
事業主と職員が半額ずつ負担します。

職員負担分については所得税の源泉徴収と同様に、給料支払い時に天引きし、
職員預り金（流動負債）で処理します。

事業主負担分については**法定福利費**で処理し、サービス活動増減の部に人件費
として表示します。

取引 給料の処理

以下の取引の仕訳を行う。

(1) 当月の常勤職員の給料総額 20,000 円から、所得税の源泉徴収額 900 円及び社
会保険料 1,900 円（職員負担分）を控除した残額を現金で支払った。

あわせて社会保険料の事業主負担分 1,900 円を事業未払金として計上した。

(2) 源泉所得税 900 円及び社会保険料の預り金 1,900 円と、社会保険料の事業主負
担額 1,900 円をあわせて現金で納付した。

(1) 給料支払い時

(借) 職 員 給 料	20,000	(貸) 職 員 預 り 金	2,800
		現 金 預 金	17,200*
(借) 法 定 福 利 費	1,900	(貸) 事 業 未 払 金	1,900

* 20,000 円－（900 円＋ 1,900 円）＝ 17,200 円

(2) 納付時

| (借) 職 員 預 り 金 | 2,800 | (貸) 現 金 預 金 | 4,700 |
| 事 業 未 払 金 | 1,900 | | |

　簡便的に、給料支給時に事業未払金を計上せずに、納付時に法定福利費を計上する方法（3級で学習）もあります。

資金仕訳

(1)

| (借) 職 員 給 料 支 出 | 20,000 | (貸) 支 払 資 金 | 20,000 |

| (借) 法定福利費支出 | 1,900 | (貸) 支 払 資 金 | 1,900 |

(2)　資金仕訳はありません。

(3)　その他の控除項目

　所得税と社会保険料の他に給料から天引きされることがある項目として、住民税と労働保険料があります。天引きされる分は職員預り金で処理し、事業主負担分は法定福利費などで処理します。

①　住民税

　国に納める所得税に対し、都道府県や市区町村に納める税金が住民税です。住民税の徴収は、事業主が給料から天引きして納める特別徴収と、職員本人が納める普通徴収があります。

②　労働保険料

　労働保険には雇用保険と労災保険があります。雇用保険は職員と事業主が負担しますが、事業主の方が負担率が高くなっています。

　一方、労災保険については、事業主が全額負担します。

3 退職給付引当金

退職給付引当金とは

退職金は、職員が入社してから退職するまで、働いたことに対する報酬として支払うものであり、退職時に一括して費用処理するのは適切ではありません。

当期の職員の労働に対して、次期以降に生じると予想される退職金の支払いに備えて引当金を設定し、退職給付引当金（**固定負債**）で処理します。

運用上の取扱い（局長通知） 18⑷

3 引当金の会計処理

社会福祉法人の退職金制度

社会福祉法人の退職金制度には、「法人独自の退職金制度」、「都道府県等が実施する退職共済」、「福祉医療機構の退職共済」などがあります。

それぞれの制度により会計処理が若干異なります。

法人独自の退職金制度

　法人独自の退職金制度を設け、退職金原資を定期預金等に積み立てている法人があります。その場合、将来支給する退職金のうち当期の負担に属する金額を退職給付費用（**サービス活動増減の部**）として計上し、**負債として認識すべき金額（退職給付債務）**を退職給付引当金に計上します。

　また、将来の退職金支給に備えて預金に積み立てた金額は、**退職給付引当資産（その他の固定資産）**に計上します。

〈退職給付債務の算定方法〉

⑴　原則法

　原則として、企業会計と同様に、退職率や昇給率などを考慮した上で、退職給付のうち期末時点までに発生している額を割引計算した額にもとづいて退職給付債務を計算します。

⑵　簡便法

　以下のいずれかに該当する場合には、期末要支給額（期末に職員全員が自己都合により退職した場合の支払額）を退職一時金に係る債務として計算することができます。

---

point 簡便法を適用できる場合（以下のいずれかに該当）

① 　退職給付の対象となる職員数が300人未満の場合。
② 　退職給付の対象となる職員数が300人以上であっても、年齢や勤務期間にかたよりがあり、退職給付債務等の計算結果に高い信頼性が得られない場合。
③ 　原則的方法で算定した額と期末要支給額との差額に重要性が乏しい場合。

運用上の留意事項（課長通知）21⑴

取引 退職給付引当金

以下の資料にもとづき、当期（×12年3月期）の退職給付引当金に係る一連の取引の仕訳を行う。

社会福祉法人Nは法人独自の退職金制度を設けており、職員総数が300人未満のため、期末要支給額にもとづいて退職給付引当金を計上している。

なお、退職金の支給に備えて引当金と同額の退職給付引当資産を、積立用の預金口座に積み立てている。

職員コード	期末要支給額 （×11年3月）	退職による取崩し	期末要支給額 （×12年3月）
1	2,000,000	―	2,400,000
2	1,800,000	△1,800,000	0
⋮	⋮	⋮	⋮
21	800,000	―	1,000,000
22	600,000	―	800,000
⋮	⋮	⋮	⋮
合　計	29,800,000	△1,800,000	34,300,000

(1)　×11年4月に職員1人が退職し、退職金1,800,000円を普通預金口座から支払った。合わせて積み立てていた退職給付引当資産を取崩し、普通預金に振り替えた。

(2)　×12年3月の決算にあたり、期末要支給額にもとづいて退職給付費用を計上するとともに、同額の退職給付引当資産を普通預金口座から積立用の預金口座に振り替えた。

(1)　退職金支給時

（借）	退職給付引当金	1,800,000	（貸）	現　金　預　金	1,800,000
（借）	現　金　預　金	1,800,000	（貸）	退職給付引当資産	1,800,000

(2)　決算時

（借）	退職給付費用	6,300,000*	（貸）	退職給付引当金	6,300,000
（借）	退職給付引当資産	6,300,000	（貸）	現　金　預　金	6,300,000

＊ 退職給付引当金前期末残高：29,800,000 円
　 決算整理前引当金残高：29,800,000 円－ 1,800,000 円＝ 28,000,000 円
　 退職給付費用：34,300,000 円－ 28,000,000 円＝ 6,300,000 円

資金仕訳

(1)

（借）	退 職 給 付 支 出	1,800,000	（貸）	支 払 資 金	1,800,000
（借）	支 払 資 金	1,800,000	（貸）	退職給付引当資産取崩収入	1,800,000

(2)

（借）	退職給付引当資産支出	6,300,000	（貸）	支 払 資 金	6,300,000

☆事業活動計算書の記載

退職給付費用に係る事業活動計算書上の記載は、次のとおりです。

勘定科目	表示区分	各区分の科目	
退 職 給 付 費 用	サービス活動増減の部 （ 費 用 ）	大区分： 人件費	
		中区分： 退職給付費用	
		小区分： 　　―	

○資金収支計算書の記載

退職給付引当金に係る資金収支計算書上の記載は、次のとおりです。

勘定科目	表示区分	各区分の科目	
退 職 給 付 支 出	事業活動による収支 （ 支 出 ）	大区分： 人件費支出	
		中区分： 退職給付支出	
		小区分： 　　―	
退 職 給 付 引 当 資 産 支 出	その他の活動による収支 （ 支 出 ）	大区分： 積立資産支出	
		中区分： 退職給付引当資産支出	
		小区分： 　　―	
退 職 給 付 引 当 資 産 取 崩 収 入	その他の活動による収支 （ 収 入 ）	大区分： 積立資産取崩収入	
		中区分： 退職給付引当資産取崩収入	
		小区分： 　　―	

福祉医療機構が実施する退職共済制度

福祉医療機構は、福祉施設や医療施設に対する融資をはじめ、これら施設の経営サポート、福祉施設で働く方の退職手当共済などの事業に取り組んでいる独立行政法人です。

福祉医療機構が実施する退職共済制度では、掛金支払額は制度によって定められ、退職金支給額は直接本人に支給されます。

会計処理

掛金相当額を退職給付費用として計上するのみで、退職給付引当金を計上する必要はありません。 　運用上の留意事項（課長通知）21 (2)

取引 退職給付引当金

社会福祉法人 N は独立行政法人福祉医療機構が実施する退職共済制度を採用している。

当期に福祉医療機構へ掛金 30,000 円を現金で支払った。

（借） 退 職 給 付 費 用	30,000	（貸） 現 金 預 金	30,000

資金仕訳

（借） 退 職 給 付 支 出	30,000	（貸） 支 払 資 金	30,000

都道府県等が実施する確定給付型の退職共済制度

都道府県等（民間退職共済会）が実施する退職共済制度とは、民間で社会福祉事業に従事している職員のために都道府県等が設定した退職共済制度をいいます。

民間退職共済会に加入している社会福祉法人では、法人が共済会に掛け金を支払います。このとき、（ⅰ）掛金の個人負担が無い場合と、（ⅱ）掛金の個人負担がある場合があります。

これらの場合、退職給付引当金及び退職給付資産として計上する金額は、原則として、次のとおりです。

(1) **退職給付引当金及び退職給付引当資産の計上額（原則）**

> **（ⅰ）掛金の個人負担がない場合**
>   退職給付引当金計上額＝退職一時金の約定金額
>   退職給付引当資産計上額＝法人の掛金累計額
>
> **（ⅱ）掛金の個人負担がある場合**
>   退職給付引当金計上額＝退職一時金の約定金額－個人の掛金累計額
>   退職給付引当資産計上額＝法人の掛金累計額

運用上の留意事項（課長通知） 21 (3)

（ⅰ）掛金の個人負担がない場合

（ⅱ）掛金の個人負担がある場合

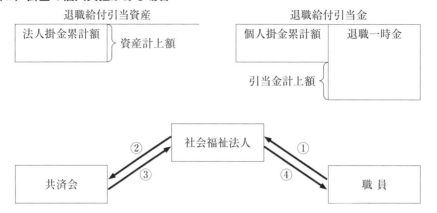

①職員の個人負担がある場合には、社会福祉法人が職員から掛金（会費）を徴収し、②社会福祉法人が共済会に納めます。退職金支給額は、③共済会から社会福祉法人に振込まれた後に、④社会福祉法人から職員に支給されます。

なお、原則法で掛金の個人負担がある場合は、退職給付引当金と退職給付引当資産を別々に計算するため、両者の金額は、一般的に一致しなくなります。

⑵　退職給付引当金及び退職給付引当資産の計上額（容認）

簡便法として、（ⅰ）**法人の掛金拠出額**で退職給付引当資産と退職給付引当金を**同額計上する方法**、または（ⅱ）**期末退職金要支給額（約定の給付額から、職員個人の掛金累計額を引いた額）**で退職給付引当金と退職給付引当資産を**同額計上する方法**が容認されています。

退職共済制度（原則）における引当金の計上

社会福祉法人Ｎは東京都が実施する退職給付制度を採用している。引当金と引当資産を原則的な方法で計上する。

⑴　×1年4月より職員Ａ氏から個人負担の会費5,000円(掛金)を毎月、現金で預った。

⑵　個人の掛金5,000円と法人の掛金5,000円を、毎月、共済会に納付した。

⑶　×2年3月末における退職一時金約定額は110,000円であり、個人負担掛金60,000円との差額50,000円を引当計上した。

⑴　**職員からの掛金徴収（4月～3月）**

（借）現 金 預 金	5,000	（貸）職 員 預 り 金	5,000

⑵　**掛金の納付（4月～3月）**

（借）職 員 預 り 金	5,000	（貸）現 金 預 金	10,000
退職給付引当資産	5,000		

⑶　**引当金の計上**

（借）退 職 給 付 費 用	50,000*	（貸）退 職 給 付 引 当 金	50,000

＊　個人掛金累計額：@ 5,000円× 12カ月＝ 60,000円
　　退職給付引当金：110,000円－ 60,000円＝ 50,000円

退職給付引当資産
法人掛金累計額	⎫ 資産計上額
60,000	⎭

退職給付引当金
個人掛金累計額	退職一時金
60,000	110,000
引当金計上額	
50,000	

資金仕訳

⑴、⑶の資金仕訳はありません。

⑵　（借）退職給付引当資産支出	5,000	（貸）支 払 資 金	5,000

取引　退職共済制度（容認）における引当金の計上

社会福祉法人 N は東京都が実施する退職給付制度を採用している。法人の掛金拠出額で引当金と引当資産を同額で計上する。

⑴　×1年4月より職員A氏から個人負担の会費5,000円（掛金）を毎月、現金で預った。

⑵　個人の掛金5,000円と法人の掛金5,000円を、毎月、共済会に納付した。

⑶　×2年3月末における法人の掛金累計額と同額を引当計上した。

⑴　**職員からの掛金徴収（4月〜3月）**

（借）現 金 預 金	5,000	（貸）職 員 預 り 金	5,000

⑵　**掛金の納付（4月〜3月）**

（借）職 員 預 り 金	5,000	（貸）現 金 預 金	10,000
退職給付引当資産	5,000		

⑶　**引当金の計上**

（借）退 職 給 付 費 用	60,000*	（貸）退職給付引当金	60,000

＊　法人掛金累計額：＠5,000円×12カ月＝60,000円

退職給付引当資産		退職給付引当金	
法人掛金累計額 60,000	資産計上額	引当金計上額 60,000	法人掛金累計額 60,000

資金仕訳

資金仕訳は、前のページと同じです。

職員Ａの退職一時金資料

年月日	×2年 3/31	×3年 3/31	…	×6年 3/31	…	×11年 3/31	×12年 3/31
勤　務　期　間	1年	2年	…	5年	…	10年	11年
支　　給　　率	0.900	0.950	…	1.000	…	1.100	1.110
法 人 掛 金 累 計 額	60,000	120,000	…	300,000	…	600,000	660,000
個 人 掛 金 累 計 額	60,000	120,000	…	300,000	…	600,000	660,000
掛　金　合　計	120,000	240,000	…	600,000	…	1,200,000	1,320,000
退　職　一　時　金	110,000	235,000	…	600,000	…	1,320,000	1,465,200
		ケース1		ケース2		ケース3	

取引　退職給付共済（原則）における支給

社会福祉法人Ｎは東京都が実施する退職給付制度を採用している。引当金と引当資産を原則的な方法で計上している。次の各取引の仕訳を行う。

職員Ａ氏が退職し、退職金が共済会より社会福祉法人Ｎに振込まれ、職員Ａに給付した。

1．×3年3月末に退職（支給額＜掛金合計の場合）

退職一時金：235,000円（個人掛金累計額：120,000円、退職給付引当金：115,000円）
退職給付引当資産：120,000円（法人掛金累計額）

2．×6年3月末に退職

退職一時金：600,000円（個人掛金累計額：300,000円、退職給付引当金：300,000円）
退職給付引当資産：300,000円（法人掛金累計額）

3．×11年3月末に退職（支給額＞掛金合計の場合）

退職一時金：1,320,000円（個人掛金累計額：600,000円、退職給付引当金：720,000円）
退職給付引当資産：600,000円（法人掛金累計額）

1. 退職一時金給付額：235,000 円

　支給額＜掛金合計の場合、差額をその他の費用とします。

| （借）現 金 預 金 | 235,000 | （貸）預　　り　　金*1 | 120,000 |
| その他の費用 | 5,000*3 | 退職給付引当資産 | 120,000*2 |

＊1　退職金のうち個人掛金累計額分を預かったと考えます。

＊2　退職金のうち法人掛金累計額

＊3　235,000 円－（120,000 円＋120,000 円）＝△5,000 円

　約定額と個人掛金累計額との差額を引当計上しているため、**支給による差額は生じません。**

| （借）退職給付引当金 | 115,000 | （貸）現 金 預 金 | 235,000 |
| 預　　り　　金 | 120,000 | | |

2. 退職一時金給付額：600,000 円

| （借）現 金 預 金 | 600,000 | （貸）預　　り　　金 | 300,000 |
| | | 退職給付引当資産 | 300,000 |

| （借）退職給付引当金 | 300,000 | （貸）現 金 預 金 | 600,000 |
| 預　　り　　金 | 300,000 | | |

3. 退職一時金給付額：1,320,000 円

　支給額＞掛金合計の場合、差額をその他の収益とします。

（借）現 金 預 金	1,320,000	（貸）預　　り　　金	600,000
		退職給付引当資産	600,000
		その他の収益	120,000*

＊　1,320,000 円－（600,000 円＋600,000 円）＝120,000 円

| （借）退職給付引当金 | 720,000 | （貸）現 金 預 金 | 1,320,000 |
| 預　　り　　金 | 600,000 | | |

資金仕訳

　資金仕訳は、**94** ページに容認処理の場合について記載します。

職員Aの退職一時金資料

年月日	×2年 3/31	×3年 3/31	…	×6年 3/31	…	×11年 3/31	×12年 3/31
勤 務 期 間	1年	2年	…	5年	…	10年	11年
支 給 率	0.900	0.950	…	1.000	…	1.100	1.110
法人掛金累計額	60,000	120,000	…	300,000	…	600,000	660,000
個人掛金累計額	60,000	120,000	…	300,000	…	600,000	660,000
掛 金 合 計	120,000	240,000	…	600,000	…	1,200,000	1,320,000
退 職 一 時 金	110,000	235,000	…	600,000	…	1,320,000	1,465,200
		ケース1		ケース2		ケース3	

取引 **退職給付共済（容認）における支給**

社会福祉法人Nは東京都が実施する退職給付制度を採用している。法人の掛金拠出額で引当金と引当資産を同額で計上している。次の各取引の仕訳を行う。

職員A氏が退職し、退職金が共済会より社会福祉法人Nに振込まれ、職員Aに給付した。

1．×3年3月末に退職

退職一時金：235,000円（法人掛金累計額：120,000円、退職給付引当金：120,000円）
個人掛金累計額：120,000円

2．×6年3月末に退職

退職一時金：600,000円（法人掛金累計額：300,000円、退職給付引当金：300,000円）
個人掛金累計額：300,000円

3．×11年3月末に退職

退職一時金：1,320,000円（法人掛金累計額：600,000円、退職給付引当金：600,000円）
個人掛金累計額：600,000円

1. 退職一時金給付額：235,000円

支給額＜掛金合計の場合、差額をその他の費用とします。

（借）	現　金　預　金	235,000	（貸）	預　　り　　金	120,000
	そ の 他 の 費 用	5,000[*2]		退職給付引当資産	120,000[*1]

* 1　退職金のうち法人掛金累計額
* 2　235,000円－（120,000円＋120,000円）＝△5,000円

法人掛金拠出額で引当計上しているため、支給による差額が生じます。

支給額＜引当額の場合、差額をその他の収益とします。

（借）	退職給付引当金	120,000	（貸）	現　金　預　金	235,000
	預　　り　　金	120,000		そ の 他 の 収 益	5,000[*]

* （120,000円＋120,000円）－235,000円＝5,000円

> **参考** **支給額＜掛金合計の場合**

支給額＜掛金合計の場合、最も多い事例として、超過額について資産と負債を相殺処理して損益に計上しないことがあります。

（借）	現　金　預　金	235,000	（貸）	預　　り　　金	120,000
				退職給付引当資産	115,000[*]

* 120,000円－5,000円＝115,000円

（借）	退職給付引当金	115,000[*]	（貸）	現　金　預　金	235,000
	預　　り　　金	120,000			

（借）	退職給付引当金	5,000	（貸）	退職給付引当資産	5,000

2. 退職一時金給付額：600,000円

（借）	現　金　預　金	600,000	（貸）	預　　り　　金	300,000
				退職給付引当資産	300,000

（借）	退職給付引当金	300,000	（貸）	現　金　預　金	600,000
	預　　り　　金	300,000			

3. 退職一時金給付額：1,320,000 円

支給額＞掛金合計の場合、差額をその他の収益とします。

（借）現 金 預 金	1,320,000	（貸）預 り 金	600,000
		退職給付引当資産	600,000
		そ の 他 の 収 益	120,000*

* 1,320,000 円－（600,000 円＋600,000 円）＝120,000 円

支給額＞引当額の場合、差額を**退職給付費用**とします。

（借）退職給付引当金	600,000	（貸）現 金 預 金	1,320,000
預 り 金	600,000		
退 職 給 付 費 用	120,000*		

* 1,320,000 円－（600,000 円＋600,000 円）＝120,000 円

資金仕訳

1. 退職一時金給付額：235,000 円

（借）支 払 資 金	115,000	（貸）退職給付引当資産取崩収入	115,000

（借）退 職 給 付 支 出	115,000	（貸）支 払 資 金	115,000

2. 退職一時金給付額：600,000 円

（借）支 払 資 金	300,000	（貸）退職給付引当資産取崩収入	300,000

（借）退 職 給 付 支 出	300,000	（貸）支 払 資 金	300,000

3. 退職一時金給付額：1,320,000 円

（借）支 払 資 金	720,000	（貸）退職給付引当資産取崩収入	600,000
		そ の 他 の 収 入	120,000

（借）退 職 給 付 支 出	720,000	（貸）支 払 資 金	720,000

4 役員退職慰労引当金

役員退職慰労引当金とは

　社会福祉法人の役員に対し在任期間中の職務執行の対価として退職慰労金を支給することが定められており、その支給額が規程等により適切に見積もることが可能な場合には、将来支給する退職慰労金のうち、当期において発生したと認められる額を**役員退職慰労引当金**（**固定負債**）として計上します。

> 運用上の取扱い（局長通知）18(4)

　社会福祉法人における理事、監事は、株式会社でいう取締役、監査役とイメージしましょう。

役員退職慰労引当金の処理

　役員退職慰労引当金の当期繰入額は、**役員退職慰労引当金繰入**（**費用**）で処理します。

取引　役員退職慰労引当金

以下の役員退職慰労引当金に係る一連の取引の仕訳を行う。

(1)　決算において、理事及び監事に対する退職慰労金の支給見込額のうち当期発生分 8,000,000 円を役員退職慰労引当金に繰り入れた。

(2)　翌期末に理事の 1 人が退任し、退職慰労金 3,600,000 円を普通預金口座より支払った。退職した理事の前期末までの引当額は 3,000,000 円であり、支払額と引当額との差額は費用計上した。

(1) **決算時**

> (借) 役員退職慰労引当金繰入 8,000,000 （貸) 役員退職慰労引当金 8,000,000

(2) **支給時**

> (借) 役員退職慰労引当金 3,000,000 （貸) 現 金 預 金 3,600,000
> 　　　役員退職慰労金 600,000

資金仕訳

(1) 資金仕訳はありません。

(2) (借) 役員退職慰労金支出 3,600,000 （貸) 支 払 資 金 3,600,000

☆事業活動計算書の記載

役員退職慰労引当金繰入に係る事業活動計算書上の記載は、次のとおりです。

勘定科目	表示区分	各区分の科目	
役員退職慰労引当金繰入	サービス活動増減の部 （費用）	大区分：人件費	
		中区分：役員退職慰労引当金繰入	
		小区分： ―	
役員退職慰労金	サービス活動増減の部 （費用）	大区分：人件費	
		中区分：役員退職慰労金	
		小区分： ―	

○資金収支計算書の記載

役員退職慰労引当金に係る資金収支計算書上の記載は、次のとおりです。

勘定科目	表示区分	各区分の科目	
役員退職慰労金支出	事業活動による収支 （支出）	大区分：人件費支出	
		中区分：役員退職慰労金支出	
		小区分： ―	

退職金を支給した期に支給額全額を記載します。

上記の例題の場合、3,600,000円が役員退職慰労金支出となります。

確認テスト

答え：P.326

❶ 以下の資料にもとづき、×3年度の事業活動計算書の「職員賞与」、「賞与引当金繰入」、資金収支計算書の「職員賞与支出」の金額を答えなさい。

(1) 賞与引当金には、社会保険料の事業主負担分を含めて計上している。

(2) ×2年度期末の賞与引当金残高は460,000円（社会保険料60,000円含む）であった。

(3) ×3年度の賞与支給実績は、下記のとおりである。

支給月	支給対象期間	支給額
×3年6月	×2年12月～×3年5月	600,000円
×3年12月	×3年6月～×3年11月	660,000円

賞与に係る社会保険料事業主負担分として賞与支給額の15%が発生する。

(4) ×4年6月の賞与支給見込額は720,000円（社会保険料除く）である。

答案用紙

（単位：円）

科　　目	金　　額
職　員　賞　与	
賞 与 引 当 金 繰 入	
職　員　賞　与　支　出	

❷ 社会福祉法人Ｎは介護保険にもとづく特別養護老人ホームを運営している。以下の資料にもとづき、×3年度の貸借対照表、事業活動計算書（一部）を作成しなさい。

決算整理前の残高			（単位：円）
事 業 未 収 金	9,400,000	徴収不能引当金	110,000
		介護保険事業収益	50,000,000

1. 以下の未処理事項を処理した上で、当期末の事業未収金残高に徴収不能実績率2％を乗じた金額を徴収不能引当金として計上する。

   ⑴ ×4年3月度の利用者に対する利用料請求額200,000円について計上していなかった。

   ⑵ 地方公共団体から介護保険に関連して請け負った受託事業について500,000円を振り込む旨の確定通知書（×4年4月振込み予定）が届いていたが未処理であった。

   ⑶ 前期に発生した事業未収金100,000円について、当期に徴収不能が確定したが、何ら会計処理はなされていなかった。

答案用紙

（単位：円）

貸 借 対 照 表

流動資産	
事 業 未 収 金	（　　　　　）
⋮	⋮
徴収不能引当金	（　　　　　）

事業活動計算書

サービス活動増減の部	介護保険事業収益	（　　　　　）
	⋮	⋮
	⋮	⋮
	⋮	⋮
	徴収不能引当金繰入	（　　　　　）
	⋮	⋮

第4章

固定資産の会計処理

❶ 有形固定資産の取得
❷ リース会計
❸ 減価償却
❹ 減損会計

　社会福祉法人では、国や地方公共団体からの補助金や、企業や個人からの寄附金にもとづいて固定資産を取得することが多いです。

　固定資産の取得に係る寄附金や補助金を受取った場合には、基本金や積立金の処理が必要なことがあります。

　また、減価償却や減損などにより、固定資産の価値が変動したときは、積立金の処理に影響します。

　そのため、固定資産と純資産は切っても切れない関係にあるといえます。

　本章では固定資産の処理を確認し、寄附金と純資産の章で、関連する純資産の処理について確認していきます。

1 有形固定資産の取得

固定資産の種類

社会福祉法人の固定資産は、**基本財産**と**その他の固定資産**に分かれます。

基本財産…法人の存立基盤となる資産。定款に記載し、厳重に管理が必要。

その他の固定資産…固定資産のうち基本財産以外のもの。

固定資産とは、**取得価額が 10 万円以上で、1 年以上にわたって使用**するための資産です。 運用上の留意事項（課長通知） 17 (1)

固定資産のうち、建物、備品、車輌運搬具、土地など形が有るものを有形固定資産といいます。

 消耗品や器具の取得価額が 10 万円未満の場合、利用者使用分は「消耗器具備品費」、事務使用分は「事務消耗品費」で処理します。

貸 借 対 照 表

固定資産	40,000,000
基本財産	15,000,000
土　　　　地	8,000,000
建　　　　物	7,000,000
その他の固定資産	25,000,000
土　　　　地	6,000,000
建　　　　物	5,000,000
機 械 及 び 装 置	2,000,000
車 輌 運 搬 具	2,500,000
器 具 及 び 備 品	500,000
建 設 仮 勘 定	4,000,000
有 形 リ ー ス 資 産	5,000,000

無償取得

固定資産をタダでもらうことを無償取得といいます。この場合、**取得のために通常要する価額（時価）**で固定資産を計上します。

運用上の取扱い（局長通知）14(1)

有形固定資産を無償取得したときは、借方は固定資産、貸方は**固定資産受贈額（収益）**で処理します。

固定資産受贈額は、事業活動計算書上、「**特別増減の部**」に表示します。

> 　法人は、取得した資産について、保有、管理、運用する受託責任を負っています。そのため、無償で取得した資産であっても通常要する価額で計算書類に計上することで、受託責任を明らかにすることが要求されています。

取引　無償取得

個人から車輌（時価1,000,000円相当）の寄附を受けた。

（借）車輌運搬具	1,000,000	（貸）固定資産受贈額	1,000,000

資金仕訳

　資金仕訳はありません。

低額譲受

「取得のために通常要する価額」と比べて著しく低い価額で、固定資産を譲り受けることを、**低額譲受**といいます。

有形固定資産の低額譲受があったときは、「取得のために通常要する価額（時価）」と支払額との差額を、固定資産受贈額（**収益**）で処理します。

運用上の取扱い（局長通知）14(1)

> **参考** 著しく低い価額 ───────────
>
> 　低額譲受における「著しく低い価額」とは、「取得のために通常要する価額」の50％を下回る価額で譲り受けた場合が考えられます。

取引　低額譲受

個人から車輌（時価1,000,000円相当）を300,000円で取得し、代金は現金で支払った。

（借）車 輌 運 搬 具	1,000,000	（貸）現 金 預 金	300,000
		固定資産受贈額	700,000

資金仕訳

（借）固定資産取得支出	300,000	（貸）支 払 資 金	300,000

☆**事業活動計算書の記載**

固定資産受贈額に係る事業活動計算書上の記載は、次のとおりです。

勘定科目	表示区分	各区分の科目
固定資産受贈額	**特別増減の部** （ 収 益 ）	大区分：固定資産受贈額
		中区分：○○受贈額
		小区分：　　　―

上記の「○○」には固定資産の名称が入ります。

例えば、建物の場合には、「建物受贈額」となります。

固定資産受贈額は支払資金の増加を伴わないため、資金収支計算書には計上されません。

○**資金収支計算書の記載**

固定資産の取得、売却に係る資金収支計算書上の記載は、次のとおりとなります。

勘定科目	表示区分	各区分の科目
固定資産取得支出	**施設整備等による収支** （ 支 出 ）	大区分：固定資産取得支出
		中区分：○○取得支出
		小区分：　　　―
固定資産売却収入	**施設整備等による収支** （ 収 入 ）	大区分：固定資産売却収入
		中区分：○○売却収入
		小区分：　　　―

上記の「○○」には取得、売却した固定資産の名称が入ります。

例えば、建物を取得した場合には、「建物取得支出」となります。

交換

　自己所有の有形固定資産との交換に有形固定資産を取得した場合、自己所有の有形固定資産の**帳簿価額**を取得価額とします。

運用上の取扱い（局長通知） 14 (2)

取 引　交換による取得

　社会福祉法人Nが埼玉県に所有する土地（簿価600,000円、時価700,000円）を、社会福祉法人Tが千葉県に所有の土地（T法人簿価650,000円、時価700,000円）と交換した。

（借）土　　　地　600,000	（貸）土　　　地　600,000

　固定資産台帳に記入したりするので、「仕訳なし」とはなりません。

資金仕訳

　資金仕訳はありません。

2 リース会計

リース取引とは

　備品や機械などの固定資産（リース物件）を、あらかじめ決められた期間（リース期間）にわたって、使用する契約を結び、その使用料（リース料）を支払う取引をリース取引といいます。

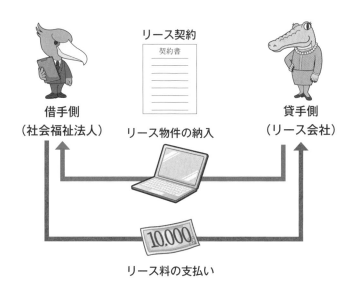

リース契約
契約書

借手側
（社会福祉法人）

リース物件の納入

貸手側
（リース会社）

10,000

リース料の支払い

リース取引の分類

　リース取引は、取引条件によって、**ファイナンス・リース取引**と**オペレーティング・リース取引**に分類されます。

(1) ファイナンス・リース取引

　ファイナンス・リース取引とは、リース期間の途中で解約することができず（ノンキャンセラブル）、リース物件から生じるコストを借手側が負担する（フルペイアウト）という2つの要件を満たすリース取引です。

運用上の取扱い（局長通知） 8 1 (1)

また、ファイナンス・リース取引は、リース期間終了後にリース物件の所有権が貸手側から借手側に移るかどうかで、所有権移転ファイナンス・リース取引と所有権移転外ファイナンス・リース取引に分類されます。

(2) オペレーティング・リース取引

オペレーティング・リース取引とは、ファイナンス・リース取引以外のリース取引です。　　　　　　　　　　　　　　| 運用上の取扱い（局長通知）|81⑴

リース取引の処理

ファイナンス・リース取引では、資金を借り入れ固定資産を購入したと考え、**売買処理**（リース資産及びリース債務の計上）を行います。

| 運用上の取扱い（局長通知）|81⑵

オペレーティング・リース取引では、資産を賃借したと考え、**賃貸借処理**（賃借料を計上）を行います。

ただし、ファイナンス・リース取引でも、リース契約1件当たりのリース料総額が300万円以下※またはリース期間が1年以内のものについては、**賃貸借処理**を行うことができます。

---

point リース取引の処理

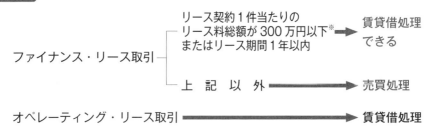

　※　所有権移転外ファイナンス・リース取引に対してのみ、賃貸借処理を行うことができます。

運用上の留意事項

20　リース会計について

(1)　リース会計処理について

　　企業会計においてはリース取引の会計処理はリース会計基準に従って行われる。社会福祉法人においてもリース取引の会計処理はこれに準じて行うこととなる。 …中略…

　　なお、リース契約1件当たりのリース料総額(…中略…)が300万円以下のリース取引等少額のリース資産や、リース期間が1年以内のリース取引についてはオペレーティング・リース取引の会計処理に準じて資産計上又は運用上の取り扱い第8に記載されている注記を省略することができる等の簡便的な取扱いができるものとする。

(2)　利息相当額の各期への配分について

　　リース資産総額に重要性が乏しいと認められる場合は、次のいずれかの方法を適用することができる。

　ア　運用上の取り扱い第8の定めによらず、リース料総額から利息相当額の合理的な見積額を控除しない方法によることができる。この場合、リース資産及びリース債務は、リース料総額で計上され、支払利息は計上されず、減価償却費のみが計上される。

　イ　運用上の取り扱い第8の定めによらず、利息相当額の総額をリース期間中の各期に配分する方法として、定額法を採用することができる。

　　なお、リース資産総額に重要性が乏しいと認められる場合とは、未経過リース料の期末残高(運用上の取り扱い第1で通常の賃貸借取引に係る方法に準じて会計処理を行うこととしたものや、運用上の取り扱い第8に従い利息相当額を利息法により各期に配分しているリース資産に係るものを除く。)が、当該期末残高、有形固定資産及び無形固定資産の期末残高の法人全体の合計額に占める割合が10%未満である場合とする。

注意　リース取引の簡便的な取扱いについて

　上記の(2)の取扱いについて、会計基準省令上は、ファイナンス・リース取引を所有権移転ファイナンス・リース取引と、所有権移転外ファイナンス・リース取引に区分していません。そのため、上記取扱いについては所有権移転ファイナンス・リース取引について適用できると考えることもできます。

　しかし、社会福祉法人においてもリース会計処理基準に従って会計処理をしなければならず、リース会計処理基準が上記の取扱いをしているのは、所有権移転外ファイナンス・リース取引について簡便的な処理を認めたものです。そのため、社会福祉法人においても、上記の(2)の取扱いは所有権移転外ファイナンス・リース取引に対してのみ認められると考えられます。

ファイナンス・リース取引の処理（売買処理）

1．リース資産、リース債務の計上額（リース取引開始時）

　売買処理を行う場合、**リース取引の開始時**に、借方を有形リース資産（**その他の固定資産**）、貸方をリース債務（**固定負債**）で処理します。

　リース資産、リース債務は、原則として、**リース料総額から利息相当額を控除した額**を計上します（**利子抜き法**）。　運用上の取扱い（局長通知） 8 1(5)

　ただし、リース資産総額に重要性が乏しいと認められる場合※には、利息相当額を控除しない額（**リース料総額**）をリース資産・リース債務とする方法（**利子込み法**）も認められています。　運用上の留意事項（課長通知） 20(2)ア

---

point　リース資産及びリース債務の計上額①

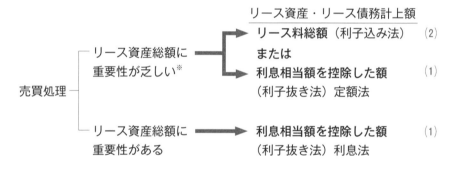

※　所有権移転外ファイナンス・リース取引に対してのみ、認められると考えられます。（P.107 の注意参照）

> **参考** **重要性の判断基準**
>
> 　リース資産総額に重要性が乏しいと認められる場合とは、他の有形固定資産、無形固定資産の期末残高（簿価）と未経過リース料の期末残高との合計額のうち、未経過リース料の期末残高が占める割合が 10％未満である場合をいいます。
>
> $$\frac{未経過リース料期末残高}{有形固定資産・無形固定資産期末残高＋未経過リース料期末残高} < 10\%$$
>
> 　未経過リース料とは、まだ時が経過していない分に対応するリース料をいいます。

運用上の留意事項（課長通知） 20(2)

⑴　利息相当額を控除する方法（利子抜き法）

利子抜き法の場合、リース資産及びリース債務の計上額は、次のようになります。

リース資産・リース債務の計上額②（所有権移転外ファイナンス・リースの場合）

リース物件の貸手の購入価額等	リース資産及びリース債務計上額	
リース物件の貸手の購入価額等が明らかな場合	リース料総額の割引現在価値[※1]／貸手の購入価額等	いずれか低い方
リース物件の貸手の購入価額等が明らかでない場合	リース料総額の割引現在価値[※1]／見積現金購入価額[※2]	いずれか低い方

※1　割引現在価値：リース料総額を追加借入利子率で割り引いて割引現在価値を計算します。追加借入利子率とは、固定資産を取得するために追加で借入れを行う場合に適用されると見積もられる利率をいいます。

※2　見積現金購入価額：リース物件を借手が現金で購入するものと仮定した場合の見積金額をいいます。

参考　割引現在価値 ─────

　リース料総額6,000円、追加借入利子率：年1％、リース料2,000円を3回（毎期末払い）で支払う場合の割引現在価値は次のようになります。

$$\frac{2{,}000 \text{円}}{1.01} + \frac{2{,}000 \text{円}}{1.01^2} + \frac{2{,}000 \text{円}}{1.01^3} \fallingdotseq 5{,}881 \text{円}$$

参考　貸手の購入価額等 ─────

　貸手の購入価額等における「等」とは、借手に対する現金販売価額を指します。

⑵　利息相当額を控除しない方法（利子込み法）

リース資産及びリース債務を**リース料総額**で計上します。

2．利息の処理方法（リース料支払時）

point 利息の処理方法

```
                    ＜容認＞              (1)利子抜き法
                    リース資産総額に  ┌─ ②定額法
＜原則＞             重要性が乏しい場合 │
(1)利子抜き法                        ─┤
①利息法                              │
                                     └─ (2)利子込み法
```

(1) 利子抜き法の場合

　リース料は、借入れに相当する元本部分（リース債務の返済額）と利息部分から構成されています。利子抜き法では、リース料支払時に、**元本返済部分についてリース債務を減少**させるとともに、利息部分について支払利息で処理します。

　利息の各期への配分方法は、原則として、①利息法によります。

　　　　　　　　　　　　　　　　　運用上の取扱い（局長通知）82

　ただし、リース資産総額に重要性が乏しいと認められる場合には、②定額法が認められています。　　　運用上の留意事項（課長通知）20(2)イ

① 利息法

　利息法では、リース債務残高に一定率を掛けて支払利息を計算します。一定率は、リース債務計上額を割引現在価値とするか、見積現金購入価額（または貸手の購入価額）とするかによって変わります。

point 利息法

```
支 払 利 息   ＝  リース債務残高  ×  一 定 率
リース債務返済額 ＝  リ ー ス 料   －  支 払 利 息
```

② 定額法

　定額法では、リース料総額からリース債務計上額を引いた利息相当額を、支払回数で割って支払利息を計算します。

> **point** 定額法
>
> 支　払　利　息　＝　（リース料総額 － リース債務計上額）　÷　支払回数
> リース債務返済額　＝　リ　ー　ス　料　－　支払利息

(2) 利子込み法の場合

　リース料支払時に支払ったリース料の金額でリース債務を減らします。

取引 ファイナンス・リース取引

　以下の(1)〜(3)の取引について、1. リース資産総額に重要性がある場合（利息法）と、重要性に乏しい場合の2. 利子込み法、3. 利子抜き法（定額法）に分けて、それぞれ仕訳を行う。千円未満の端数は切り捨てるものとする。

・期首（×1年4月1日）にA社と以下の機械のリース契約を締結した。

　①ファイナンス・リース取引（リース期間：5年）

　②リース料：月額1,500千円　毎月月末支払い

　　リース料総額：90,000千円

　③貸手の購入価額は明らかでなく、見積現金購入価額は75,000千円である。リース料総額の割引現在価値より見積現金購入価額が低いと仮定する。

　④利息法の利子率は月0.6％とする。

(1)　リース契約日に有形リース資産及びリース債務を計上した。

(2)　×1年4月末に、リース料1,500千円を現金で支払った。

(3)　×1年5月末に、リース料1,500千円を現金で支払った。

1. リース資産総額に重要性がある場合（利息法）

(1) リース契約時 （仕訳の単位：千円）

> （借）有形リース資産*1　75,000*2　（貸）リ ー ス 債 務　75,000

＊1　計算書類の科目に合わせて「有形リース資産」としています。
　　　仕訳では「リース資産」を用いることもあります。

＊2　リース料総額の割引現在価値より見積現金購入価額が低いため、見積現金購入価額で計上します。

(2) リース料支払時（×1年4月末）

| （借）リース債務 | 1,050*² | （貸）現金預金 | 1,500 |
| 支払利息 | 450*¹ | | |

＊1　75,000千円× 0.6％＝ 450千円　　＊2　1,500千円－ 450千円＝ 1,050千円

(3) リース料支払時（×1年5月末）

| （借）リース債務 | 1,057*² | （貸）現金預金 | 1,500 |
| 支払利息 | 443*¹ | | |

＊1　（75,000千円－ 1,050千円）× 0.6％＝ 443.7 → 443千円
＊2　1,500千円－ 443千円＝ 1,057千円

資金仕訳

(1)　資金仕訳はありません。

(2)及び(3)

| （借）ファイナンス・リース債務の返済支出 | 1,050 | （貸）支払資金 | 1,500 |
| 支払利息支出 | 450 | | |

2．リース資産総額に重要性が乏しく、利子込み法で計上した場合

(1) **リース契約時**　　　　　　　　　　　　　　　　　（仕訳の単位：千円）

| （借）有形リース資産 | 90,000 | （貸）リース債務 | 90,000 |

(2) **リース料支払時（×1年4月末）**

　リース料総額でリース債務を計上した場合には、リース料支払時に全額リース債務を減らし、支払利息を計上しません。

| （借）リース債務 | 1,500 | （貸）現金預金 | 1,500 |

(3) **リース料支払時（×1年5月末）**

| （借）リース債務 | 1,500 | （貸）現金預金 | 1,500 |

資金仕訳

(1)　資金仕訳はありません。

(2)及び(3)

| (借) ファイナンス・リース債務の返済支出 | 1,500 | (貸) 支 払 資 金 | 1,500 |

3．リース資産総額に重要性が乏しく、利子抜き法（定額法）による場合

(1) **リース契約時**　　　　　　　　　　　　　　　（仕訳の単位：千円）

| (借) 有形リース資産 | 75,000 | (貸) リ ー ス 債 務 | 75,000 |

(2) **リース料支払時（×1年4月末）**

| (借) リ ー ス 債 務 | 1,250*2 | (貸) 現 金 預 金 | 1,500 |
| 支 払 利 息 | 250*1 | | |

*1　(90,000千円－75,000千円)÷60回＝250千円
*2　1,500千円－250千円＝1,250千円

(3) **リース料支払時（×1年5月末）**

| (借) リ ー ス 債 務 | 1,250*2 | (貸) 現 金 預 金 | 1,500 |
| 支 払 利 息 | 250*1 | | |

*1　(90,000千円－75,000千円)÷60回＝250千円
*2　1,500千円－250千円＝1,250千円

資金仕訳
資金仕訳の科目は、上記1.と同じです。

3．決算時

決算時にリース資産の減価償却と、リース債務の1年基準による振り替えを行います。

(1) 減価償却

① 所有権移転ファイナンス・リース取引の場合

リース期間終了後、リース会社から社会福祉法人へリース物件の所有権が移転する場合、そのリース物件は、結局、自社の所有資産となるので、自己所有の資産と同様の方法で減価償却を行います。

固定資産の会計処理

② 所有権移転外ファイナンス・リース取引の場合

　所有権が移転しない場合、リース期間終了後にリース物件をリース会社に返却します。そのため、リース期間を耐用年数として減価償却費を計算します。また、リース物件は返却するので、残存価額はゼロとします。

取引 ファイナンス・リース取引 （決算時）

　決算にあたり、リースしていた機械（取得原価：75,000千円）の減価償却（直接法）を行う。リース期間は5年、機械の耐用年数は6年、残存価額はゼロである。

① **所有権移転ファイナンス・リース取引の場合**

（借）減 価 償 却 費 　 12,500 * 　 （貸）有形リース資産 　 12,500

$*$ 　$75,000 \text{千円} \times \dfrac{1 \text{年}}{6 \text{年}} = 12,500 \text{千円}$

② **所有権移転外ファイナンス・リース取引の場合**

（借）減 価 償 却 費 　 15,000 * 　 （貸）有形リース資産 　 15,000

$*$ 　$75,000 \text{千円} \times \dfrac{1 \text{年}}{5 \text{年}} = 15,000 \text{千円}$

資金仕訳

　資金仕訳はありません。

⑵ **リース債務の振替え**

　決算時にリース債務のうち翌期中に返済予定のリース債務を **1年以内返済予定リース債務** （**流動負債**） に振り替えます。

---

point リ　ス債務の表示

リース債務 ┌ 1年以内に返済 　➡ 　1年以内返済予定リース債務 　 流動負債
　　　　　　└ 1年を超えて返済 ➡ リース債務 　　　　　　　 固定負債

取引 ファイナンス・リース取引 (決算時)

決算時（×2年3月31日）のリース債務の振替えの仕訳を行う。

・期首（×1年4月1日）にA社と以下の機械のリース契約を締結した。

①ファイナンス・リース取引（リース期間：5年）

②リース料：月額1,500千円　毎月末支払い

　　リース料総額：90,000千円

③リース資産総額に重要性が乏しいと判断された。

　　有形リース資産計上額は利息相当額を控除した75,000千円とし、利息の配分方法を定額法とした。

　　×2年3月31日の決算にあたり、リース債務のうち翌期中に返済予定のリース債務を振り替える。

(1)　**リース契約締結時**　　　　　　　　　　　　　（仕訳の単位：千円）

（借）有形リース資産	75,000	（貸）リ ー ス 債 務	75,000

(2)　**リース料支払時（毎月末）**

（借）リ ー ス 債 務	1,250*2	（貸）現 金 預 金	1,500
支 払 利 息	250*1		

＊1　（90,000千円－75,000千円）÷60回＝250千円
＊2　1,500千円－250千円＝1,250千円

(3)　**決算時（リース債務の振替え）**

　　翌期返済額：1,250千円×12カ月＝15,000千円

（借）リ ー ス 債 務	15,000	（貸）1年以内返済予定リース債務	15,000

資金仕訳

　資金仕訳は、前に記載した例題と同じです。なお、リース債務の振替えについて、資金仕訳はありません。

オペレーティング・リース取引の処理

オペレーティング・リース取引については、賃貸借処理を行います。借手側は、リース料の支払時に賃借料（**費用**）で処理します。

したがって、リース資産及びリース債務を計上しません。

取引 オペレーティング・リース取引

次の資料にもとづいて、×1年4月1日（リース取引開始時）と×2年3月31日（リース料支払時）の仕訳を行う。

期首（×1年4月1日）にA社と機械のリース契約（オペレーティング・リース取引）を締結した。リース料総額は6,000,000円であり、これを毎年3月末日に1,200,000円ずつ普通預金口座より支払う。

×1年4月1日（リース取引開始時）

仕 訳 な し

×2年3月31日（リース料支払時）

（借）賃　　借　　料 1,200,000	（貸）現　金　預　金 1,200,000

資金仕訳

（借）賃 借 料 支 出 1,200,000	（貸）支　払　資　金 1,200,000

取引 ファイナンス・リース取引（300万円以下）

社会福祉法人Nは、リース料総額が300万円以下のファイナンス・リース取引について賃貸借処理を採用している。

　期首（×1年4月1日）にA社と機械のリース契約を、年間のリース料600,000円（毎年3月末日払い）、期間5年の条件で締結した。

　リース料総額3,000,000円、見積現金購入価額2,760,000円である。

　1回目（×2年3月31日）のリース料600,000円を普通預金口座より支払った。

① **リース契約締結時**

仕 訳 な し

② **リース料支払時**

（借）賃　　借　　料　600,000　　（貸）現　金　預　金　600,000

資金仕訳
　資金仕訳の科目は、前のページと同じです。

○**資金収支計算書の記載**

　リース取引に係る資金収支計算書上の記載は、次のとおりです。

①**利子抜き法の場合**

　→支払ったリース料のうち元本部分を「ファイナンス・リース債務の返済支出」とし、利息部分を「支払利息支出」とします。

②**利子込み法の場合**

　→支払ったリース料を「ファイナンス・リース債務の返済支出」とします。

勘定科目	表示区分	各区分の科目	
ファイナンス・リース債務の返済支出	**施設整備等による収支（支出）**	大区分：ファイナンス・リース債務の返済支出	
		中区分：	―
		小区分：	―
支払利息支出	**事業活動による収支（支出）**	大区分：支払利息支出	
		中区分：	―
		小区分：	―

③賃貸借処理した場合

→「賃借料支出」とします。

勘定科目	表示区分	各区分の科目
賃 借 料 支 出	**事業活動による収支** （ 支 出 ）	大区分： 事業費支出or事務費支出
		中区分： 賃借料支出
		小区分： 　　—

なお、大区分は事業で使用するか、事務で使用するかで変わります。

☆事業活動計算書の記載

支払利息に係る事業活動計算書上の記載は、次のとおりです。

勘定科目	表示区分	各区分の科目
支 払 利 息	**サービス活動外増減の部** （ 費 用 ）	大区分： 支払利息
		中区分： 　　—
		小区分： 　　—

支払利息について、事業活動計算書では「サービス活動外増減の部」に表示され、資金収支計算書では「事業活動による収支」に表示される点に注意しましょう。

3 減価償却

減価償却とは

建物や備品などの有形固定資産は、時の経過や使用することで老朽化し、毎年価値が下がっていきます。この価値の下落分を費用として計上する手続きを減価償却といいます。

減価償却費の計算

減価償却費は、有形固定資産については定額法または定率法で計算し、無形固定資産については定額法により計算します。 運用上の取扱い（局長通知） 16 (2)

なお、償却方法は拠点区分ごと、資産の種類ごとに選択することができます。例えば、車輌運搬具について、東京の施設にあるものは定額法を採用し、大阪の施設にあるものは定率法を採用することができます。

減価償却費の機能

減価償却には、以下の3つの機能があります。

① 固定資産の取得価額を、取得時に一括費用処理せず、耐用年数にわたり減価償却により費用配分する機能

② 固定資産の使用による価値の減少を減価償却累計額として把握し、固定資産から減価償却累計額を引くことで資産を評価する機能

③ 費用として計上される減価償却費は、資金の流出を伴わない非資金支出費用です。減価償却により収益と費用の差額で計算される事業活動収支差額を上回る余剰資金が生じる機能（自己金融効果）

定額法

定額法は、取得価額をもとに定額法の償却率を掛けて計算します。

point 定額法の減価償却費

$$（取得価額 － 残存価額） × 定額法の償却率 × \frac{当期使用月数}{12カ月}$$

　減価償却は、**月割計算**で行います。月の途中で取得した場合など、1カ月に満たない場合には1カ月として計算します。　運用上の留意事項（課長通知）17(5)

残存価額

　残存価額は、平成19年度の税制改正により、それまで「取得価額の1割」とされていたのが、「0」と改められました。　運用上の留意事項（課長通知）17(2)

　同種の有形固定資産でも取得時期によって計算方法が異なってくるため、注意が必要です。

point 残存価額

平成19年3月31日以前に取得した有形固定資産
**　残存価額を取得価額の10%とする。**

平成19年4月1日以後に取得した有形固定資産
**　残存価額をゼロとし、最終年度は備忘価額（1円）を残し減価償却を行う。**

　定額法の償却率は、「運用上の留意事項」（課長通知）の「別添2」に記載があります。計算する際はその償却率を用います。

　残存価額を取得価額の10%として定額で償却する方法を旧定額法、残存価額をゼロとして償却する方法を新定額法と呼ぶことがあります。

☆**事業活動計算書の記載**

　減価償却費に係る事業活動計算書上の記載は、次のとおりとなります。

勘定科目	表示区分	各区分の科目	
減 価 償 却 費	サービス活動増減の部 （費 用）	大区分： 減価償却費	
		中区分： 　―	
		小区分： 　―	

減価償却累計額の表示方法

減価償却累計額は、貸借対照表上、次のいずれかの方法により表示します。

　　　　　　　　　　　　　　　　　　　　運用上の取扱い（局長通知）16(3)

① 間接法

固定資産の控除項目として表示する方法

② 直接法

固定資産から減価償却累計額を控除した額を計上し、減価償却累計額を注記する方法

　　　　　　　　注記については、第9章で確認します。

別添2

減価償却資産の償却率、改定償却率及び保証率表

耐用年数	平成24年4月1日以後に取得 定率法			平成19年4月1日以後取得 定額法 償却率	平成19年4月1日から平成24年3月31日までの間に取得 定率法			耐用年数	平成19年3月31日以前取得 旧定額法 償却率	旧定率法 償却率
	償却率	改定償却率	保証率		償却率	改定償却率	保証率			
2	1.000	—	—	0.500	1.000	—	—	2	0.500	0.684
3	0.667	1.000	0.11089	0.334	0.833	1.000	0.02789	3	0.333	0.536
4	0.500	1.000	0.12499	0.250	0.625	1.000	0.05274	4	0.250	0.438
5	0.400	0.500	0.10800	0.200	0.500	1.000	0.06249	5	0.200	0.369
6	0.333	0.334	0.09911	0.167	0.417	0.500	0.05776	6	0.166	0.319
7	0.286	0.334	0.08680	0.143	0.357	0.500	0.05496	7	0.142	0.280
8	0.250	0.334	0.07909	0.125	0.313	0.334	0.05111	8	0.125	0.250
9	0.222	0.250	0.07126	0.112	0.278	0.334	0.04731	9	0.111	0.226
10	0.200	0.250	0.06552	0.100	0.250	0.334	0.04448	10	0.100	0.206
11	0.182	0.200	0.05992	0.091	0.227	0.250	0.04123	11	0.090	0.189
12	0.167	0.200	0.05566	0.084	0.208	0.250	0.03870	12	0.083	0.175
13	0.154	0.167	0.05180	0.077	0.192	0.200	0.03633	13	0.076	0.162
14	0.143	0.167	0.04854	0.072	0.179	0.200	0.03389	14	0.071	0.152
15	0.133	0.143	0.04565	0.067	0.167	0.200	0.03217	15	0.066	0.142
16	0.125	0.143	0.04294	0.063	0.156	0.167	0.03063	16	0.062	0.134
17	0.118	0.125	0.04038	0.059	0.147	0.167	0.02905	17	0.058	0.127
18	0.111	0.112	0.03884	0.056	0.139	0.143	0.02757	18	0.055	0.120
19	0.105	0.112	0.03693	0.053	0.132	0.143	0.02616	19	0.052	0.114
20	0.100	0.112	0.03486	0.050	0.125	0.143	0.02517	20	0.050	0.109
21	0.095	0.100	0.03335	0.048	0.119	0.125	0.02408	21	0.048	0.104
22	0.091	0.100	0.03182	0.046	0.114	0.125	0.02296	22	0.046	0.099
23	0.087	0.091	0.03052	0.044	0.109	0.112	0.02226	23	0.044	0.095
24	0.083	0.084	0.02969	0.042	0.104	0.112	0.02157	24	0.042	0.092
25	0.080	0.084	0.02841	0.040	0.100	0.112	0.02058	25	0.040	0.088
26	0.077	0.084	0.02716	0.039	0.096	0.100	0.01989	26	0.039	0.085
27	0.074	0.077	0.02624	0.038	0.093	0.100	0.01902	27	0.037	0.082
28	0.071	0.072	0.02568	0.036	0.089	0.091	0.01866	28	0.036	0.079
29	0.069	0.072	0.02463	0.035	0.086	0.091	0.01803	29	0.035	0.076
30	0.067	0.072	0.02366	0.034	0.083	0.084	0.01766	30	0.034	0.074
31	0.065	0.067	0.02286	0.033	0.081	0.084	0.01688	31	0.033	0.072
32	0.063	0.067	0.02216	0.032	0.078	0.084	0.01655	32	0.032	0.069
33	0.061	0.063	0.02161	0.031	0.076	0.077	0.01585	33	0.031	0.067
34	0.059	0.063	0.02097	0.030	0.074	0.077	0.01532	34	0.030	0.066
35	0.057	0.059	0.02051	0.029	0.071	0.072	0.01532	35	0.029	0.064
36	0.056	0.059	0.01974	0.028	0.069	0.072	0.01494	36	0.028	0.062
37	0.054	0.056	0.01950	0.028	0.068	0.072	0.01425	37	0.027	0.060
38	0.053	0.056	0.01882	0.027	0.066	0.067	0.01393	38	0.027	0.059
39	0.051	0.053	0.01860	0.026	0.064	0.067	0.01370	39	0.026	0.057
40	0.050	0.053	0.01791	0.025	0.063	0.067	0.01317	40	0.025	0.056
41	0.049	0.050	0.01741	0.025	0.061	0.063	0.01306	41	0.025	0.055
42	0.048	0.050	0.01694	0.024	0.060	0.063	0.01261	42	0.024	0.053
43	0.047	0.048	0.01664	0.024	0.058	0.059	0.01248	43	0.024	0.052
44	0.045	0.046	0.01664	0.023	0.057	0.059	0.01210	44	0.023	0.051
45	0.044	0.046	0.01634	0.023	0.056	0.059	0.01175	45	0.023	0.050
46	0.043	0.044	0.01601	0.022	0.054	0.056	0.01175	46	0.022	0.049
47	0.043	0.044	0.01532	0.022	0.053	0.056	0.01153	47	0.022	0.048
48	0.042	0.044	0.01499	0.021	0.052	0.053	0.01126	48	0.021	0.047
49	0.041	0.042	0.01475	0.021	0.051	0.053	0.01102	49	0.021	0.046
50	0.040	0.042	0.01440	0.020	0.050	0.053	0.01072	50	0.020	0.045

（注1）耐用年数50年以降の計数については、「減価償却資産の耐用年数等に関する省令」
　　　　（昭和40年大蔵省令第15号）別表第七、第八、第九及び第十を用いること。

（注2）本表における用語の定義は次の通りであること。
　　　　「保証率」＝「償却保証額」の計算において減価償却資産の取得価額に乗ずる率をいう。
　　　　「改定償却率」＝各事業年度の「調整前償却額」が「償却保証額」に満たない場合に、
　　　　その最初に満たないこととなる事業年度以降の償却費がその後毎年同一となるように
　　　　適用される償却率
　　　　「調整前償却額」＝減価償却資産の期首帳簿価額（取得価額から既にした償却費の
　　　　累計額を控除した後の金額。以下同じ）に「定率法の償却率」を乗じて計算した金額
　　　　（＝各事業年度の償却額）をいう。
　　　　「償却保証額」＝減価償却資産の取得価額×「保証率」
　　　　「改定取得価額」＝各事業年度の「調整前償却額」が「償却保証額」に満たない場合に、
　　　　その最初に満たないこととなる事業年度の期首帳簿価額をいう。

　　　　（調整前償却額）≧（償却保証額）の場合：
　　　　（定率法減価償却費）＝（期首帳簿価額）×（定率法の償却率）

　　　　（調整前償却額）＜（償却保証額）の場合：
　　　　（定率法減価償却費）＝（改定取得価額）×（改定償却率）

4
固定資産の会計処理

取引　**減価償却**（定額法）

　以下の車輌について、1年目、4年目、6年目（備忘価額1円を残す）の減価償却
費の仕訳を行う。

　期首に車輌（取得価額100,000円）を取得した。

　期末において、定額法（直接法）により減価償却を行う。

　耐用年数：6年　　償却率：0.167　　残存価額：ゼロ

⑴　**1年目**

| （借）減価償却費 | 16,700 * | （貸）車輌運搬具 | 16,700 |

＊　100,000円× 0.167 ＝ 16,700円

⑵　**4年目**

| （借）減価償却費 | 16,700 * | （貸）車輌運搬具 | 16,700 |

＊　100,000円× 0.167 ＝ 16,700円

最終年度は、備忘価額１円を残して差額で計算します。

> （借）減 価 償 却 費　16,499[＊]　　（貸）車 輛 運 搬 具　16,499

＊　期首帳簿価額：100,000 円− 16,700 円× 5 年＝ 16,500 円
　　減価償却費：16,500 円− 1 円＝ 16,499 円

資金仕訳

資金仕訳はありません。

定率法

定率法では、帳簿価額（取得価額−減価償却累計額）に定率法の償却率を掛けて減価償却費を計算します。

ただし、期首の帳簿価額に償却率を掛けた金額（調整前償却額）が、取得価額に保証率を掛けた金額（償却保証額）を下回る場合には、はじめて下回った期の期首帳簿価額（改定取得価額）に、改定償却率を掛けて減価償却費を計算します。

point 定率法の計算式

① 調整前償却額：期首帳簿価額 × 定率法の償却率
② 償 却 保 証 額：取得価額 × 保証率
　　　① ＞ ②の場合　①が減価償却費
　　　① ＜ ②の場合　減価償却費 ＝ 改定取得価額 × 改定償却率

定率法の償却率、保証率、改定償却率は、「運用上の留意事項」（課長通知）の「別添 2」に記載がありそれを用いて計算します。

平成 24 年度の税制改正により、平成 24 年 4 月 1 日以後取得した有形固定資産と、平成 24 年 3 月 31 日以前（平成 19 年 4 月 1 日以後）に取得した有形固定資産では、異なる償却率を用います。

前者は定額法の償却率に 200％を掛けた償却率であるため 200％定率法、後者は 250％を掛けた償却率であるため 250％定率法と呼ぶことがあります。

取引　減価償却（定率法）

以下の車輌について、１年目、４年目、６年目（備忘価額１円を残す）の減価償却費の仕訳を行う。

なお、４年目の車輌の期首における帳簿価額は 29,675 円である。円未満の端数が生じた場合には切り捨てる。

期首に車輌（取得価額 100,000 円）を取得した。

期末において、定率法（直接法）により減価償却を行う。

耐用年数６年　　償却率：0.333　　改定償却率：0.334　　保証率：0.09911

(1)　1年目

① 調整前償却額：100,000 円 × 0.333 ＝ 33,300 円

② 償却保証額：100,000 円 × 0.09911 ＝ 9,911 円

　　① ＞ ②　減価償却費：33,300 円

（借）減価償却費	33,300	（貸）車輌運搬具	33,300

(2)　4年目

① 調整前償却額：29,675 円 × 0.333 ＝ 9,881.775 → 9,881 円

② 償却保証額：100,000 円 × 0.09911 ＝ 9,911 円

　　① ＜ ②　改定償却率を用いる。

29,675 円（改定取得価額）× 0.334 ＝ 9,911.45 → 9,911 円

（借）減価償却費	9,911	（貸）車輌運搬具	9,911

(3)　6年目

期首帳簿価額：29,675 円 －（9,911 円　＋　9,911 円）＝ 9,853 円
　　　　　　　　　　　　 ４年目の減価償却費 ５年目の減価償却費

減価償却費：9,853 円 － 1 円 ＝ 9,852 円

（借）減価償却費	9,852	（貸）車輌運搬具	9,852

（単位：円）

	1年目	2年目	3年目	4年目	5年目	6年目
期首簿価	100,000	66,700	44,489	29,675	19,764	9,853
減価償却費	33,300	22,211	14,814	**9,911**	**9,911**	**9,852**
期末簿価	66,700	44,489	29,675	19,764	9,853	1

　改定償却率による減価償却費は、最後の年度をのぞいて、毎期同額になります。最終年度は、1円を残して減価償却を行います。

4 減損会計

減損会計

　減損会計とは、固定資産の価値の下落を計上する方法です。

　しかし、社会福祉法人会計基準における減損会計は、企業会計とは異なり、固定資産の時価が著しく下落した場合に限り適用します。

減損会計の対象となる固定資産

　減損会計の対象となる固定資産は、「基本財産」や「その他の固定資産」の区分に計上されている有形固定資産及び無形固定資産となります。

　なお、基本的には「基本財産」や「その他の固定資産」に計上されている土地と建物が想定されています。

減損損失の計上

　減損会計では、固定資産の評価に、期末の「時価」あるいは、将来キャッシュ・フローの現在価値である「使用価値」を用います。

① 原則

　固定資産について、期末における時価が帳簿価額より著しく下落した場合、時価が帳簿価額まで回復すると見込まれる場合を除き、時価で評価しなければなりません。

　このときに帳簿価額と時価との差額について、貸方で固定資産そのものを減少させるとともに、借方では資産評価損を「**特別増減の部**」に計上します。

② 容認

　固定資産について、期末における時価が帳簿価額より著しく下落した場合に、固定資産について使用価値を算定でき、かつ、使用価値が時価を超えるときは、使用価値が帳簿価額を超えない限りにおいて、使用価値で評価することができます。

会計基準省令 第4条 第3項

127

＜減損会計のフローチャート＞

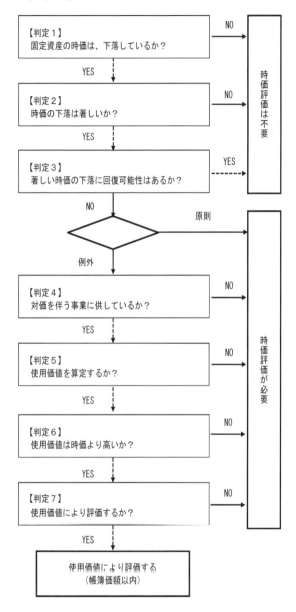

* 　時価の著しい下落とは、帳簿価額（取得価額 − 減価償却累計額）の 50％を超えて、時価が下落していることをいいます。

運用上の留意事項（課長通知）22

市場価格がわからない場合

　減損会計における期末の時価とは市場価格をいい、市場価格がわからない場合には、以下の「合理的に算定された価額」を用いて評価します。

合理的に算定された価額

① **土地の場合**

　　不動産鑑定評価額、公示価格、相続税評価額など

② **建物の場合**

　　不動産鑑定評価額、建物の販売業者など第三者が算定した価格など

経理規程細則 7．第2条

> 4
> 固定資産の会計処理

使用価値

　使用価値とは、固定資産の使用によって得られる将来キャッシュ・フローと、使用後の処分（売却）によって得られる将来キャッシュ・フローの現在価値の合計額をいいます。

　使用価値を用いるのは、対価を伴う事業で使用している固定資産に限られますが、事業の種類（社会福祉事業、公益事業、収益事業）は問いません。

運用上の取扱い（局長通知） 17

---

point 使用価値

$$\frac{使用によるC/F}{1+割引率} + \frac{使用によるC/F}{(1+割引率)^2} \cdots + \frac{使用によるC/F＋処分によるC/F}{(1+割引率)^N}$$

＜使用価値で評価する場合＞

　社会福祉法人Nが保有する以下の建物について、期末の時価が著しく下落していたため減損会計を適用する。なお、使用価値を用いることができる場合には、使用価値で評価する。

1．建物：取得価額 130,000 円、期末減価償却累計額 30,000 円
2．建物について、不動産鑑定評価額 40,000 円を時価として用いる。
3．建物は対価を伴う事業に使用している。建物の経済的残存耐用年数は 3 年であり、建物の使用による割引前将来キャッシュ・フローは次のとおりである。

年　　数	1年目	2年目	3年目
使用による将来キャッシュ・フロー	20,200 円	15,300 円	10,000 円

　建物の経済的残存耐用年数経過後における正味売却価額は 1,850 円と見積もられた。割引率 1 ％を用いて、将来キャッシュ・フローの現在価値を算定したところ、次のようになった。

$$使用価値：\frac{20,200 円}{1.01} + \frac{15,300 円}{(1.01)^2} + \frac{10,000 円 + 1,850 円}{(1.01)^3} ≒ 46,500 円$$

①時価の著しい下落

　帳簿価額：130,000 円 − 30,000 円 = 100,000 円

　時価の下落：100,000 円 − 40,000 円 = 60,000 円

　100,000 円 × 50% = 50,000 円 < 60,000 円　　減損会計を適用する。

②時価と使用価値の比較

　使用価値：46,500 円 > 時価：40,000 円　よって、使用価値を用いる

③資産評価損

$$\underset{帳簿価額}{100,000 円} - \underset{使用価値}{46,500 円} = 53,500 円$$

（借）資 産 評 価 損	53,500	（貸）建　　　　　物	53,500

資金仕訳

　資金仕訳はありません。

☆事業活動計算書の記載

　固定資産評価損に係る事業活動計算書上の記載は、次のとおりとなります。

勘定科目	表示区分	各区分の科目	
資 産 評 価 損	**特別増減の部** （**費 用**）	大区分：資産評価損	
		中区分：　　　―	
		小区分：　　　―	

資産のグルーピング

　減損会計では資産の生み出す将来キャッシュ・フローを予測しますが、複数の資産が一体となってキャッシュ・フローを生み出す場合には、個々の資産ごとにキャッシュ・フローを把握することは困難です。

　そこで、将来キャッシュ・フローを把握できる単位まで資産をグループ分け（グルーピング）する必要があります。

　資産のグルーピングは、他の資産や資産グループから独立したキャッシュ・フローを生み出す最小の単位で行います。

　なお、社会福祉法人が実施する社会福祉事業は、所轄庁の認可を得て、事業ごとにそれぞれ独立して運営されているため、たとえ同一の社会福祉事業を複数実施している場合でも、キャッシュ・フローは独立しているのが一般的です。

4
固定資産の会計処理

取 引 減損損失 (グルーピング)

　社会福祉法人Ｎが保有する以下の建物と土地について、期末の時価が著しく下落していたため、減損会計を適用する。なお、使用価値を用いることができる場合には、使用価値で評価する。

1．対象となる建物と土地は、同一の対価を伴う事業に使用している。

　　帳簿価額　　建物：60,000円　　　土地：50,000円

2．建物と土地について、以下の不動産鑑定評価額を時価として用いる。

　　評価額　　　建物：24,000円　　　土地：16,000円

3．建物と土地は対価を伴う事業に使用している。建物の経済的残存耐用年数は3年であり、建物と土地の使用による割引前将来キャッシュ・フローは次のとおりである。使用価値を時価の比率に基づいて各資産に配分する。

年　数	1年目	2年目	3年目
使用による将来キャッシュ・フロー	20,200円	15,300円	10,000円

　土地と建物の経済的残存耐用年数経過後における正味売却価額は1,850円と見積もられた。割引率1％を用いて、将来キャッシュ・フローの現在価値を算定したところ、次のようになった。

　　使用価値：$\dfrac{20,200\,円}{1.01} + \dfrac{15,300\,円}{(1.01)^2} + \dfrac{10,000\,円 + 1,850\,円}{(1.01)^3} ≒ 46,500\,円$

① 時価の著しい下落

　　帳簿価額：60,000円 + 50,000円 = 110,000円

　　時価の下落：110,000円 － (24,000円 + 16,000円) = 70,000円

　　110,000円 × 50％ = 55,000円 ＜ 70,000円　　　減損会計を適用する。

② 使用価値の配分

建物：$46,500 \text{ 円} \times \dfrac{24,000 \text{ 円}}{24,000 \text{ 円} + 16,000 \text{ 円}} = 27,900 \text{ 円}$

土地：$46,500 \text{ 円} \times \dfrac{16,000 \text{ 円}}{24,000 \text{ 円} + 16,000 \text{ 円}} = 18,600 \text{ 円}$

建物：27,900 円 ＞ 24,000 円

土地：18,600 円 ＞ 16,000 円　よって、いずれも使用価値を用いる。

③ 資産評価損

建物：$\underset{\text{帳簿価額}}{60,000 \text{ 円}} - \underset{\text{使用価値}}{27,900 \text{ 円}} = 32,100 \text{ 円}$

土地：$\underset{\text{帳簿価額}}{50,000 \text{ 円}} - \underset{\text{使用価値}}{18,600 \text{ 円}} = 31,400 \text{ 円}$

（借）資 産 評 価 損	63,500	（貸）建　　　　物	32,100
		土　　　　地	31,400

参考　使用価値の配分 ―――

　企業会計では、使用価値で評価する場合、一般的に固定資産の帳簿価額合計から使用価値合計を引いて計算した減損額を、各資産に帳簿価額等をもとに配分します。

　一方、社会福祉法人モデル規程 細則 7 の設例では、使用価値を各資産に時価をもとに配分し、資産ごとに減損額を計算しています。これは、資産ごとに、時価と使用価値を比較する必要があるためと考えられます。

4
固定資産の会計処理

国庫補助金等をもとに取得した固定資産の減損処理

国庫補助金等をもとに取得した固定資産について減損処理を行った場合、国庫補助金等特別積立金のうち、固定資産の取得価額に対する固定資産評価損の割合に相当する額を取り崩さなければなりません。

point 国庫補助金等特別積立金の取崩額

$$国庫補助金等特別積立金 \times \frac{固定資産評価損}{取得価額}$$

「国庫補助金等特別積立金取崩額（除却等）」は事業活動計算書において、「特別増減の部」の「費用」のマイナスとして記載されます。

☆事業活動計算書の記載

国庫補助金等特別積立金取崩額に係る事業活動計算書上の記載は、次のとおりです。

勘定科目	表示区分	各区分の科目
国庫補助金等特別積立金取崩額（除却等）	**特別増減の部** **（費用）**	大区分： 国庫補助金等特別積立金取崩額（除却等）
		中区分： ―
		小区分： ―

取引　減損処理に伴う特別積立金の取崩し

　社会福祉法人Ｎが保有する以下の建物について、期末の時価が著しく下落していたため減損会計を適用する。これに伴い、国庫補助金等特別積立金を取り崩す。

１．建物：取得価額 250,000 円、期末減価償却累計額 150,000 円

　　建物の取得にあたり市から 200,000 円の補助金を受領している。

２．建物について、資産評価損 50,000 円を計上している。

（借）	国庫補助金等特別積立金	40,000	（貸）	国庫補助金等特別積立金取崩額(除却等)	40,000 *

＊　200,000 円（積立金）× $\dfrac{50,000 \text{ 円（評価損）}}{250,000 \text{ 円（取得価額）}}$ = 40,000 円

　固定資産の取得価額 250,000 円に対して、固定資産評価損 50,000 円（20％）を計上しています。

　そのため、国庫補助金等特別積立金 200,000 円のうち 20％を取崩します。

資金仕訳

　２について資金仕訳はありません。

固定資産の会計処理
確認テスト

答え：P.329

❶ 以下の資料にもとづき、令和３年度の貸借対照表、事業活動計算書（一部）を作成しなさい。

決算整理前の残高 （単位：円）

土 地（基本財産）	20,000,000
建 物（基本財産）	7,030,000
建物（その他の固定資産）	4,665,000
器 具 及 び 備 品	750,001

１．減価償却等に関する資料は次のとおりである。 （単位：円）

種　類	取得価額	取得年月日	償却方法	耐用年数
建物（基本財産）	10,000,000	平成 18 年 4 月	定額法	47 年（0.022）
建物（その他）	5,000,000	令和 2 年 4 月	定額法	15 年（0.067）
器具及び備品A	2,000,000	平成 28 年 4 月	定額法	8 年（0.125）
器具及び備品B	500,000	平成 28 年 4 月	定額法	5 年（0.200）

⑴　減価償却の記帳方法及び表示方法は直接法による。

　　平成 19 年 4 月 1 日以降に取得した資産については、残存価額をゼロとし、それより前に取得した資産については取得価額の 10%とする。

⑵　前期末に耐用年数が到来し簿価 1 円が残っている器具及び備品Bを令和 3 年 12 月 20 日に廃棄したが、末処理であった。

答案用紙

（単位：円）

貸 借 対 照 表

固定資産	
基本財産	
土　　　地	£0,000,000
建　　　物	（　　　　　）
その他の固定資産	
建　　　物	（　　　　　）
器具及び備品	（　　　　　）

事業活動計算書

サービス活動増減の部	⋮		⋮
	減 価 償 却 費	（　　　　　）	
	⋮		⋮
	⋮		⋮
特別増減の部	⋮		⋮
	固定資産売却損・処分損	（　　　　　）	
	⋮		⋮

❷以下の資料にもとづき、令和３年度の貸借対照表、事業活動計算書（一部）を作成しなさい。

決算整理前の残高　　　　　　（単位：円）

土 地（基本財産）	20,000,000
土地(その他の固定資産)	10,000,000
車 輌 運 搬 具	1,950,000

１．減価償却に関する資料は次のとおりである。　　　　　（単位：円）

種　類	取得価額	取得年月日	償却方法	耐用年数
車輌運搬具	各自計算	令和元年７月	定額法	５年（0.200）

減価償却の記帳方法及び表示方法は直接法により、残存価額はゼロである。

２．土地（その他の固定資産）のうち 5,000,000 円は遊休の土地であり、当年度末において土地の時価が著しく下落（時価 2,000,000 円）していることが判明した。土地の時価が帳簿価額まで回復するかどうかは不明である。なお、この土地の使用価値を見積ることはできない。

答案用紙

（単位：円）

貸 借 対 照 表

固定資産	
基本財産	
土　　　　地	20,000,000
⋮	⋮
その他の固定資産	
土　　　　地	（　　　　　）
車輌運搬具	（　　　　　）

事業活動計算書

増減の部 サービス活動		⋮	⋮
	減 価 償 却 費	（　　　　）	
		⋮	⋮
		⋮	⋮
の部 特別増減		⋮	⋮
	資 産 評 価 損	（　　　　）	
		⋮	⋮

3 次のリース取引により×1年度末の貸借対照表、事業活動計算書及び資金収支計算書に記載される答案用紙の金額を答えなさい。有形固定資産は減価償却累計額控除後の金額とすること。

(1) ×1年7月1日に、以下の条件で車輌のリース契約を締結した。
- ・リースの形態：所有権移転外ファイナンス・リース
- ・リース料総額：4,800,000円（うち利息相当額624,000円）
- ・リース期間：5年
  ×1年7月末より毎月末日払い（80,000円×60回）
- ・耐用年数：6年、残存価額：0円、定額法、6年の償却率0.167

(2) 有形リース資産及びリース債務は、リース料総額から利息相当額を控除した額とする。

(3) 利息相当額は、リース期間に定額で配分する方法による。

答案用紙

（単位：円）

科　　目	金　　額
有形リース資産	
1年以内返済予定リース債務	
リ　ー　ス　債　務	
減　価　償　却　費	
支　払　利　息	
ファイナンス・リース債務の返済支出	
支　払　利　息　支　出	

第5章

寄附金の会計処理

❶ 寄附金の会計処理

　寄附の目的は、経常経費に充てられるものと、施設や設備の整備に充てられるものに分類されます。

　経常経費とは、毎期支出する経費で、具体的には、人件費、事業費及び事務費などになります。

　施設や設備の整備に充てられるものには、基本金の増加の処理が必要な場合があります。

寄附金の会計処理

金銭の寄附を受けた場合

　個人、企業やその他の団体からの寄附には、**金銭による寄附**と**物品による寄附**（寄附物品）があります。

　なお、寄附金及び寄附物品を受けた場合には、寄附者から寄附申込書を受けることとし、寄附金収益明細書（附属明細書 第9章参照）を作成し、寄附者、寄附目的、寄附金額等を記載します。

　金銭の寄附を受けた場合の処理は、寄附者の寄附の目的によって異なります。

---

point 金銭の寄附

金銭の寄附 ┬── 経常経費に係る寄附　　　　　➡ 「経常経費寄附金収益」

　　　　　└── 施設や設備の整備に係る寄附 ➡ 「施設整備等寄附金収益」

　　　　　　　　　　　　　　　　　　　　（施設の創設または増築等に
　　　　　　　　　　　　　　　　　　　　　係るものは基本金計上）

運用上の留意事項（課長通知） 9(1)

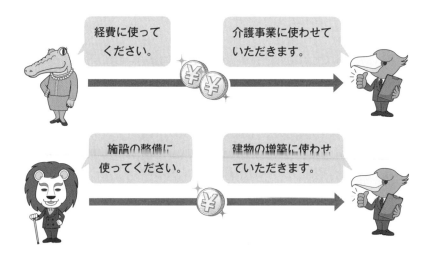

物品の寄附を受けた場合

　物品の寄附を受けた場合、寄附を受けた物品を時価で計上します。そして、固定資産に該当する物品か、固定資産に該当しない（経常経費に使用する物品）かで、分けて処理します。

　なお、固定資産の寄附は、法人から見た場合、固定資産の無償取得となります。

---

point 物品の寄附

```
                 ┌── 固定資産            ➡ 「固定資産受贈額」
                 │                        地方公共団体等からの受取りは積立金計上
物品の寄附 ──────┤
                 └── 固定資産以外の物品  ➡ 「経常経費寄附金収益」
```

運用上の留意事項（課長通知）9(2)

5 寄附金の会計処理

　国や地方公共団体から無償で固定資産を受取った場合には、**国庫補助金等特別積立金**を積み立てることに注意しましょう。

☆事業活動計算書の記載

　寄附金に係る事業活動計算書上の記載は、次のとおりとなります。

勘定科目	表示区分	各区分の科目	
経常経費寄附金収益	**サービス活動増減の部**（収 益）	大区分：	経常経費寄附金収益
		中区分：	―
		小区分：	―
施設整備等寄附金収益	**特別増減の部**（収 益）	大区分：	施設整備等寄附金収益
		中区分：	施設整備等寄附金収益
		小区分：	―
基本金組入額	**特別増減の部**（費 用）	大区分：	基本金組入額
		中区分：	―
		小区分：	―

取引　寄附金

(1) 経常経費に充てるための現金100,000円の寄附を受けた。

(2) 施設増築のため基本財産を取得するように指定された寄附金500,000円を現金で受取った。

(3) 事務用品（時価30,000円）の寄附を受けた。

(4) 理事長より送迎バス1台（時価2,000,000円）の寄附を受けた。

(1) **金銭の寄附（経常経費）**

（借）現　金　預　金　100,000　　（貸）経常経費寄附金収益　100,000

(2) **金銭の寄附（固定資産）**

（借）現　金　預　金　500,000　　（貸）施設整備等寄附金収益　500,000
（借）基 本 金 組 入 額　500,000　　（貸）基　　　　　　金　500,000

(3) **物品の寄附（経常経費）**

（借）事 務 消 耗 品 費　30,000　　（貸）経常経費寄附金収益　30,000

(4) **物品の寄附（固定資産）**

（借）車 輌 運 搬 具　2,000,000　　（貸）固定資産受贈額　2,000,000

(3)のように固定資産以外の物品の寄附を受けた場合、収益と同時に経費の費用処理を行います。

資金仕訳

(1)　（借）支 払 資 金　100,000　　（貸）経常経費寄附金収入　100,000

(2)　（借）支 払 資 金　500,000　　（貸）施設整備等寄附金収入　500,000

(3) (借) 事務消耗品費支出　　30,000　　　(貸) 経常経費寄附金収入　　30,000

(4) 資金仕訳はありません。

共同募金会からの配分金

共同募金会とは募金活動を行う団体であり、「**赤い羽根共同募金**」と称されています。

共同募金会で集められた募金は社会福祉施設や社会福祉協議会に配分され、国内の高齢者や障害者に対する福祉の充実、地域福祉活動の啓発や推進のために使われています。

共同募金会から寄附金の配分を受ける社会福祉法人を受配者といいます。
寄附者が受配者と寄附金の使途を指定した寄附金を「受配者指定寄附金」といいます。

共同募金会からの配分金は、「**受配者指定寄附金**」と「**受配者指定寄附金以外の配分金**」に分けられ、さらに経常経費に係るものか、施設等の整備に係るものかにより、分けて処理します。

point

```
                ┌─ 経常経費に係るもの ──▶ 「経常経費寄附金収益」
受配者指定寄附金 ─┤
                └─ 固定資産に係るもの ──▶ 「施設整備等寄附金収益」
                                         （施設の創設または増築等に
                                          係るものは基本金計上）

受配者指定寄附金  ┌─ 経常経費に係るもの ──▶ 「補助金事業収益」等※
以外の配分金    ─┤
                └─ 固定資産に係るもの ──▶ 「施設整備等補助金収益」
                                         「国庫補助金等特別積立金」の積立て
```

運用上の留意事項（課長通知）9(3)

※　実施する事業によって、事業活動計算書の計上箇所が異なります。

受配者指定寄附金

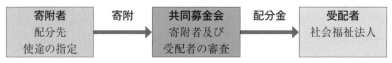

| 寄附者
配分先
使途の指定 | →寄附→ | 共同募金会
寄附者及び
受配者の審査 | →配分金→ | 受配者
社会福祉法人 |

受配者指定寄附金以外の配分金

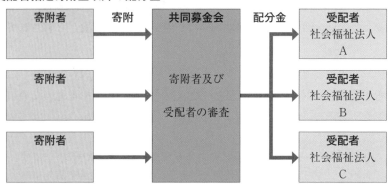

「受配者指定寄附金」のうち施設等の整備に係る配分金には、資産の取得に係る借入金の償還に充てるものも含まれます。

「受配者指定寄附金以外の配分金」は、補助金に準じて処理し、固定資産に係るものは「国庫補助金等特別積立金」を積立てるので要注意です！！

☆事業活動計算書の記載

　補助金事業収益に係る事業活動計算書上の記載は、次のとおりとなります。

勘定科目	表示区分	各区分の科目
補助金事業収益	**サービス活動増減の部** （収益）	大区分：○○事業収益
		中区分：その他の事業収益※
		小区分：補助金事業収益

※　事業によって計上箇所が異なり、例として、介護保険事業の場合を記載しています。
　　老人福祉事業→運営事業収益、医療事業→その他の医療事業収益となります。これは資金収支計算書も同じです。

○資金収支計算書の記載

寄附金（受配者指定寄附金も同じ）に係る資金収支計算書上の記載は、次のとおりです。

勘定科目	表示区分	各区分の科目
経常経費寄附金収入	事業活動による収支（収入）	大区分：経常経費寄附金収入
		中区分：　　　―
		小区分：　　　―
施設整備等寄附金収入	施設整備等による収支（収入）	大区分：施設整備等寄附金収入
		中区分：施設整備等寄附金収入
		小区分：　　　―

受配者指定寄附金以外の配分金

勘定科目	表示区分	各区分の科目
補助金事業収入（経常経費に係るもの）	事業活動による収支（収入）	大区分：○○事業収入[1]
		中区分：その他の事業収入[2]
		小区分：補助金事業収入
施設整備等寄附金収入（固定資産に係るもの）	施設整備等による収支（収入）	大区分：施設整備等補助金収入
		中区分：施設整備等補助金収入
		小区分：　　　―

※1　○○には、各事業の名称が入ります。介護保険事業で受取った場合には、「介護保険事業収入」となります。

※2　老人福祉事業→運営事業収入、医療事業→その他の医療事業収入となります。

寄附物品

固定資産に係る寄附物品については、資金が増減しないため、資金収支計算書に記載しません。一方、**経常経費に係る寄附物品については、資金は増減しませんが、資金収支計算書に収入と支出を両建て計上します。**

勘定科目	表示区分	各区分の科目
経常経費寄附金収入	事業活動による収支（収入）	大区分：経常経費寄附金収入
		中区分：　　　―
		小区分：　　　―
事務消耗品費支出[3]	事業活動による収支（支出）	大区分：事務費支出
		中区分：事務消耗品費支出[3]
		小区分：　　　―

※3　寄附を受けた物品によって、費用科目は異なります。上記は事務物品を受けた場合の例です。

取引　共同募金会からの配分金

当期中に受取った共同募金会からの配分金は次のとおりである。

	種　類	配分額	指　定　内　容
(1)	受配者指定寄附金	8,000,000円	基本財産である建物の増設
(2)	受配者指定寄附金	500,000円	介護保険事業に係る経常経費
(3)	受配者指定寄附金以外の配分金	2,000,000円	介護保険事業に係る車輌の取得
(4)	受配者指定寄附金以外の配分金	300,000円	介護保険事業に係る経常経費

(1)　受配者指定寄附金（施設増設）

(借) 現　金　預　金	8,000,000	(貸) 施設整備等寄附金収益	8,000,000
(借) 基　本　金　組　入　額	8,000,000	(貸) 基　　　本　　　金	8,000,000

1号基本金※

※　基本金の詳細については第6章で学習します。

(2)　受配者指定寄附金（経常経費）

(借) 現　金　預　金	500,000	(貸) 経常経費寄附金収益	500,000

(3)　受配者指定寄附金以外の配分金（固定資産）

(借) 現　金　預　金	2,000,000	(貸) 施設整備等補助金収益	2,000,000
(借) 国庫補助金等特別積立金積立額	2,000,000	(貸) 国庫補助金等特別積立金	2,000,000

(4)　受配者指定寄附金以外の配分金（経常経費）

(借) 現　金　預　金	300,000	(貸) 補助金事業収益	300,000

資金仕訳

(1)　（借）支　払　資　金　8,000,000　　（貸）施設整備等寄附金収入　8,000,000

(2)　（借）支　払　資　金　　500,000　　（貸）経常経費寄附金収入　　500,000

(3)　（借）支　払　資　金　2,000,000　　（貸）施設整備等補助金収入　2,000,000

(4)　（借）支　払　資　金　　300,000　　（貸）補助金事業収入　　　　300,000

5

寄附金の会計処理

確認テスト

答え：P.333

❶ 以下の資料にもとづき、×22年度の貸借対照表、事業活動計算書（一部）を作成しなさい。

決算整理前の残高		（単位：円）	
建物（基本財産）	40,000,000	基　本　金	50,000,000

⑴　×22年8月1日に施設の増設のため以下の金銭を受取ったが未処理である。

内　　　容	金　　　額
共同募金会からの受配者指定寄附金	10,000,000円
理事長からの寄附金	7,000,000円

⑵　上記の配分金等と自己資金3,000,000円を合わせて、次のとおり施設の増築をし×22年10月1日に使用開始したが、未処理である。

種　　類	取得価額	償却方法	耐用年数	償却率
建　　物	20,000,000円	定額法	50年	0.020

⑶　決算整理前の残高における建物は施設創設にあたって×12年4月1日に取得したものであり、次のとおりである。

種　　類	取得価額	償却方法	耐用年数	償却率
建　　物	50,000,000円	定額法	50年	0.020

⑷　減価償却の記帳方法及び表示方法は直接法による。
　　固定資産の残存価額はいずれもゼロである。

答案用紙

（単位：円）

貸借対照表

固定資産		
基本財産		
建　　物	(	)
⋮		⋮
基　本　金	(	)

事業活動計算書

サービス活動増減の部	⋮		⋮	
	減 価 償 却 費	(		)
	⋮		⋮	
特別増減の部	施設整備等寄附金収益	(		)
	基 本 金 組 入 額	(		)

❷以下の資料にもとづき、×3年度の貸借対照表、事業活動計算書（一部）を作成しなさい。

決算整理前の残高　　　　　　　（単位：円）

車 輛 運 搬 具	5,000,000
事 務 消 耗 品 費	500,000

⑴　×3年4月1日に以下の車輌5,000,000円を取得した。車輌運搬具は計上済みであるが、固定資産の取得にあたって共同募金会からの受配者指定寄附金以外の配分金2,000,000円を受取ったが未処理である。

種　類	取得価額	償却方法	耐用年数	償却率
車　　輌	5,000,000 円	定額法	5 年	0.200

⑵　×3年4月1日に理事長より以下の固定資産の寄附を受けたが未処理である。

種　類	時　価	償却方法	耐用年数	償却率
シュレッダー	90,000 円	―	―	―
グランドピアノ	600,000 円	定額法	2 年	0.500

上記のグランドピアノは中古資産であるため、残存耐用年数を2年としている。事務消耗品費は事務費として表示する。

⑶　減価償却の記帳方法及び表示方法は直接法による。
固定資産の残存価額はいずれもゼロである。

答案用紙

（単位：円）

貸 借 対 照 表

固定資産	
その他の固定資産	
車 輛 運 搬 具	（　　　　）
器 具 及 び 備 品	（　　　　）
⋮	⋮
国庫補助金等特別積立金	（　　　　）
⋮	⋮

事業活動計算書

増減の部 サービス活動	経常経費寄附金収益	（　　　　）
	事　　務　　費	（　　　　）
	減 価 償 却 費	（　　　　）
	国庫補助金等特別積立金取崩額	（　　　　）
の部 特別増減	施設整備等補助金収益	（　　　　）
	固 定 資 産 受 贈 額	（　　　　）
	国庫補助金等特別積立金積立額	（　　　　）

第6章

純資産の会計処理

❶ 基本金の組入れと取崩し
❷ 国庫補助金等特別積立金の積立てと取崩し
❸ 償還補助金
❹ その他の積立金と積立資産

　純資産の会計では、まずは基本金と国庫補助金等特別積立金の区別が重要となります。社会福祉法人では、国または地方公共団体以外からの寄附金や国または地方公共団体からの補助金をもとに、固定資産を購入し運用していきます。

　本章では、純資産の増減と固定資産の増減の処理を合わせてみていきます。

1 基本金の組入れと取崩し

純資産の部の構成

貸借対照表

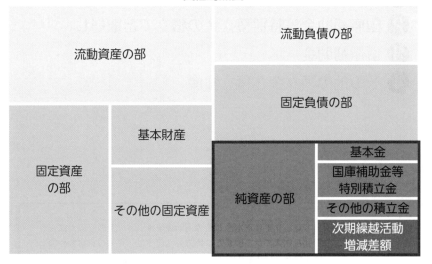

<純資産の部>

1．基本金	事業開始等に当たって財源として受け入れた寄附金
2．国庫補助金等特別積立金	施設及び設備の整備のために国、地方公共団体等から受領した補助金、助成金、交付金等
3．その他の積立金	将来の特定の目的の費用又は損失の発生に備えるため、理事会の決議に基づき当期末繰越活動増減差額から積立金として積み立てたもの
4．次期繰越活動増減差額	「社会福祉法人がこれまでに生み出した利益を積み立てた額」で、法人内部に蓄積されているもの

その他の積立金は、建物の改修等を目的とする「施設整備等積立金」など、目的を示して「○○積立金」として積立てを行います。

基本金とは

　基本金は、基本財産の取得等のさいに（国または地方公共団体以外から）受取った寄附金の額をいいます。

　国または地方公共団体から受取った補助金は、国庫補助金等特別積立金（**純資産**）に計上します。

---

point 基本財産の取得に係る寄附金

基本財産の
取得に係る
寄附金
　├─ 国または地方公共団体 ➡ 「基　　本　　金」
　│　　以外からの受取り
　│
　└─ 国または地方公共団体 ➡ 「国庫補助金等特別積立金」
　　　　からの受取り

基本金の種類

　基本金は、第1号基本金から第3号基本金までの3種類に分かれます。

---

point 基本財産の取得に係る寄附金

・第1号基本金
　社会福祉法人の設立並びに施設の創設及び増築等のために基本財産等を取得すべきものとして指定された寄附金の額
・第2号基本金
　第1号の資産の取得等に係る借入金の元金償還に充てるものとして指定された寄附金の額
・第3号基本金
　施設の創設及び増築時等に運転資金に充てるために収受した寄附金の額

運用上の取扱い（局長通知）　11
運用上の留意事項（課長通知）　14(1)

　「設立・施設の創設及び増築等の基本財産の取得のための寄附金」とは、具体的には、次のようになります。

　土地、施設の創設、増築、増改築における増築分、拡張における面積増加分及び施設の創設及び増築時等における初度設備整備、非常通報装置設備整備、屋内消火栓設備整備など。

　なお、寄附金にて10万円未満の固定資産である初度調度物品を整備した場合も、基本金組入の対象となります。一方、施設の更新、改築等にあたっての寄附金は基本金には含まれません。

基本金の組入れ

　基本金を組入れる場合、組入れの対象となる寄附金を事業活動計算書の収益に計上し、その収益に相当する額を**基本金組入額**として、**特別増減の部**の費用に計上します。

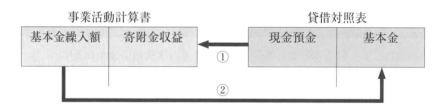

取引　基本金の組入れ

　施設の創設にあたり、理事長から現金1,000,000円の寄附を受けた。

⑴　**寄附金の受取り**

（借）現 金 預 金	1,000,000	（貸）施設整備等寄附金収益	1,000,000

⑵　**基本金の組入れ**

（借）基 本 金 組 入 額	1,000,000	（貸）基 　本　 金	1,000,000

資金仕訳

(1)　（借）支　払　資　金　1,000,000　　（貸）施設整備等寄附金収入　1,000,000

(2)　資金仕訳はありません。

増改築のための寄附金

　増改築（増築と改築）のために寄附金を受取ったときは、受取った寄附金を増築分と改築分に按分し、増築分を基本金に組入れます。

　改築分は基本金に組入れません。

取引　増改築のための寄附金

(1)　基本財産である施設（建物）の増築と改築を行うため、理事長から現金4,000,000円の寄附を受けた。

(2)　増築にかかった費用は3,000,000円、改築にかかった費用は2,000,000円であった。

(1) 寄附金の受取り

（借）現　金　預　金　4,000,000　　（貸）施設整備等寄附金収益　4,000,000

(2) 基本金の組入れ

（借）基 本 金 組 入 額　2,400,000*　　（貸）基　　本　　金　2,400,000

$$* \quad \underset{\text{寄附金}}{\underline{4,000,000\text{円}}} \times \underset{\text{増築の割合}}{\frac{3,000,000\text{円}}{\underline{3,000,000\text{円}+2,000,000\text{円}}}} = 2,400,000\text{円}$$

資金仕訳

(1)　（借）支　払　資　金　4,000,000　　（貸）施設整備等寄附金収入　4,000,000

(2)　資金仕訳はありません。

基本金の取崩し

基本金の取崩しは、事業の一部または全部を廃止して、かつ、基本金の組入れの対象となった基本財産を処分した場合に限られます。

運用上の取扱い（局長通知）12

そのため、きわめて稀なケースになります。

取引　基本金の取崩し

社会福祉法人Nは社会福祉事業を廃止し、基本財産である建物を処分した。この建物について1,000,000円の基本金を組み入れている。

（借）基　　本　　金 1,000,000	（貸）基本金取崩額 1,000,000

資金仕訳

資金仕訳はありません。

☆事業活動計算書の記載

基本金取崩額に係る事業活動計算書上の記載は、次のとおりとなります。

勘定科目	表示区分	各区分の科目	
基 本 金 取 崩 額	**繰越活動増減差額の部**	大区分：基本金取崩額	
		中区分：	―
		小区分：	

基本金を取崩す場合には、事前に所轄庁と協議し、内容の審査を受けなければなりません。なお、基本財産の処分についても同様の審査を受けなければなりません。

2 国庫補助金等特別積立金の 積立てと取崩し

国庫補助金等特別積立金とは

施設及び設備の整備のために、国、地方公共団体からの補助金、助成金、交付金や、民間公益事業からの助成金などを受取った場合、国庫補助金等特別積立金として純資産の部に計上します。具体的には次の2つの場合があげられます。

> 運用上の取扱い（局長通知） 10
> 運用上の留意事項（課長通知） 15(1)

6
純資産の会計処理

(1) 施設及び設備の整備のために受領した補助金等

施設及び設備の整備のために補助金等を受け取った場合、国庫補助金等特別積立金を計上します。

(2) 設備資金借入金の返済補助金等で実質的に施設等整備事業に対する補助金等に相当するもの

施設及び設備の整備のために借入れをし、その借入金の返済のための補助金（償還補助金）を受け取った場合、補助金を受取るたびに国庫補助金等特別積立金を計上します。

参考 10万円未満の備品や消耗品の取得 ──

10万円未満の備品や消耗品等の取得のための補助金も、積立金の設定対象となります。

10万円未満の備品や消耗品は取得した期に、全額費用処理します。

そのため、10万円未満の消耗品の取得のために積立金を積立てた場合には、同時（即時）に積立金の取崩しを行います。

参考 基本金と国庫補助金等特別積立金の違い ──

基本金が施設の新築・増築のための寄附金が対象であり、改築（建替え）が対象外であったのに対し、国庫補助金等特別積立金は新築・増築だけでなく改築のための補助金も積立金の設定対象に含まれます。

国庫補助金等特別積立金の処理

(1) 国庫補助金等特別積立金の積立て

補助金等を受取った時に、施設整備等補助金収益（**収益**）に計上し、同額を国庫補助金等特別積立金積立額（**費用**）に計上します。

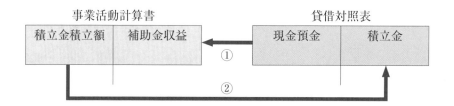

事業活動計算書			貸借対照表	
積立金積立額	補助金収益		現金預金	積立金

(2) 国庫補助金等特別積立金の取崩し

基本金の取崩しは事業の廃止のときに行うのに対し、国庫補助金等特別積立金の取崩しは、減価償却や売却など固定資産の減少に合わせて行います。

運用上の取扱い（局長通知）9

point 国庫補助金等特別積立金の取崩額

積立初年度の国庫補助金等特別積立金 × 対象資産の減価償却率

対象資産の減価償却において、残存価額を 10％ としている場合は、上記の式に 0.9 をかけて計算します。

　国庫補助金等特別積立金の取崩額は、国庫補助金等特別積立金の額に減価償却の償却率を掛けて計算します。

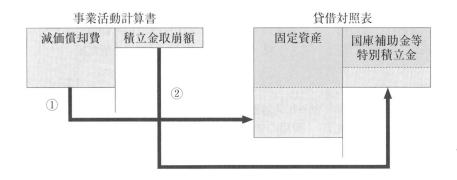

　また、国庫補助金等の対象となる資産が除却や売却された場合には、積立てていた国庫補助金等特別積立金を全額取崩します。

　減価償却による「国庫補助金等特別積立金取崩額」は事業活動計算書において、「サービス活動増減の部」の「費用」のマイナスとして記載されます。
　また除却や売却された場合では「特別増減の部」の「費用」のマイナスとして「国庫補助金等特別積立金取崩額（除却等）」と記載されます。

国庫補助金等特別積立金に係る事業活動計算書上の記載は、次のとおりです。

勘定科目	表示区分	各区分の科目
国庫補助金等特別積立金積立額	**特別増減の部** **（費用）**	大区分： 国庫補助金等特別積立金積立額
		中区分： ―
		小区分： ―
国庫補助金等特別積立金取崩額	**サービス活動増減の部** **（費用のマイナス）**	大区分： 国庫補助金等特別積立金取崩額
		中区分： ―
		小区分： ―
国庫補助金等特別積立金取崩額（除却等）※	**特別増減の部** **（費用のマイナス）**	大区分： 国庫補助金等特別積立金取崩額（除却等）※
		中区分： ―
		小区分： ―

※ （除却等）も、勘定科目の名称の一部である点に注意しましょう！

○資金収支計算書の記載

補助金等に係る資金収支計算書上の記載は、次のとおりです。

勘定科目	表示区分	各区分の科目
施設整備等補助金収入	**施設整備等による収支** **（収入）**	大区分： 施設整備等補助金収入
		中区分： 施設整備等補助金収入
		小区分： ―

取引 国庫補助金等特別積立金

以下の各取引の仕訳を行う。

⑴ ×1年4月に東京都から施設整備のための補助金 400,000 円が普通預金口座に振り込まれた。

⑵ ×1年4月に建物 1,000,000 円を取得した。補助金 400,000 円と自己資金 600,000 円を元に、代金を普通預金口座から支払った。

⑶ ×2年3月、決算にあたり必要な処理を行った。

建物は、定額法、耐用年数：50年、償却率：0.020、直接法により減価償却を行う。

⑴ 補助金の受取り

（借）現 金 預 金	400,000	（貸）施設整備等補助金収益	400,000

国庫補助金等特別積立金の積立て

（借）国庫補助金等特別積立金積立額	400,000	（貸）国庫補助金等特別積立金	400,000

⑵ 固定資産の取得

（借）建　　　　　物	1,000,000	（貸）現 金 預 金	1,000,000

⑶ 減価償却

（借）減 価 償 却 費	20,000*	（貸）建　　　　　物	20,000

* 1,000,000 円 × 0.020 ＝ 20,000 円

国庫補助金等特別積立金の取崩し

（借）国庫補助金等特別積立金	8,000*	（貸）国庫補助金等特別積立金取崩額	8,000

* 400,000 円 × 0.020 ＝ 8,000 円

資金仕訳

(1) ｜（借）支　払　資　金　400,000　　（貸）施設整備等補助金収入　400,000｜

(2) ｜（借）固定資産取得支出　1,000,000　　（貸）支　払　資　金　1,000,000｜

(3) 　資金仕訳はありません。

> **参考** 国庫補助金等特別積立金取崩し額の計算
>
> 　国庫補助金等特別積立金取崩し額の計算は、減価償却費に、補助割合（固定資産の取得価額に対する補助金の額の割合）を掛けても同じ結果となります。
>
> ① 　積立金の取崩額：減価償却費 $\times \dfrac{補助金の額}{固定資産の取得価額}$（補助割合）
>
> ② 　積立金の取崩額：補助金（積立金）の額 $\times \dfrac{減価償却費}{固定資産の取得価額}$（償却率）
>
> 　これは、②の補助金の額と減価償却費を入れ替えただけだからです。

固定資産の無償取得に係る国庫補助金等特別積立金

固定資産を無償取得（タダでもらった）場合には、次のように処理します。

(1)　**国または地方公共団体以外から無償で取得した場合**

　① 　**基本財産となる固定資産の無償取得**

　　固定資産受贈額を計上するとともに、基本金を計上します。

　② 　**基本財産以外の固定資産の無償取得**

　　固定資産受贈額を計上します。

(2)　**国または地方公共団体から無償で取得した場合**

　　自治体には寄附概念がありません。そのため、固定資産受贈額を計上するとともに、国庫補助金等特別積立金を計上します。

　　基本財産となる固定資産、基本財産以外の固定資産ともに、固定資産受贈額を計上するとともに、国庫補助金等特別積立金を計上します。

point　固定資産の無償取得

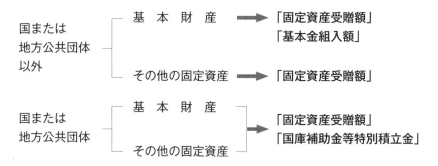

6
純資産の会計処理

取引　無償取得

以下の独立した取引について、仕訳を行う。

(1)　保育園の創設にあたり、理事長から基本財産となる土地を無償で譲渡された。
　その土地の時価は 3,000,000 円であった。

(2)　保育園の創設にあたり、千葉県から基本財産となる建物を無償で譲渡された。
　建物の時価は 5,000,000 円であった。

(3)　千葉県から園児の送迎のためにスクールバスを無償で譲渡された。車輌運搬
　具の時価は 2,000,000 円であった。

(1)　**国または地方公共団体以外から、基本財産の取得**

| (借) 土　　　　　地 | 3,000,000 | (貸) 固定資産受贈額 | 3,000,000 |

| (借) 基 本 金 組 入 額 | 3,000,000 | (貸) 基　　本　　金 | 3,000,000 |

(2)　**国または地方公共団体から、基本財産の取得**

| (借) 建　　　　　物 | 5,000,000 | (貸) 固定資産受贈額 | 5,000,000 |

| (借) 国 庫 補 助 金 等
特別積立金積立額 | 5,000,000 | (貸) 国 庫 補 助 金 等
特 別 積 立 金 | 5,000,000 |

(3) 国または地方公共団体から、その他の固定資産の取得

(借)	車 輌 運 搬 具	2,000,000	(貸)	固定資産受贈額	2,000,000

(借)	国 庫 補 助 金 等 特別積立金積立額	2,000,000	(貸)	国 庫 補 助 金 等 特 別 積 立 金	2,000,000

資金仕訳

(1)〜(3)の資金仕訳はありません。

固定資産の低額譲受

　国や地方公共団体等から固定資産の低額譲受があった場合には、固定資産の取得に通常要する価額（時価）と譲受価額との差額を固定資産受贈額とするとともに、同額の国庫補助金等特別積立金を積立てます。

　また、国や地方公共団体等以外から固定資産の低額譲受があった場合には、固定資産の取得に通常要する価額と譲受価額との差額の固定資産受贈額とします。

point 固定資産の低額譲受

国または
地方公共団体 ── その他の固定資産 ➡ 通常要する価額－譲受価額
以外　　　　　　　　　　　　　　　　　　＝固定資産受贈額

国または
地方公共団体 ── その他の固定資産 ➡ { 通常要する価額－譲受価額
　　　　　　　　　　　　　　　　　　　　＝固定資産受贈額

　　　　　　　　　　　　　　　　　　　　通常要する価額－譲受価額
　　　　　　　　　　　　　　　　　　　　＝国庫補助金等特別積立金積立額 }

取引　低額譲受

以下の取引について、仕訳を行う。

⑴　理事長から器具及び備品（時価 1,000,000 円）を 300,000 円で譲渡され、代金を現金で支払った。

⑵　千葉県から園児の送迎のためにスクールバス（時価 2,000,000 円）を 800,000円で譲渡され、代金を現金で支払った。

⑴　**国または地方公共団体以外から、その他の固定資産の取得**

(借)	器具及び備品	1,000,000	(貸)	現　金　預　金	300,000
				固定資産受贈額	700,000

⑵　**国または地方公共団体から、その他の固定資産の取得**

(借)	車輌運搬具	2,000,000	(貸)	現　金　預　金	800,000
				固定資産受贈額	1,200,000

(借)	国庫補助金等特別積立金積立額	1,200,000	(貸)	国庫補助金等特別積立金	1,200,000

資金仕訳

⑴	(借)	固定資産取得支出	300,000	(貸)	支払資金	300,000

⑵	(借)	固定資産取得支出	800,000	(貸)	支払資金	800,000

3 償還補助金

償還補助金とは

償還補助金とは、設備資金借入金の返済時期に合わせて国または地方公共団体等から交付された補助金のうち、施設（設備）整備時に受領金額が確実に見込まれており、実質的に施設（設備）整備事業に対する補助金等に相当するものをいいます。

要するに、設備資金借入金の返済のために受取った補助金を償還補助金といいます。

償還補助金の処理

償還補助金の受取時に、**設備資金借入金元金償還補助金収益**（**収益**）を計上するとともに、**受取った額の国庫補助金等特別積立金を積立て**ます。

そして決算時に、償還補助金の総額のうち、固定資産の取得価額に対する減価償却費の割合（償却率）に相当する額を取崩します。

すでに受取った補助金ではなく、補助金の総額を元に取崩しを考えるのがポイントです。

運用上の留意事項（課長通知） 15⑵

取引　償還補助金

以下の一連の取引について、仕訳を行う。

(1) 建物の取得にあたり銀行から 1,000,000 円を借入れ、自己資金と合わせて、×0年4月に建物を取得し、代金は普通預金口座より支払った。

建物の取得価額：5,000,000 円

資金の内訳　自己資金：4,000,000 円　　借入金：1,000,000 円

借入金は、×1年3月末より毎年 50,000 円を 20 年間で返済する。

(2) 借入金の返済に合わせて、千葉県から以下の償還補助金の支給の通知があった。

毎年3月末に50,000円を20年間支給（総額1,000,000円）

×1年3月末に補助金50,000円が普通預金口座に振り込まれ、合わせて借入金50,000円を同口座より返済した。

(3) 決算にあたり、固定資産の減価償却（直接法）を行うとともに、国庫補助金等特別積立金の取崩しの処理を行う。

償却方法：定額法　耐用年数：50年　償却率：0.02　残存価額：ゼロ

(1) 資金の借入れと建物の取得

(借)	現　金　預　金	1,000,000	(貸)	設備資金借入金	1,000,000

(借)	建　　　　　物	5,000,000	(貸)	現　金　預　金	5,000,000

(2) 償還補助金の受取りと国庫補助金等特別積立金の積立て、設備資金借入金の返済

(借)	現　金　預　金	50,000	(貸)	設備資金借入金元金償還補助金収益	50,000

(借)	国庫補助金等特別積立金積立額	50,000	(貸)	国庫補助金等特別積立金	50,000

(借)	設備資金借入金	50,000	(貸)	現　金　預　金	50,000

(3) 決算時

① 減価償却

(借)	減価償却費	100,000*	(貸)	建　　　　物	100,000

＊ 5,000,000円×0.020＝100,000円

② 積立金の取崩し

(借)	国庫補助金等特別積立金	20,000*	(貸)	国庫補助金等特別積立金取崩額	20,000

＊ 1,000,000円×0.020＝20,000円
　　償還補助金総額

資金仕訳

(1)
(借)	支 払 資 金	1,000,000	(貸)	設備資金借入金収入	1,000,000
(借)	固定資産取得支出	5,000,000	(貸)	支 払 資 金	5,000,000

(2)
(借)	支 払 資 金	50,000	(貸)	設備資金借入金 元金償還補助金収入	50,000
(借)	設備資金借入金 元 金 償 還 支 出	50,000	(貸)	支 払 資 金	50,000

(3) 　資金仕訳はありません。

- - -

☆事業活動計算書の記載

　償還補助金に係る事業活動計算書上の記載は、次のとおりとなります。

勘定科目	表示区分	各区分の科目	
設 備 資 金 借 入 金 元金償還補助金収益	**特別増減の部** **（ 収 益 ）**	大区分：	施設整備等補助金収益
		中区分：	設備資金借入金 元金償還補助金収益
		小区分：	―

- - -

○**資金収支計算書の記載**

　償還補助金に係る資金収支計算書上の記載は、次のとおりとなります。

勘定科目	表示区分	各区分の科目	
設 備 資 金 借 入 金 元金償還補助金収入	**施設整備等による収支** **（ 収 入 ）**	大区分：	施設整備等補助金収入
		中区分：	設備資金借入金 元金償還補助金収入
		小区分：	―

- - -

取得時の補助金と償還補助金の両方を受取った場合

　固定資産の取得時に補助金を受取り、さらに借入金について償還補助金を受取る場合があります。この場合、決算時に、減価償却と合わせて、取得時の補助金と償還補助金に係る積立金の取崩しを行う必要があります。

取引 取得時の補助金と償還補助金

以下の取引について、×1年3月末の決算時の仕訳を行う。

・×0年4月に以下の建物を取得した。

建物の取得価額：5,000,000円

資金の内訳　自己資金：1,500,000円　補助金：2,500,000円

借入金：1,000,000円

借入金は×1年3月末より毎年50,000円を20年間で返済する。

・借入金の返済に合わせて、千葉県より以下の償還補助金の支給の通知があった。

毎年3月末に50,000円を20年間支給（総額1,000,000円）

・×1年3月末決算にあたり、固定資産の減価償却（直接法）を行うとともに、国庫補助金等特別積立金の取崩しの処理を行う。

償却方法：定額法　耐用年数：50年　償却率：0.020　残存価額：ゼロ

(1) 減価償却

（借）減 価 償 却 費	100,000*	（貸）建　　　　　物	100,000

＊　5,000,000円×0.020 = 100,000円

(2) 積立金の取崩し

取得時の補助金と償還補助金を合算して、取崩し額を計算します。

(2,500,000円 + 1,000,000円) × 0.020 = 70,000円
補助金合計

（借）国 庫 補 助 金 等 特 別 積 立 金	70,000	（貸）国 庫 補 助 金 等 特別積立金取崩額	70,000

資金仕訳

(1)、(2)の資金仕訳はありません。

償還補助金の打ち切り

償還補助金が途中で打ち切られた場合には、償還補助金の総額が減少します。なお、前年度までは減少前の補助金にもとづいて積立金を取り崩しています。

そのため、減少後の償還補助金総額にもとづいて、前年度までの積立金の要取崩し額を、再計算する必要があります。 運用上の留意事項（課長通知） 15(2)ア

そして、前年度までの実際取崩し額と再計算後の要取崩し額との差額をその他の特別損失として処理します。

---

point 償還補助金の打ち切り

$$\begin{array}{l} \text{国庫補助金等特別積立金の修正額} \\ \text{（その他の特別損失）} \end{array} = \begin{array}{l} \text{前年度までの} \\ \text{実際取崩し額} \end{array} - \begin{array}{l} \text{再計算後の} \\ \text{要取崩し額} \end{array}$$

（借） その他の特別損失 ××	（貸） 国庫補助金等特別積立金 ××
過年度の取崩し過剰額	取崩し過ぎた分の戻し

補助金の打ち切りにより補助金の総額が減少します。これまで減少前の補助金総額で計算してきた取崩し額は、取崩し過ぎということになります。

　そのため、取崩し過ぎた積立金を戻すというイメージです。

☆事業活動計算書の記載

　その他の特別損失に係る事業活動計算書上の記載は、次のとおりです。

勘定科目	表示区分	各区分の科目	
その他の特別損失	**特別増減の部** （ **費　用** ）	大区分：	その他の特別損失
		中区分：	—
		小区分：	—

取引 償還補助金の打ち切り

以下の固定資産に係る取引について、×16年3月末の決算時の仕訳を行う。

・×0年4月に以下の建物を取得した。

　　建物の取得価額：5,000,000円

　　資金の内訳　自己資金：4,000,000円　　借入金：1,000,000円

　　借入金は、×1年3月末より毎年50,000円を20年間にわたり返済する。

・借入金の返済に合わせて、以下の償還補助金の支給の通知があった。

　　毎年3月末に50,000円を20年間支給（総額1,000,000円）

　　×1年3月末より補助金50,000円が交付されていたが、×16年3月末の16回
目の支給を最後に補助金を打ち切ることが通知された。

・×16年3月末の決算にあたり、固定資産の減価償却（直接法）を行うとともに、
国庫補助金等特別積立金の過年度の取崩し額の修正と、当期の取崩しの処理を
行う。

　　償却方法：定額法　耐用年数：50年　償却率：0.020　残存価額：ゼロ

(1) 減価償却

> （借）減 価 償 却 費 100,000 *　　（貸）建 　　　　物 100,000

* 5,000,000円×0.020 = 100,000円

(2) 過年度の取崩し額の修正

① 過年度の実際取崩し額

　　1年当たり：$\underset{\text{修正前補助金}}{\underline{1,000,000\text{円}}}$×0.020 = @20,000円

　　@20,000円×15年 = 300,000円

② 過年度の要取崩し額

　　修正後補助金総額：50,000円×16年 = 800,000円

　　1年当たり：$\underset{\text{修正後補助金}}{\underline{800,000\text{円}}}$×0.020 = @16,000円

　　@16,000円×15年 = 240,000円

③ 積立金の修正額

$$300,000 円 \underset{\text{実際取崩し額}}{\underline{}} - 240,000 円 \underset{\text{要取崩し額}}{\underline{}} = 60,000 円$$

(借)	その他の特別損失	60,000	(貸)	国 庫 補 助 金 等 特 別 積 立 金	60,000

(3) **当期の取崩し**

修正後の補助金総額をもとに取崩し額を計算します。

(借)	国 庫 補 助 金 等 特 別 積 立 金	16,000 *	(貸)	国庫補助金等特 別積立金取崩額	16,000

* $\underset{\text{修正後補助金}}{\underline{800,000 円}} \times 0.020 = 16,000 円$

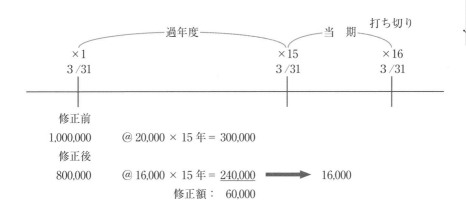

	過年度	当 期	打ち切り
	×1 3/31	×15 3/31	×16 3/31

修正前
1,000,000　@ 20,000 × 15 年 = 300,000
修正後
800,000　@ 16,000 × 15 年 = 240,000 ⟶ 16,000
　　　　　　　　修正額：　60,000

資金仕訳

(1)～(3)の資金仕訳はありません。

以下の固定資産に係る取引について、×16年3月末の決算時の仕訳を行う。

・×0年4月に以下の建物を取得した。

　　　建物の取得価額：5,000,000円

　　　資金の内訳　自己資金：1,500,000円　補助金：2,500,000円

　　　　　　　　　借入金：1,000,000円

　　借入金は、×1年3月末より毎年50,000円を20年間にわたり返済する。

・借入金の返済に合わせて、以下の償還補助金の支給の通知があった。

　　　毎年3月末に50,000円を20年間支給（総額1,000,000円）

　　　×1年3月末より補助金50,000円が交付されていたが、×16年3月末の16回
　目の交付を最後に補助金を打ち切ることが通知された。

・×16年3月末の決算にあたり、固定資産の減価償却（直接法）を行うとともに、国
　庫補助金等特別積立金の過年度の取崩し額の修正と、当期の取崩しの処理を行う。

　　　償却方法：定額法　耐用年数：50年　償却率：0.020　残存価額：ゼロ

(1)　減価償却

| (借) | 減 価 償 却 費 | 100,000 * | (貸) | 建 | 物 | 100,000 |

＊　5,000,000円×0.020＝100,000円

(2)　過年度の取崩し額の修正

①　過年度の実際取崩し額

　　1年当たり：$\underbrace{(2,500,000 円 + 1,000,000 円)}_{修正前補助金合計} \times 0.020 = @ 70,000 円$

　　@70,000円×15年＝1,050,000円

②　過年度の要取崩し額

　　修正後補助金総額：50,000円×16年＝800,000円

　　1年当たり：$\underbrace{(2,500,000 円 + 800,000 円)}_{修正後補助金合計} \times 0.020 = @ 66,000 円$

　　@66,000円×15年＝990,000円

③ 積立金の修正額

$$1,050,000 円 - 990,000 円 = 60,000 円$$
　　実際取崩し額　　要取崩し額

（借）	その他の特別損失	60,000	（貸）	国庫補助金等特別積立金	60,000

⑶ 当期の取崩し

（借）	国庫補助金等特別積立金	66,000 *	（貸）	国庫補助金等特別積立金取崩額	66,000

＊ $(2,500,000 円 + 800,000 円) \times 0.020 = 66,000 円$
　　修正後補助金合計

4 その他の積立金と積立資産

その他の積立金とは

社会福祉法人は、将来の特定の目的の費用または損失の発生に備えるため、理事会の決議に基づき事業活動計算書の当期末繰越活動増減差額からその他の積立金を計上することができます。 | 会計基準省令 | 第6条 第3項

当期末繰越活動増減差額にその他の積立金取崩額を加算した額に余剰が生じた場合には、その範囲内で将来の特定の目的のために積立金を積み立てることができます。 | 運用上の取扱い（局長通知） | 19

その他の積立金の積立て

その他の積立金の積立て時に、特定の目的に必要な積立て額を○○積立金積立額として計上するとともに、同額の○○積立資産を計上します。

| 運用上の留意事項（課長通知） | 19 (1)

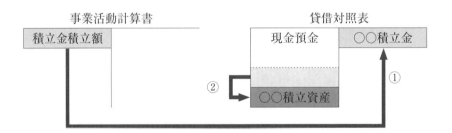

取引 その他の積立金の積立て

決算理事会において、建物の取得のために5,000,000円の積立金の積立てを決議し、同額について普通預金から定期預金に預け入れた。

| （借）　施設整備等積立金積立額 | 5,000,000 | （貸）　施設整備等積立金 | 5,000,000 |
| （借）　施設整備等積立資産 | 5,000,000 | （貸）　現　金　預　金 | 5,000,000 |

資金仕訳

| （借）　施設整備等積立資産支出 | 5,000,000 | （貸）　支　払　資　金 | 5,000,000 |

その他の積立金の取崩し

その他の積立金の目的を果たした時に、積立金を取崩すとともに積立資産も取崩します。

取引　その他の積立金の取崩し

施設整備等積立資産（定期預金）5,000,000 円を取崩した資金を財源として、建物を取得し代金は普通預金口座から支払った。

なお、施設整備等積立資産の取崩しは、普通預金口座に入金された。

⑴　積立資産と積立金の取崩し

| （借）　施設整備等積立金 | 5,000,000 | （貸）　施設整備等積立金取崩額 | 5,000,000 |
| （借）　現　金　預　金 | 5,000,000 | （貸）　施設整備等積立資産 | 5,000,000 |

⑵　建物の取得

| （借）　建　　　　　物 | 5,000,000 | （貸）　現　金　預　金 | 5,000,000 |

資金仕訳

⑴
| （借）　支　払　資　金 | 5,000,000 | （貸）　施設整備等積立資産取崩収入 | 5,000,000 |

⑵
| （借）　固定資産取得支出 | 5,000,000 | （貸）　支　払　資　金 | 5,000,000 |

☆事業活動計算書の記載

　施設整備等積立金に係る事業活動計算書上の記載は、次のとおりとなります。

勘定科目	表示区分	各区分の科目		
○○積立金積立額	繰越活動増減差額の部	大区分： その他の積立金積立額		
		中区分： ○○積立金積立額		
		小区分： ―		
○○積立金取崩額	繰越活動増減差額の部	大区分： その他の積立金取崩額		
		中区分： ○○積立金取崩額		
		小区分： ―		

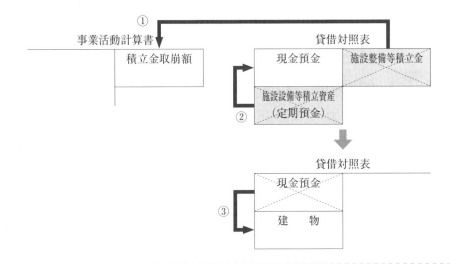

○資金収支計算書の記載

　積立資産に係る資金収支計算書上の記載は、次のとおりとなります。

勘定科目	表示区分	各区分の科目		
○○積立資産支出	その他の活動による収支（支出）	大区分： 積立資産支出		
		中区分： ○○積立資産支出		
		小区分： ―		
○○積立資産取崩収入	その他の活動による収支（収入）	大区分： 積立資産取崩収入		
		中区分： ○○積立資産取崩収入		
		小区分： ―		

積立資産を有価証券で運用している場合

　積立資産を有価証券で運用している場合、決算時に時価評価した場合の評価差額は、積立資産評価益または積立資産評価損として、「**サービス活動外増減の部**」に計上します。

取引　積立資産の評価

　決算理事会において、建物の取得のために5,000,000円の積立金の積立てを決議した。合わせて、積立資産として、長期保有目的で株式5,000,000円を取得し、代金は普通預金口座より支払った。

　決算時における株式の時価は5,100,000円であった。

(1)　**積立金と積立資産の計上**

(借)	施設整備等積立金積立額	5,000,000	(貸)	施設整備等積立金	5,000,000
(借)	施設整備等積立資産	5,000,000	(貸)	現　金　預　金	5,000,000

(2)　**決算時**

(借)	施設整備等積立資産	100,000	(貸)	積立資産評価益	100,000 *

＊　5,100,000円－5,000,000円＝100,000円

資金仕訳

(1)

(借)	施設整備等積立資産支出	5,000,000	(貸)	支　払　資　金	5,000,000

(2)　資金仕訳はありません。

6
純資産の会計処理

純資産の会計処理
確認テスト

答え：P.335

❶ 以下の資料にもとづき、×22年度の貸借対照表、事業活動計算書（一部）を
作成しなさい。

決算整理前の残高　　　　　（単位：円）

建物（基本財産）	40,000,000	基	本	金	50,000,000

(1) ×22年4月1日に地方公共団体より建物（評価額20,000,000円）の無償譲
渡を受けたが未処理である。基本財産に該当しない。
（耐用年数10年［償却率0.100]）

(2) 決算整理前の残高における建物は施設創設にあたって×12年4月1日に理事
長の寄附金をもとに取得したものであり、次のとおりである。

種　　類	取得価額	償却方法	耐用年数	償却率
建　　物	50,000,000円	定額法	50年	0.020

(3) 減価償却の記帳方法及び表示方法は直接法による。
固定資産の残存価額はいずれもゼロである。

答案用紙

（単位：円）

貸 借 対 照 表

固定資産	
基本財産	
建　　　　　物	（　　　　　）
その他の固定資産	
建　　　　　物	（　　　　　）
基　本　金	（　　　　　）
国庫補助金等特別積立金	（　　　　　）

事業活動計算書

サービス活動増減の部	⋮	⋮
	減 価 償 却 費 （　　　　　）	（　　　　　）
	国庫補助金等特別積立金取崩額 （　　　　　）	（　　　　　）
特別増減の部	固定資産受贈額 （　　　　　）	（　　　　　）
	国庫補助金等特別積立金積立額 （　　　　　）	（　　　　　）
	⋮	⋮

❷ 以下の資料にもとづき、×1年度の貸借対照表、事業活動計算書（一部）を
作成しなさい。

決算整理前の残高　　　　　　（単位：円）

建　物（本　体）	20,000,000	仮　受　金	30,000,000
建　物（附属設備）	10,000,000		

⑴　×1年4月1日に以下の施設の創設をし、同日より使用開始したが、受取った
寄附金及び補助金を仮受金に計上し、建物及び附属設備を計上している。

種　類	金　額	償却方法	耐用年数	償却率
建物本体工事	20,000,000円	定額法	50年	0.020
電　気　設　備	10,000,000円	定額法	15年	0.067

電気設備は建物附属設備に該当する。

⑵　上記施設の資金内訳は、寄附金21,000,000円、補助金9,000,000円である。

⑶　補助金は、取得価額の比率で各資産に按分する。

⑷　減価償却の記帳方法及び表示方法は直接法による。
固定資産の残存価額はゼロである。

答案用紙

（単位：円）

貸　借　対　照　表

固定資産	
基本財産	
建　　　　　　物	（　　　　　）
⋮	⋮
基　本　金	（　　　　　）
国庫補助金等特別積立金	（　　　　　）
⋮	⋮

事業活動計算書

サービス活動増減の部	⋮	⋮
	減　価　償　却　費	（　　　　）
	国庫補助金等特別積立金取崩額	（　　　　）
特別増減の部	施設整備等寄附金収益	（　　　　）
	施設整備等補助金収益	（　　　　）
	基　本　金　組　入　額	（　　　　）
	国庫補助金等特別積立金積立額	（　　　　）

❸ 以下の資料にもとづき、×33年度の貸借対照表、事業活動計算書（一部）を作成しなさい。なお、下記以外に国庫補助金等特別積立金はない。

決算整理前の残高　　　　　　　（単位：円）

建　　　　　　物	44,000,000	

仮　　受　　金	700,000
長　期　借　入　金	4,500,000
国庫補助金等特別積立金	31,200,000

⑴　×27年4月1日に以下の施設の建物50,000,000円（財源：補助金30,000,000円、借入金15,000,000円、自己資金5,000,000円）を取得し、同日より事業に使用した。

種　　類	取得価額	償却方法	耐用年数	償却率
建　　　　物	50,000,000円	定額法	50年	0.020

減価償却の記帳方法及び表示方法は直接法による。

固定資産の残存価額はゼロである。

⑵　借入金15,000,000円の借入期間は10年、×28年3月31日を第1回とし、以後毎年3月31日に1,500,000円返済することとなっている。

当期の返済の処理は適切に行われている。

⑶　償還補助金

　①　借入金の返済時期に合わせて、×28年3月31日から10年間、毎年1,000,000円の補助金を受領することとされており、施設建物の取得時点に当該補助金を受領することが確実に見込まれていた。

　②　×33年度に×33年度以降の償還補助金の交付額を年間700,000円に減額する連絡を受けた。

　③　当期の償還補助金の受取り700,000円は仮受金で処理したのみであり、国庫補助金等特別積立金の取崩しの処理を行う。

答案用紙

（単位：円）

貸 借 対 照 表

固定資産	
基本財産	
建　　　物	（　　　　）
1年以内返済予定長期借入金	（　　　　）
長 期 借 入 金	（　　　　）
⋮	⋮
国庫補助金等特別積立金	（　　　　）

事業活動計算書

サービス活動増減の部	⋮	⋮
	減 価 償 却 費	（　　　　）
	国庫補助金等特別積立金取崩額	（　　　　）
特別増減の部	施設整備等補助金収益	（　　　　）
	⋮	⋮
	国庫補助金等特別積立金積立額	（　　　　）
	その他の特別損失	（　　　　）

❹ 以下の資料にもとづき、×1年度の貸借対照表、事業活動計算書（一部）を
作成しなさい。

決算整理前の残高　　　　　　　　（単位：円）

建　物（本　体）	8,000,000	仮　受　金	9,500,000
建　物（附属設備）	1,600,000		
消耗器具備品費	400,000		

(1) ×1年4月1日に、次のとおり新規施設等を取得した。

種　類	金　額	償却方法	耐用年数	償却率
建 物 本 体 工 事	8,000,000 円	定額法	50 年	0.020
給 排 水 設 備	1,600,000 円	定額法	15 年	0.067
初 度 調 度 物 品 等	400,000 円	─	─	─

　　初度調度物品等に固定資産として計上されるものはなく、消耗器具備品費で
処理している。消耗器具備品費は事業費として表示する。

(2) 上記施設の資金内訳は、寄附金 7,500,000 円、補助金 2,000,000 円、自己
資金 500,000 円であるが、寄附金と補助金について仮受金で処理している。

(3) 補助金は、取得価額の比率で各資産に按分する。

(4) 減価償却の記帳方法及び表示方法は直接法による。
固定資産の残存価額はゼロである。

答案用紙

（単位：円）

貸 借 対 照 表

固定資産	
基本財産	
建　　　　　物	（　　　　　）
⋮	⋮
基　　本　　金	（　　　　　）
国庫補助金等特別積立金	（　　　　　）
⋮	⋮

事業活動計算書

サービス活動増減の部	事　　業　　費	（　　　　　）
	減 価 償 却 費	（　　　　　）
	国庫補助金等特別積立金取崩額	（　　　　　）
特別増減の部	施設整備等補助金収益	（　　　　　）
	施設整備等寄附金収益	（　　　　　）
	基 本 金 組 入 額	（　　　　　）
	国庫補助金等特別積立金積立額	（　　　　　）

第7章

法人の内部取引の処理

　社会福祉法人は、法人全体の計算書類だけでなく、各事業、各拠点の内訳が記載された計算書類を作成します。

　法人の内部取引があった場合には、法人全体の計算書類は内部取引消去後のものとなります。

　そして、事業間の内部取引があった場合には、各事業の内訳が記載された計算書類上で、内部取引を消去します。

　拠点区分間の内部取引があった場合にも、各拠点の内訳が記載された計算書類上で、内部取引を消去します。

1 会計の区分と計算書類

会計の区分

社会福祉法人は、社会福祉事業を行うことを目的として設立された法人です。社会福祉法人の規模により、行っている事業やサービスはさまざまです。

1．事業区分

社会福祉法人は、その経営する社会福祉事業に支障がないかぎり、公益事業や収益事業を営むこともできます。公益事業の例としては介護予防事業など、収益事業の例としては駐車場の経営などがあります。

2．拠点区分

拠点区分は、原則として、予算管理の単位とし、一体として運営される施設、事業所又は事務所をもって1つの**拠点区分**とします。具体的な区分については、法令上の事業種別、事業内容及び実施する事業の会計管理の実態を勘案して区分を設定します。 運用上の取扱い（局長通知）2

社会福祉事業の中でも、例えば、特別養護老人ホームや保育所などは、それぞれが一体として運営される施設の場合が多く、それぞれ独立した拠点区分となります。

3．サービス区分

一つの拠点区分であっても、その中で複数の事業が行われている場合は、それらを**サービス区分**とします。例えば、特別養護老人ホームにおいて、指定介護老人福祉施設や指定短期入所生活介護を行っている場合には、それぞれがサービス区分となります。

作成が必要な計算書類

　計算書類は、法人全体、事業区分別、拠点区分別に分けて、それぞれ作成します。ここでは、事業活動計算書を例に説明します。

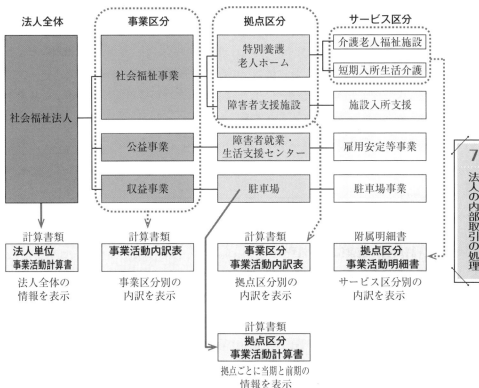

本部会計

本部会計

1．法人本部に係る経費

　法人を運営していくなかで、理事会に係る経費や、法人の役員の報酬など、特定の拠点区分やサービス区分に属さない費用が発生します。

　これらの特定の拠点区分やサービス区分に属さない費用は、法人本部に帰属させることが妥当であると考えられます。

　これら法人本部の経費等に係る会計を本部会計といいます。

---

point 法人本部に係る経費の例

・理事会の運営に係る経費
・評議員会の運営に係る経費
・法人役員の報酬

2．本部会計の区分

　これらの法人本部に係る経費については、**独立した拠点区分**を設けて処理する方法と、特定の拠点の下に**新たなサービス区分**を設けて処理する方法とがあります。

　　　　　　　　　　　　　　　　　運用上の留意事項（課長通知）6

188

⑴　本部会計を独立した拠点区分とする場合

　本部会計を拠点区分とする場合の例は、次のとおりです。

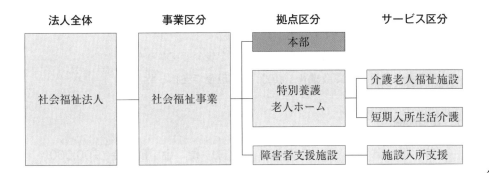

⑵　本部会計をサービス区分とする場合

　本部会計をサービス区分とする場合の例は、次のとおりとなります。

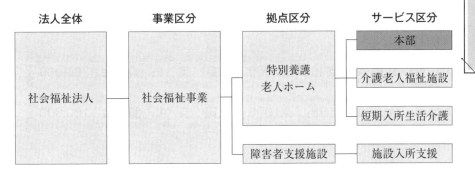

　理事会は職務執行機関であり、株式会社でいう取締役会に相当します。

　評議員会は法人の運営に関する重要事項の議決機関であり、株式会社でいう株主総会に相当します。

　評議員会では、理事会から提出された定款変更、決算承認等の議案を、審議・採決したり、理事と監事の選任・解任を行います。

本部会計

特別養護老人ホーム事業を行っている社会福祉法人Nは、本部会計を拠点区分として設置している。以下の取引の仕訳を行う。

(1) 法人本部において、役員報酬700,000円を現金で支払った。

(2) 理事会の費用として会議費100,000円を現金で支払った。

(1) **役員報酬**

> (借) 役 員 報 酬 700,000 (貸) 現 金 預 金 700,000

(2) **会議費**

> (借) 会 議 費 100,000 (貸) 現 金 預 金 100,000

資金仕訳

(1) (借) 役 員 報 酬 支 出 700,000 (貸) 支 払 資 金 700,000

(2) (借) 会 議 費 支 出 100,000 (貸) 支 払 資 金 100,000

3 事業区分間等の取引

事業区分間等の取引

　1つの社会福祉法人内の社会福祉事業、公益事業、収益事業といった事業区分の間で取引をすることがあります。同様に、拠点区分間、同一拠点におけるサービス区分間で取引をすることもあります。

　これらの取引は、社会福祉法人内における内部取引に該当し、計算書類を作成するにあたっては消去する必要があります。　運用上の取扱い（局長通知）4

(1)　**内部取引の発生する区分**

　　同一社会福祉法人内の事業区分間の取引　　①

　　同一事業内の拠点区分間の取引　　　　　　②

　　同一拠点内のサービス区分間の取引　　　　③

(2)　**主な内部取引**

　　資金の移動

　　資金の貸借（貸付け、借入れ）

　　役務の提供

　　固定資産の移管

資金の移動

(1)　**事業区分間の資金移動取引**

　事業区分間で資金を移動した場合には、事業活動計算書と資金収支計算書で消去する必要があります。

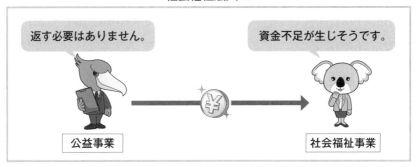

社会福祉法人 N

資金不足が生じそうです。

公益事業　　　　　　　　　　社会福祉事業

point 資金の移動（事業区分間取引）

	事業活動計算書	資金収支計算書
支出側	事業区分間繰入金費用	事業区分間繰入金支出
受入側	事業区分間繰入金収益	事業区分間繰入金収入
計算書類	「事業活動内訳表」	「資金収支内訳表」
表示場所	「特別増減の部」	「その他の活動による収支」

※　上記の勘定科目は、計算書類上の大科目となり、中科目及び小科目はありません。な
お、これ以降に出てくる法人内部の取引に係る科目も同じです。

取引 資金の移動（事業区分間取引）

　社会福祉法人Nは社会福祉事業（障害者支援施設）とともに公益事業（障害者
就業・生活支援センター〔雇用安定等事業〕）を行っている。

　当期に公益事業から社会福祉事業へ現金100,000円を移動した。

(1)　**公益事業側**

（借）事業区分間繰入金費用	100,000	（貸）現　金　預　金	100,000

(2)　**社会福祉事業側**

（借）現　金　預　金	100,000	（貸）事業区分間繰入金収益	100,000

資金仕訳

(1) （借）事業区分間繰入金支出 100,000 （貸）支 払 資 金 100,000

(2) （借）支 払 資 金 100,000 （貸）事業区分間繰入金収入 100,000

　事業区分間繰入金費用・収益は、「事業活動内訳表」において消去します。また、事業区分間繰入金支出・収入は「資金収支内訳表」で消去します。なお、消去の仕訳は計算書類上で行うため、会計帳簿には反映されません（仕訳入力は必要ありません）。

「事業活動内訳表」における消去（仮に仕訳で表すとした場合のイメージ）

　（借）事業区分間繰入金収益 100,000 （貸）事業区分間繰入金費用 100,000

事 業 活 動 内 訳 表　（単位：円）

	勘 定 科 目	社会福祉事業	公益事業	合 計	内部取引消去	法人合計
特別増減の部	事業区分間繰入金収益	100,000		100,000	△100,000	0
	⋮	⋮	⋮	⋮	⋮	⋮
	事業区分間繰入金費用		100,000	100,000	△100,000	0

「資金収支内訳表」における消去（イメージ）

　（借）事業区分間繰入金収入 100,000 （貸）事業区分間繰入金支出 100,000

資 金 収 支 内 訳 表　（単位：円）

	勘 定 科 目	社会福祉事業	公益事業	合 計	内部取引消去	法人合計
その他の活動による収支	事業区分間繰入金収入	100,000		100,000	△100,000	0
	⋮	⋮	⋮	⋮	⋮	⋮
	事業区分間繰入金支出		100,000	100,000	△100,000	0

(2) **拠点区分間の資金移動取引**

拠点区分間の資金の移動も、事業区分間の資金の移動と同じように処理します。

---

point 資金の移動（拠点区分間取引）

	事業活動計算書	資金収支計算書
支出側	拠点区分間繰入金費用	拠点区分間繰入金支出
受入側	拠点区分間繰入金収益	拠点区分間繰入金収入
計算書類	「事業区分 事業活動内訳表」	「事業区分 資金収支内訳表」
表示場所	「特別増減の部」	「その他の活動による収支」

取引 資金の移動（拠点区分間取引）

社会福祉法人Nは社会福祉事業の中で特別養護老人ホームと軽費老人ホームを行っている。当期に特別養護老人ホームから軽費老人ホームへ現金 100,000 円を移動した。

(1) **特別養護老人ホーム側**

（借）拠点区分間繰入金費用	100,000	（貸）現 金 預 金	100,000

(2) **軽費老人ホーム側**

（借）現 金 預 金	100,000	（貸）拠点区分間繰入金収益	100,000

資金仕訳

(1)

（借）拠点区分間繰入金支出	100,000	（貸）支 払 資 金	100,000

(2)

（借）支 払 資 金	100,000	（貸）拠点区分間繰入金収入	100,000

「事業区分　事業活動内訳表」における消去（イメージ）

（借）拠点区分間繰入金収益　100,000　　（貸）拠点区分間繰入金費用　100,000

社会福祉事業区分　事業活動内訳表　　　　　　　　（単位：円）

	勘 定 科 目	特別養護老人ホーム拠点	軽費老人ホーム拠点	合 計	内部取引消去	事業区分合計
特別増減の部	拠点区分間繰入金収益		100,000	100,000	△100,000	0
	⋮	⋮	⋮	⋮	⋮	⋮
	拠点区分間繰入金費用	100,000		100,000	△100,000	0

「事業区分　資金収支内訳表」における消去（イメージ）

（借）拠点区分間繰入金収入　100,000　　（貸）拠点区分間繰入金支出　100,000

社会福祉事業区分　資金収支内訳表　　　　　　　　（単位：円）

	勘 定 科 目	特別養護老人ホーム拠点	軽費老人ホーム拠点	合 計	内部取引消去	事業区分合計
その他の活動による収支に	拠点区分間繰入金収入		100,000	100,000	△100,000	0
	⋮	⋮	⋮	⋮	⋮	⋮
	拠点区分間繰入金支出	100,000		100,000	△100,000	0

(3) サービス区分間の資金移動取引

　サービス区分間の資金の移動も、事業区分間の資金の移動と同じように処理します。

point 資金の移動（サービス区分間取引）

	事業活動計算書	資金収支計算書
支出側	サービス区分間繰入金費用	サービス区分間繰入金支出
受入側	サービス区分間繰入金収益	サービス区分間繰入金収入
附属明細書	「拠点区分 事業活動明細書」	「拠点区分 資金収支明細書」
表示場所	「特別増減の部」	「その他の活動による収支」

なお、「拠点区分 事業活動明細書」では「経常増減差額」までしか記載せず、「特別増減の部」の記載がありません。

ただし、サービス区分間繰入金収益・費用は、附属明細書として作成するサービス区分間繰入金明細書で開示されます。

取引 **資金の移動**（サービス区分間取引）

以下の取引の仕訳を行う。社会福祉法人Nは特別養護老人ホームの中で、特養サービスと短期入所生活介護サービスを行っている。

当期に特養サービスから短期入所生活介護サービスへ現金100,000円を移動した。

(1) **特養サービス側**

(借) サービス区分間繰入金費用	100,000	(貸) 現 金 預 金	100,000

(2) **短期入所生活介護サービス側**

(借) 現 金 預 金	100,000	(貸) サービス区分間繰入金収益	100,000

資金仕訳

(1)

(借) サービス区分間繰入金支出	100,000	(貸) 支 払 資 金	100,000

(2)

(借) 支 払 資 金	100,000	(貸) サービス区分間繰入金収入	100,000

「拠点区分 資金収支明細書」における消去（イメージ）

(借) サービス区分間繰入金収入	100,000	(貸) サービス区分間繰入金支出	100,000

特別養護老人ホーム区分　資金収支明細書　（単位：円）

勘 定 科 目		特養サービス	短期入所サービス	合 計	内部取引消去	拠点区分合計
その他の活動による収支に	サービス区分間繰入金収入		100,000	100,000	△100,000	0
	⋮	⋮	⋮	⋮	⋮	⋮
	サービス区分間繰入金支出	100,000		100,000	△100,000	0

資金の貸借

(1) 事業区分間の資金貸借取引（貸付け時）

　事業区分間で資金の貸借を行い、期末に未決済の場合には、貸借対照表と資金収支計算書で消去します。

社会福祉法人 N

point 資金の貸付け・借入れ（事業区分間取引）長期の場合

	貸借対照表	資金収支計算書
貸付側	事業区分間長期貸付金	事業区分間長期貸付金支出
借入側	事業区分間長期借入金	事業区分間長期借入金収入
計算書類	「貸借対照表内訳表」	「資金収支内訳表」
表示場所	「固定資産」「固定負債」	「その他の活動による収支」

取引　資金の貸借（事業区分間取引）1

社会福祉法人Nは社会福祉事業とともに公益事業を行っている。

当期末に公益事業から社会福祉事業へ現金100,000円を貸し付けた。返済日は2年後である。

(1) 貸付け側（公益事業）

（借）	事業区分間長期貸付金	100,000	（貸）	現　金　預　金	100,000

(2) 借入れ側（社会福祉事業）

（借）	現　金　預　金	100,000	（貸）	事業区分間長期借入金	100,000

資金仕訳

(1)

（借）	事業区分間長期貸付金支出	100,000	（貸）	支　払　資　金	100,000

(2)

（借）	支　払　資　金	100,000	（貸）	事業区分間長期借入金収入	100,000

「貸借対照表内訳表」における消去（イメージ）

（借）	事業区分間長期借入金	100,000	（貸）	事業区分間長期貸付金	100,000

貸 借 対 照 表 内 訳 表　　　　　（単位：円）

勘 定 科 目	社会福祉事業	公益事業	合　計	内部取引消去	法人合計
固定資産					
事業区分間長期貸付金		100,000	100,000	△ 100,000	0
⋮	⋮	⋮	⋮	⋮	⋮
固定負債					
事業区分間長期借入金	100,000		100,000	△ 100,000	0

「資金収支内訳表」における消去（イメージ）

> （借）　事業区分間長期借入金収入　100,000　　　（貸）　事業区分間長期貸付金支出　100,000

資 金 収 支 内 訳 表　　　　（単位：円）

	勘 定 科 目	社会福祉事業	公益事業	合　計	内部取引消去	法人合計
その他の活動による収支に	事業区分間長期借入金収入	100,000		100,000	△100,000	0
	⋮	⋮	⋮	⋮	⋮	⋮
	⋮	⋮	⋮	⋮	⋮	⋮
	事業区分間長期貸付金支出		100,000	100,000	△100,000	0

(2) **事業区分間の資金貸借取引**（回収時）

　事業区分間で資金の貸借を行い、当期に決済した場合には、資金収支計算書で消去します。

7

法人の内部取引の処理

---

point　資金の貸付け・借入れの決済（事業区分間取引）長期の場合

	資金収支計算書
貸付側	事業区分間 長期貸付金回収収入
借入側	事業区分間 長期借入金返済支出
計算書類	「資金収支内訳表」
表示場所	「その他の活動による収支」

取引 資金の貸借（事業区分間取引）2

社会福祉法人Nは社会福祉事業（特別養護老人ホーム）とともに公益事業（障害者福祉サービス）を行っている。

2年前に公益事業から社会福祉事業へ貸し付けた100,000円を、当期に現金で回収した。

(1) **貸付け側（公益事業）**

（借）現 金 預 金 100,000	（貸）事業区分間長期貸付金 100,000	

(2) **借入れ側（社会福祉事業）**

（借）事業区分間長期借入金 100,000	（貸）現 金 預 金 100,000	

資金仕訳

(1)

（借）支 払 資 金 100,000	（貸）事業区分間長期貸付金回収収入 100,000	

(2)

（借）事業区分間長期借入金返済支出 100,000	（貸）支 払 資 金 100,000	

「資金収支内訳表」における消去（イメージ）

（借）事業区分間長期貸付金回収収入 100,000	（貸）事業区分間長期借入金返済支出 100,000	

資金収支内訳表 （単位：円）

	勘定科目	社会福祉事業	公益事業	合計	内部取引消去	法人合計
そ の 他 の 活 動 に よ る 収 支	事業区分間長期 貸付金回収収入		100,000	100,000	△100,000	0
	⋮	⋮	⋮	⋮	⋮	⋮
	⋮	⋮	⋮	⋮	⋮	⋮
	事業区分間長期 借入金返済支出	100,000		100,000	△100,000	0

⑶ 拠点区分間、サービス区分の資金貸借取引

　拠点区分間、サービス区分の資金貸借取引では、勘定科目が「拠点区分間○○」「サービス区分間○○」となります。それ以外は、事業区分間取引と同じです。そのため、処理は割愛します。

役務の提供

　事業区分間、拠点区分間、サービス区分間で、財の引渡しまたは役務の提供を行い、外部取引と同様に処理した場合にも消去する必要があります。

運用上の留意事項（課長通知）23

　例えば、就労支援事業のある拠点区分において製造した食品を、保育所に提供し消費した場合には、就労支援事業で計上した**就労支援事業収益**と、保育所で計上した**給食費**を消去します。

社会福祉法人 N

食品を製造したのですが、使いますか。

給食で使うので、買います。

就労支援事業

保育所事業

7

法人の内部取引の処理

社会福祉法人Nは社会福祉事業の中で、就労支援事業と保育所事業を拠点区分として行っている。

就労支援事業において製造した食品を保育所事業に提供し、対価として300,000円を現金で受け取った。保育所事業では提供された食品をすべて消費した（給食費で処理する）。

(1) **提供側（就労支援事業）**

> （借）現 金 預 金 300,000 （貸）就労支援事業収益 300,000

(2) **受入側（保育所事業）**

> （借）給 食 費 300,000 （貸）現 金 預 金 300,000

資金仕訳

(1) （借）支 払 資 金 300,000 （貸）就労支援事業収入 300,000

(2) （借）給 食 費 支 出 300,000 （貸）支 払 資 金 300,000

「事業区分 事業活動内訳表」における消去（イメージ）

> （借）就労支援事業収益 300,000 （貸）事業費（給食費） 300,000

社会福祉事業区分　事業活動内訳表　　　　　（単位：円）

	勘定科目	保育所拠点	就労支援拠点	合計	内部取引消去	事業区分合計
サービス活動増減の部	保育事業収益	5,000,000		5,000,000	―	5,000,000
	就労支援事業収益		4,000,000	4,000,000	△300,000	3,700,000
	⋮	⋮	⋮	⋮	⋮	⋮
	事業費（給食費）	2,500,000	1,000,000	3,500,000	△300,000	3,200,000
	⋮	⋮	⋮	⋮	⋮	⋮

「事業区分　資金収支内訳表」における消去（イメージ）

（借）　就労支援事業収入　　300,000　　　（貸）　事業費(給食費)支出　　300,000

社会福祉事業区分　資金収支内訳表　　　　　（単位：円）

	勘定科目	保育所拠点	就労支援拠点	合計	内部取引消去	事業区分合計
事業活動による収支	保育事業収入	4,800,000		4,800,000	―	4,800,000
	就労支援事業収入		3,900,000	3,900,000	△300,000	3,600,000
	⋮	⋮	⋮	⋮	⋮	⋮
	事業費(給食費)支出	2,100,000	900,000	3,000,000	△300,000	2,700,000
	⋮	⋮	⋮	⋮	⋮	⋮

4 法人内の固定資産の移管

固定資産の移管

　社会福祉事業、公益事業、収益事業といった事業区分間、拠点区分間、同一拠点におけるサービス区分間で固定資産を移管することがあります。

　移管とは、管理、管轄を他に移すことをいいます。

　固定資産の移管は、法人内における内部取引に該当し、計算書類を作成するにあたって消去します。

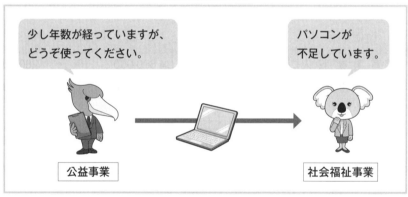

社会福祉法人 N

⑴　事業区分間の固定資産の移管取引

　事業区分間で固定資産を移管した場合には、固定資産の帳簿価額を事業区分間固定資産移管費用（移管収益）で処理します。そして、移管費用・移管収益を事業活動内訳表で消去します。

point 固定資産の移管（事業区分間取引）

	事業活動計算書
移管元	事業区分間固定資産移管費用
移管先	事業区分間固定資産移管収益
計算書類	「事業活動内訳表」
表示場所	「特別増減の部」

　なお、固定資産については、移管元で減らし移管先で同額増加しているため、貸借対照表の消去は必要ありません。

　また、固定資産の移管は、通常、資金の増加、減少に影響しないため、資金収支計算書の消去も必要ありません。

取引 固定資産の移管

社会福祉法人Nは社会福祉事業とともに公益事業を行っている。

当期に公益事業で使用していたパソコンを、社会福祉事業へ移管した。なお、移管したパソコンの帳簿価額は 200,000 円であり、直接法で記帳している。

(1)　**移管元（公益事業）**

(借)	事業区分間固定資産移管費用	200,000	(貸)	器具及び備品	200,000

(2)　**移管先（社会福祉事業）**

(借)	器具及び備品	200,000	(貸)	事業区分間固定資産移管収益	200,000

資金仕訳

　資金仕訳はありません。

「事業活動内訳表」における消去（イメージ）

（借）事業区分間固定資産移管収益 200,000	（貸）事業区分間固定資産移管費用 200,000

事業活動内訳表　　　　　　　　（単位：円）

	勘定科目	社会福祉事業	公益事業	合　計	内部取引消去	法人合計
特別増減の部	事業区分間固定資産移管収益	200,000		200,000	△200,000	0
	⋮	⋮	⋮	⋮	⋮	⋮
	事業区分間固定資産移管費用		200,000	200,000	△200,000	0

(2)　拠点区分間の固定資産の移管取引

拠点区分間で固定資産を移管した場合には、拠点区分間固定資産移管費用、拠点区分間固定資産移管収益として処理した上で、事業活動計算書で消去する必要があります。

(3)　移管する固定資産について国庫補助金等特別積立金がある場合

移管する固定資産について国庫補助金等特別積立金がある場合には、固定資産の移管に伴い、原則として、国庫補助金等特別積立金も移管する必要があります。

拠点区分間の移管のとき、固定資産の帳簿価額と国庫補助金等特別積立金残高との差額を、拠点区分間固定資産移管費用、拠点区分間固定資産移管収益とします。

取引 固定資産の移管（国庫補助金等特別積立金）

社会福祉法人Nは社会福祉事業の中で、特別養護老人ホームと軽費老人ホームを行っている。

当期末に特別養護老人ホームで使用していた複合コピー機（帳簿価額500,000円）を、所轄庁の許可を得た上で軽費老人ホームへ移管した。

コピー機について国庫補助金等特別積立金（残高200,000円）を計上している。また、移管したコピー機は直接法で記帳し、当期の減価償却は済んでいる。

(1) 移管元（特別養護老人ホーム）

（借）	拠点区分間固定資産移管費用	300,000		（貸）	器具及び備品	500,000	
	国庫補助金等特別積立金	200,000					

(2) 移管先（軽費老人ホーム）

（借）	器具及び備品	500,000		（貸）	拠点区分間固定資産移管収益	300,000	
					国庫補助金等特別積立金	200,000	

資金仕訳

　資金仕訳はありません。

「事業区分　事業活動内訳表」における消去（イメージ）

（借）	拠点区分間固定資産移管収益	300,000		（貸）	拠点区分間固定資産移管費用	300,000

　国庫補助金等特別積立金については、移管元で減らし移管先で同額増加しているため、貸借対照表の消去は必要ありません。

社会福祉事業区分　事業活動内訳表　　　（単位：円）

	勘 定 科 目	特別養護老人ホーム拠点	軽費老人ホーム拠点	合 計	内部取引消去	事業区分合計
特別増減の部	拠点区分間固定資産移管収益		300,000	300,000	△300,000	0
	⋮	⋮	⋮	⋮	⋮	⋮
	拠点区分間固定資産移管費用	300,000		300,000	△300,000	0

参考 固定資産の移管の承認

　補助金をもらった固定資産を移管する場合、当初の補助目的と異なる事業に供することになるため、補助金の交付団体の承認が必要な場合があります。

法人内の異動による引当金の処理

異動による引当金の処理

　社会福祉事業、公益事業、収益事業といった事業区分間、拠点区分間、同一拠点におけるサービス区分間で、人手不足などの理由により、職員が異動することがあります。

　異動した職員について退職給付引当金を計上している場合には、移管の処理が必要になります。

異動による退職給付引当金の処理

　異動した職員について退職給付引当金を計上している場合には、退職給付引当金及び退職給付引当資産を移管させる処理をします。

取引　異動による退職給付引当金

　社会福祉法人Nは社会福祉事業の中で、特別養護老人ホームと軽費老人ホームを行っている。

　A氏の特別養護老人ホームから軽費老人ホームへの異動に伴い、A氏について計上していた退職給付引当金500,000円、退職給付引当資産500,000円を移管した。

(1)　**異動元（特別養護老人ホーム）**

（借）　退職給付引当金　500,000	（貸）　退職給付引当資産　500,000

(2)　**異動先（軽費老人ホーム）**

（借）　退職給付引当資産　500,000	（貸）　退職給付引当金　500,000

資金仕訳

　資金仕訳はありません。

　なお、退職給付引当金と退職給付引当資産を同額移管させる場合には、事業区分 事業活動内訳表における内部取引の消去はありません。

異動による賞与引当金の処理

　異動した職員について賞与引当金を計上している場合には、賞与引当金を移管させる処理を行うことがあります。職員が移動した場合の賞与引当金の処理は、「○○区分間繰入金費用（非資金)」等が考えられます。

7
法人の内部取引の処理

共通費用(支出)、共通収益(収入)

共通費用 (支出)、共通収益 (収入)

複数の事業区分、拠点区分、またはサービス区分に共通する「収入及び支出」と「収益及び費用」は、合理的な基準にもとづいて配分します。

　　　　　　　　　 会計基準省令 第14条 第2項、第20条 第2項

配分基準

複数の区分に共通する支出及び費用の配分基準は、項目ごとにその発生と最も密接に関連する量的基準を選択して配分します。

量的基準の具体例としては、人数、時間、面積等による基準、またはこれら2つ以上の要素を合わせた複合基準があります。　運用上の取扱い (局長通知) 7

なお、共通する収入及び収益がある場合についても、同様に配分します。

配分基準の継続性

法人がいったん選択した配分基準は、状況が変化してその配分基準を適用することが不合理になった場合を除き、継続して適用しなければなりません。

これは、配分基準の変更を安易に認めてしまうと、区分間で業績を恣意的に操作することが可能になってしまうからです。

配分基準の例

共通支出及び費用の具体的な配分方法は、「課長通知　別添1」に記載があります。ここでは、そのうちの一例をみていきます。

（別添1）の一部

種　　　類	想定される勘定科目	配　分　方　法
人件費（支出）	・職員給料（支出）	勤務時間割合により区分 （困難な場合は次の方法等により配分） ・職種別人員配置割合 ・延利用者数割合
事業費（支出）	・介護用品費（支出） ・医薬品費（支出）	各事業の消費金額により区分 （困難な場合は次の方法等により配分） ・延利用者数割合
	・給食費（支出）	実際食数割合により区分 （困難な場合は次の方法等により配分） ・延利用者数割合
事務費（支出）	・福利厚生費（支出） ・職員被服費（支出）	給与費割合により区分 （困難な場合は延利用者数割合により配分）
	・事務消耗品費（支出） ・広報費（支出）	各事業の消費金額により区分 （困難な場合は延利用者数割合により配分）
	・水道光熱費（支出）	メーター等による測定割合により区分 （困難な場合は建物床面積割合により配分）
	・賃借料（支出） ・土地建物賃借料（支出）	賃貸物件特にリース物件については、その物件の使用割合により区分 （困難な場合は建物床面積割合により按分配分）
	・保険料（支出）	・建物床面積割合により配分 ・自動車関係は送迎利用者数割合又は使用高割合で、損害保険料等は延利用者数割合により配分
減価償却費	・建物、構築物等に係る減価償却費	建物床面積割合により区分 （困難な場合は、延利用者数割合により配分）
	車輌運搬具、機械及び装置等に係る減価償却費	・使用高割合により区分 （困難な場合は、延利用者数割合により配分）
	その他の有形固定資産、無形固定資産に係る減価償却費	・延利用者数割合により配分

確認テスト

答え：P.341

❶ 社会福祉法人Nは、本部拠点区分、特別養護老人ホーム（特養）拠点区分からなる法人である。次の資料に基づき、×3年度の社会福祉事業区分　事業活動内訳表を作成しなさい。

決算整理前の残高　　　　　　　（単位：千円）

科　　　目	本　部	特　養	科　　　目	本　部	特　養
人　　件　　費	600	20,000	拠点区分間借入金	900	
事　　業　　費		10,000	介護保険事業収益		50,000
事　　務　　費	300	8,000	施設整備等補助金収益		3,000
拠点区分間繰入金費用		1,100			

⑴　法人では、特養から本部へ資金を繰り入れて、本部において理事会経費を支払う処理を採用している。

⑵　×4年3月に開催した理事会の経費200千円（役員報酬160千円、会議費40千円）について、特養において拠点区分間繰入金費用として処理していたが、本部では未処理であった。

⑶　本部で計上した拠点区分間借入金900千円は、拠点区分間繰入金収益であることが判明した。特養では適切に処理していた。

答案用紙

社会福祉事業区分　事業活動内訳表　（単位：千円）

	勘 定 科 目	本　　部	特　　養	内部取引消去	事業区分合計
サービス活動増減の部	介護保険事業収益		50,000		50,000
	⋮	⋮	⋮	⋮	⋮
	人　　件　　費		20,000		
	事　　業　　費		10,000		
	事　　務　　費		8,000		
特別増減の部	施設整備等補助金収益		3,000		3,000
	拠点区分間繰入金収益				
	⋮	⋮	⋮	⋮	⋮
	拠点区分間繰入金費用		1,100		

❷社会福祉法人Nは、本部拠点区分、特別養護老人ホーム（特養）拠点区分からなる法人である。次の資料に基づき、×3年度の社会福祉事業区分　貸借対照表内訳表及び事業活動内訳表を作成しなさい。

決算整理前の残高　　　　　（単位：千円）

科　　目	本　部	特　養	科　　目	本　部	特　養
車　輌　運　搬　具		12,000	国庫補助金等特別積立金		8,400
国庫補助金等特別積立金積立額		8,400			

⑴　車輌運搬具は特養で取得したものであり、取得にあたり補助金8,400千円を受取っている。減価償却は直接法による。残存価額はゼロである。

（単位：千円）

種　　類	取得価額	取得年月日	償却方法	耐用年数
車輌運搬具	12,000	×3年4月	定額法	10年（0.100）

⑵　×4年2月1日に所轄庁の許可を得た上で、車両運搬具を本部へ移管したが、特養における減価償却（1,000円）及び本部における減価償却（200円）、移管及び積立金の取崩しの処理が未処理である。

答案用紙

社会福祉事業区分　貸借対照表内訳表　（単位：千円）

勘 定 科 目	本　部	特　養	内部取引消去	事業区分合計
車 両 運 搬 具				
⋮	⋮	⋮	⋮	⋮
国庫補助金等特別積立金				

社会福祉事業区分　事業活動内訳表　（単位：千円）

	勘 定 科 目	本　部	特　養	内部取引消去	事業区分合計
サービス活動増減の部	⋮	⋮	⋮	⋮	⋮
	減 価 償 却 費				
	国庫補助金等特別積立金取崩額				
	⋮	⋮	⋮	⋮	⋮
特別増減の部	拠点区分間固定資産移管収益				
	⋮	⋮	⋮	⋮	⋮
	国庫補助金等特別積立金積立額				
	拠点区分間固定資産移管費用				

❸ 社会福祉法人Nは、本部拠点区分、特別養護老人ホーム（特養）拠点区分からなる法人である。次の資料に基づき、×3年度の社会福祉事業区分　貸借対照表内訳表及び事業活動内訳表を作成しなさい。

決算整理前の残高　　　　　（単位：千円）

科　　目	本　部	特　養	科　　目	本　部	特　養
現　金　預　金	30,000	50,000	職　員　預　り　金	700	2,000
人　　件　　費	7,000	20,000			

⑴　特養で計上すべき職員給料 1,000 千円を誤って本部で支出して職員給料（人件費）に計上していた。

　　また、源泉所得税 100 千円も本部で預っていたため、両区分において修正する。

⑵　本部が職員に支払った給料 900 千円は、翌期に特養から返済される予定である。

答案用紙

社会福祉事業区分　貸借対照表内訳表　　（単位：千円）

勘定科目	本　部	特　養	内部取引消去	事業区分合計
現　金　預　金				
拠点区分間貸付金				
⋮	⋮	⋮	⋮	⋮
職　員　預　り　金				
拠点区分間借入金				

社会福祉事業区分　事業活動内訳表　　（単位：千円）

	勘定科目	本　部	特　養	内部取引消去	事業区分合計
サービス活動増減の部	⋮	⋮	⋮	⋮	⋮
	人　　件　　費				
	⋮	⋮	⋮	⋮	⋮
	⋮	⋮	⋮	⋮	⋮

第 8 章

就労支援事業会計

❶ 事業活動明細書（附属明細書）
❷ 就労支援事業に関する積立金
❸ 就労支援事業における消費税

就労支援事業では、様々な事業活動を行っています。

そのため、個々の就労支援事業において、事業活動計算書の代わりとして事業活動明細書の作成が求められています。

まずは、この事業活動明細書をしっかりと理解しましょう。

次に、就労支援事業における積立金が2種類あるので、こちらもしっかりとおさえておきましょう！

1 事業活動明細書（附属明細書）

就労支援事業における事業活動明細書とは

　就労支援事業では、パンの製造販売や喫茶店の営業など、様々な事業を行っているため、製造費用や販売費などを明細書に記載し、それぞれの就労支援事業の事業活動明細書が必要となります。 運用上の取扱い（局長通知） 26⑵ア

　基本形は次のようになります。

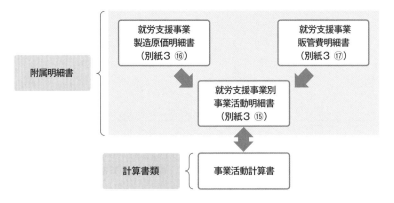

　多機能型事業所の場合は、多機能型事業所等用の就労支援事業製造原価明細書（別紙3 ⑯-2）、就労支援事業販管費明細書（別紙3 ⑰-2）、就労支援事業別事業活動明細書（別紙3 ⑮-2）を作成します。

　また、年間売上 5,000 万円以下などで、簡便法を使う場合は次のようになります。

運用上の取扱い（局長通知） 26⑵エ(エ)

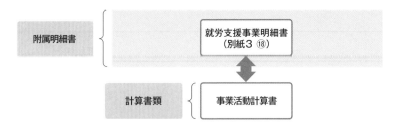

多機能型事業所の場合は、多機能型事業所等用の就労支援事業明細書
（別紙3 ⑱-2）を作成します。

就労支援事業製造原価明細書と就労支援事業販管費明細書

　具体的に就労支援事業製造原価明細書と就労支援事業販管費明細書をみてみましょう。

別紙3 （⑯）

就労支援事業製造原価明細書（要約）

勘　定　科　目	金　額
Ⅰ　材料費	
当期材料費	
Ⅱ　労務費	
：	
当期労務費	
Ⅲ　外注加工費	
：	
当期外注加工費	
Ⅳ　経費	
：	
当期経費	
当期就労支援事業製造総費用	
期首仕掛品棚卸高	
合　　計	
期末仕掛品棚卸高	
当期就労支援事業製造原価	

別紙3 （⑰）

就労支援事業販管費明細書（要約）

勘　定　科　目	金　額
1．利用者賃金	
：	
26．雑費	
就労支援事業販管費合計	

例えば、就労支援事業でパンの製造販売を行っているとします。パンの製造にかかる小麦粉などの材料や人件費、その作業場の家賃などは製造原価明細書に記載します。一方、パンを別の店舗で販売している場合に発生する家賃や、販売するための人を雇っている場合は、販管費明細書に記載します。

就労支援事業別事業活動明細書

就労支援事業別事業活動明細書では、その事業における収益を追加し、費用は、製造原価明細書と販管費明細書からそれぞれの合計額を記載し、事業自体の事業活動増減差額を計算します。

別紙3 （⑮）

就労支援事業別事業活動明細書

（自）令和　年　月　日　（至）令和　年　月　日

社会福祉法人名

拠点区分

（単位：円）

	勘 定 科 目	合 計	○○作業	△△作業
収益	就労支援事業収益			
	就労支援事業活動収益計			
費用	就労支援事業販売原価			
	期首製品（商品）棚卸高			
	当期就労支援事業製造原価			
	当期就労支援事業仕入高			
	合　　計			
	期末製品（商品）棚卸高			
	差　　引			
	就労支援事業販管費			
	就労支援事業活動費用計			
	就労支援事業活動増減差額			

2 就労支援事業に関する積立金

就労支援事業に関する積立金

就労支援事業では、次の２つの積立金を積み立てることができます。

①工賃変動積立金

②設備等整備積立金

運用上の留意事項について（課長通知）

19　積立金と積立資産について

⑶　就労支援事業に関する積立金

　　就労支援事業については、指定基準において「就労支援事業収入から就労支援事業に必要な経費を控除した額に相当する金額を工賃として支払わなければならない」としていることから、原則として剰余金は発生しないものである。しかしながら、将来にわたり安定的に工賃を支給し、又は安定的かつ円滑に就労支援事業を継続するため、また、次のような特定の目的の支出に備えるため、理事会の議決に基づき就労支援事業別事業活動明細書の就労支援事業活動増減差額から一定の金額を次の積立金として計上することができるものとする。

　　また、積立金を計上する場合には、同額の積立資産を計上することによりその存在を明らかにしなければならない。

　　なお、次の積立金は、当該年度の利用者賃金及び利用者工賃の支払額が、前年度の利用者賃金及び利用者工賃の支払実績額を下回らない場合に限り、計上できるものとする。

---

①工賃変動積立金

毎会計年度、一定の工賃水準を利用者に保障するため、**工賃変動積立金**（**純資産**）を積み立てることができます。

> 保障すべき一定の工賃水準：過去３年間の最低工賃（天災等により工賃が大幅に減少した年度を除く。）
> 各事業年度における積立額：過去３年間の平均工賃の10％以内
> 積立額の上限額：過去３年間の平均工賃の50％以内
>
> 運用上の留意事項（課長通知） 19 (3)ア

なお、保障すべき一定の工賃水準を下回った年度については、理事会の議決に基づき工賃変動積立金及び工賃変動積立資産を取り崩して工賃を補填し、補填された工賃を利用者に支給するものとされています。

 工賃変動積立金は、社会福祉充実残額の計算（第10章で学習）において、控除対象財産となる唯一の積立金です。

②設備等整備積立金

就労支援事業に要する設備等の更新、または新たな業種への展開を行うための設備等の導入に備えた資金需要に対応するため、「**設備等整備積立金**」（**純資産**）を積み立てることができます。

・各事業年度における積立額：就労支援事業収入の10％以内
・積立額の上限額：就労支援事業資産の取得価額の75％以内

> 運用上の留意事項（課長通知） 19 (3)イ

なお、設備等整備積立金により就労支援事業に要する設備等の更新、または新たな業種への展開を行うための設備等を導入した場合には、対応する積立金及び積立資産を取り崩すものとされています。

3 就労支援事業における消費税

社会福祉法人と消費税

① 課税対象となる事業（消費税法第6条、別表第一 7)

社会福祉事業として行われる取引について、その多くは消費税は非課税とされています。しかし、障害者支援施設等の事業における生産活動（例えば、パンの製造販売や喫茶店など）としての作業収入については課税の対象となります。

② 課税対象となる金額

課税対象となる事業を行っている場合に、原則として、基準期間（基本的に2事業年度前）の課税売上高が 1,000 万円を超える場合には消費税の納税義務があります。

ここからは、就労支援事業における消費税についてみていきます。

消費税の税率の内訳

消費税とは、財貨やサービスの消費を課税対象とした税金一般のことを指します。消費税の税率は 10％（軽減税率が適用される場合 8％）ですが、その 10％相当の税額のすべてが国に納付されるわけではありません。

10％のうち 7.8％が国税であり、2.2％が地方税になります。2.2％の地方税部分は、国税の確定税額に $\frac{22}{78}$ を乗じて計算されます。

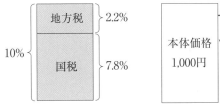

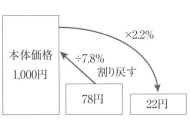

8
就労支援事業会計

こうすることで国税の消費税が決まり、地方税の消費税も決まるシステムになっています。

なお消費税の税率は次のとおりです。

	国　税	地方税	合　計
標準税率	7.8％	2.2％	10％
軽減税率	6.24％	1.76％	8％

直接税と間接税

税の負担者と納税者が同一である税金を「直接税」、負担者と納税者が異なる税金を「間接税」といいます。

消費税の負担者は「消費者」ですが、納税義務者は、商品の販売等をしたときに消費者から税金を預かった「事業者」であるため、消費税は「間接税」となります。

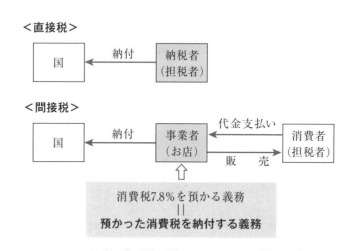

消費税の仕組み

商品が私たちの手許に届くまでには、様々な流通過程を経ています。

例えば、本は「出版社→書店→消費者」という流通過程です。消費税は、出版社や書店にも購入時に課されるため、取引を行うたびに税金が蓄積されることを避ける必要があります。そのため、前段階の税を控除していく前段階控除方式の仕組みが採用されています。

この仕組みによって消費税は最終的に消費者が負担することになります。

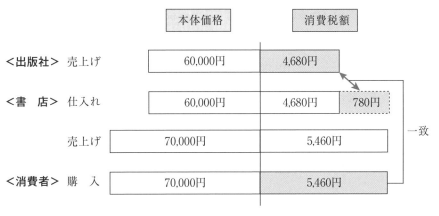

	出版社	書　店	消費者
預かった税金（売上げ分の消費税）	4,680 円	5,460 円	―
支払った税金（仕入れ分の消費税）	―	4,680 円	5,460 円
納付税額	4,680 円	＋　780 円	＝ 5,460 円

出版社と書店の納付税額の合計額 5,460 円（出版社 4,680 円＋書店 780 円）が消費者の支払税額と一致しており、消費者のみが最終的に税金を負担していることがわかります。

8
就労支援事業会計

納付税額の計算

先ほどの書店を例に考えると、書店は、売り上げた分の消費税 5,460 円を預かって、仕入れた分の消費税 4,680 円を支払っています。

> **預かった消費税 － 支払った消費税 ＝ 納付税額**

$$5,460 \text{ 円} - 4,680 \text{ 円} = 780 \text{ 円}$$

納付税額の計算は、以下のような手順で計算します。

(1) **預かった消費税（＝課税標準額に対する消費税額）**

① 課税標準額

$$77,000 \text{ 円} \times \frac{100}{110} = 70,000 \text{ 円}（千円未満切捨）$$

② 課税標準額に対する消費税額

$$70,000 \text{ 円} \times 7.8\% = 5,460 \text{ 円}$$

(2) **支払った消費税（＝控除対象仕入税額）**

$$66,000 \text{ 円} \times \frac{7.8}{110} = 4,680 \text{ 円}$$

(3) **納付税額（国税）**

$$5,460 \text{ 円} - 4,680 \text{ 円} = 780 \text{ 円} \rightarrow 700 \text{ 円}（百円未満切捨）$$

(4) **納付税額（地方税）**

$$700 \text{ 円} \times \frac{2.2}{7.8} = 197 \text{ 円} \rightarrow 100 \text{ 円}（百円未満切捨）$$

簡易課税制度とは

(1)　簡易課税制度

　消費税法では、煩雑な事務手続を避けるため、一定規模以下の中小事業者に対しては、課税標準額に対する消費税額のみから割合計算により仕入れに係る消費税額を計算できる簡易課税制度を認めています。

(2)　簡易課税制度の考え方

　簡易課税制度では、仕入れに係る消費税額を、「課税標準額に対する消費税額」のみから計算します。具体的には、課税標準額に対する消費税額に業種ごとに定められている「みなし仕入率」という率を乗じて計算します。

(3)　適用要件

　課税事業者が、原則として以下の要件を2つとも満たした場合に簡易課税制度を適用することができます。

> ①　前課税期間末までに「簡易課税制度選択届出書」を提出している。
> ②　基準期間における課税売上高が 5,000 万円以下である。

　なお、簡易課税制度の適用が認められた場合には、原則的な仕入税額控除の計算を行うことはできなくなります。

　また、実際の課税仕入れをもとに計算を行うわけではないので、帳簿及び請求書等の保存は要件とされません。

1つの事業を行っている場合のみなし仕入率

消費税法では、6つの業種に区分し、それぞれにみなし仕入率を定めています。業種の区分とそれに対応するみなし仕入率は次のとおりです。

区分	内容	みなし仕入率
第一種事業	卸売業	90%
第二種事業	小売業	80%
第三種事業	農業、林業、漁業、建設業、製造業	70%
第四種事業	第一種から第三種、第五種、第六種以外の事業 例)飲食店業、事業用固定資産の売却	60%
第五種事業	運輸通信業、金融保険業、サービス業(飲食店業以外)	50%
第六種事業	不動産業(第一種から第三種、第五種以外)	40%

なお、事業区分の分類は、原則としてその事業者が行うすべての売上げに対して共通して適用される訳ではなく、事業者が行う課税売上げごとに行います。

例題 みなし仕入率

社会福祉法人NSは就労支援事業として、紙器の製造販売を行っている。年間の売上高が、5,000万円に満たないことから消費税の申告については、簡易課税を選択している。以下の資料から消費税及び地方消費税の納付税額を計算しなさい。

売上高（税込）：11,711,700円

税率：国税7.8%　地方税2.2%

みなし仕入率：第三種事業（製造業）70%

＜解 答＞

消費税　**249,100**円　　地方消費税　**70,200**円

○課税標準額の計算

$$11,711,700 \times \frac{100}{110} = 10,647,000$$

○課税標準額に対する消費税額

$$10,647,000 \times 7.8\%（国）= 830,466$$

○控除対象仕入税額の計算

標準税率：$830,466 \times 70\% = 581,326$

○納付税額（国）

$830,466 - 581,326 = 249,140 \rightarrow 249,100$（百円未満切捨）

○納付税額（地方）

$$249,100 \times \frac{2.2}{7.8} = 70,258 \rightarrow 70,200（百円未満切捨）$$

2以上の事業を行っている場合のみなし仕入率

⑴ 原則

　みなし仕入率は、事業者の課税売上げの区分ごとに定められています。しかし、事業の分類は多岐にわたり、事業者が2つ以上の事業を営んでいることもあります。このような場合のみなし仕入率は、原則として、それぞれの課税売上げに対応する事業区分ごとのみなし仕入率を、全体の課税売上げに対する割合に応じて加重平均させた数値とします。

---

point

みなし仕入率[1]

$$= \frac{A \times 90\%^{[2]} + B \times 80\% + C \times 70\% + D \times 60\% + E \times 50\% + F \times 40\%}{A + B + C + D + E + F}$$

A…第一種事業の課税売上げに係る消費税額
B…第二種事業の課税売上げに係る消費税額
C…第三種事業の課税売上げに係る消費税額
D…第四種事業の課税売上げに係る消費税額
E…第五種事業の課税売上げに係る消費税額
F…第六種事業の課税売上げに係る消費税額

＊1　端数処理に関する規定がないため、割り切れないときはそのまま乗じます。
＊2　各事業ともこの段階で端数が生じた場合、一旦切り捨てます。

例題 2以上の事業を行っている場合のみなし仕入率

社会福祉法人NSは就労支援事業として、紙器の製造販売と喫茶店を運営している。年間の売上高が、5,000万円に満たないことから消費税の申告については、簡易課税を選択している。以下の資料から消費税及び地方消費税の納付税額を計算しなさい。

事業種別	売上高	みなし仕入率
紙器（第三種事業）	11,711,700	70%
喫茶店（第四種事業）	1,740,000	60%

税率：国税7.8%、地方税2.2%

＜解 答＞

消費税　　298,400 円　　　　地方消費税　　84,100 円

○課税標準額の計算

紙　器：$11,711,700 × \dfrac{100}{110} = 10,647,000$

喫茶店：$1,740,000 × \dfrac{100}{110} = 1,581,818 → 1,581,000$ （千円未満切捨）

○課税標準額に対する消費税額

紙　器：$10,647,000 × 7.8\%$ （国） $= 830,466$

喫茶店：$1,581,000 × 7.8\%$ （国） $= 123,318$　　　合計　953,784

○みなし仕入率の計算

$$\dfrac{830,466 × 70\% + 123,318 × 60\%}{830,466 + 123,318} = \dfrac{655,317}{953,784} = 68.707\%$$

○控除対象仕入税額の計算

$953,784 × 68.707\% = 655,316$

○納付税額（国）

$953,784 - 655,316 = 298,468 → 298,400$ （百円未満切捨）

○納付税額（地方）

$298,400 × \dfrac{2.2}{7.8} = 84,164 → 84,100$ （百円未満切捨）

⑵　みなし仕入率の特例

　2つ以上の事業を営む事業者で、特定の1事業の課税売上高が全体の75％以上を占める場合には、その75％以上を占める事業のみなし仕入率をその事業者の課税売上げに係る消費税全体に適用することができます[*1]。つまり、すべての課税売上げが75％以上を占める特定の1事業に区分されるものとして計算することになります。

　なお、この特例が認められるか否かを判定するための課税売上げは税抜金額を用います[*2]。

　*1　ただし、特例計算を行うことにより控除対象仕入税額が少なくなって、事業者にとって不利となることも考えられます。この場合は、原則どおりに加重平均したみなし仕入率を選択して控除対象仕入税額を計算します。

　*2　みなし仕入率を計算するときは各事業の課税売上げに係る消費税額を用いますが、75％ルールの判定では「税抜の課税売上げ」を用いますので、間違えないようにしましょう。

point

全体の75%以上を占める特定1事業

上記以外の事業

⇒　すべて特定1事業の事業区分
　　のみなし仕入率を適用

＜具体例＞

	課税売上高
第一種事業	40,000　（ 8％）
第二種事業	20,000　（ 4％）
第三種事業	400,000　（80％）
第四種事業	15,000　（ 3％）
第五種事業	20,000　（ 4％）
第六種事業	5,000　（ 1％）
合計	500,000

⇒ 75％以上　特定1事業

すべてに70％を適用

8
就労支援事業会計

例題 みなし仕入率の特例（75％ルール）

社会福祉法人NS は就労支援事業として、3つの事業を運営している。年間の売上高が、5,000万円に満たないことから消費税の申告については、簡易課税を選択している。以下の資料から消費税及び地方消費税の納付税額を計算しなさい。

事業種別	売上高	みなし仕入率
紙器（第三種事業）	11,711,700	70％
喫茶店（第四種事業）	1,740,000	60％
清掃業務（第五種事業）	869,000	50％

税率：国税7.8％、地方税2.2％

＜解 答＞

消費税　　304,600 円　　　　地方消費税　　85,900 円

○課税標準額の計算

紙　　器：$11,711,700 \times \dfrac{100}{110} = 10,647,000$

喫 茶 店：$1,740,000 \times \dfrac{100}{110} = 1,581,818 \to 1,581,000$（千円未満切捨）

清掃業務：$869,000 \times \dfrac{100}{110} = 790,000$　　　　合計：13,018,000

○みなし仕入率の特例（75％ルール）の判定

紙　　器：$\dfrac{10,647,000}{10,647,000 + 1,581,000 + 790,000} = 81.786\%$

喫 茶 店：$\dfrac{1,581,000}{10,647,000 + 1,581,000 + 790,000} = 12.144\%$

清掃業務：$\dfrac{790,000}{10,647,000 + 1,581,000 + 790,000} = 6.068\%$

$81.786\% \geqq 75\%$

∴特例（75％ルール）を適用→紙器のみなし仕入率70％を計算に使う

○課税標準額に対する消費税額

　13,018,000 × 7.8％（国）＝ 1,015,404

○控除対象仕入税額の計算

　1,015,404 × 70％ = 710,782

○納付税額（国）

　1,015,404 − 710,782 ＝ 304,622 → 304,600（百円未満切捨）

○納付税額（地方）

　$304,600 \times \dfrac{2.2}{7.8} = 85,912 \rightarrow 85,900$（百円未満切捨）

確認テスト

答え：P.346

❶ 社会福祉法人 N は就労継続支援 B 型事業所でパッチワークを製作して販売している。以下の資料をもとに就労支援事業製造原価明細書を作成しなさい。

＜資料＞

・パッチワークはAとBの２種類を製作しており、Aの材料は１つ 500 円、Bは 700 円かかる。当期はAを 3,600 個、Bを 6,000 個製造し、すべて販売している。

・作業者は８人であり、８人の作業時間の合計は 6,400 時間だった。昨年より人数に変更はない。

・昨年のこの事業における事業活動増減差額は 3,840,000 円であり、８人年間平均作業時間は 960 時間だった。今期の工賃は昨年の数値をもとに払っている。

・就労支援事業における積立金は一切積み立てていない。

・作業場の家賃として月額 80,000 円を支払っている。

・パッチワークの前期の在庫はないものとする。

答案用紙

就労支援事業製造原価明細書

勘 定 科 目	金 額
I 材料費	
当期材料費	( )
II 労務費	
当期労務費	( )
III 外注加工費	
IV 経費	
支払家賃	( )
当期就労支援事業総製造費用	( )
期首仕掛品棚卸高	0
合 計	( )
期末仕掛品棚卸高	0
当期就労支援事業製造原価	( )

❷ 社会福祉法人 T は就労支援事業を行っており、就労支援事業における工賃変動積立金と設備等整備積立金をそれぞれ積み立てている。

　以下の資料をもとに、問1と問2に答えなさい。

＜資料＞

・就労支援事業収入は、1,000,000 円だった。

・工賃の金額は、3 年前は 480,000 円、2 年前は 499,200 円、昨年は 508,800 円だった。当年の賃金・工賃の支払いは前年の実績を下回っていない。

・当期首において、工賃変動積立金は 150,000 円、設備等整備積立金は 2,000,000 円がすでに計上されている。

・就労支援事業資産は 5,000,000 円で取得したものである。

・就労支援事業の当期における事業活動増減差額は 120,000 円だった。

問1　工賃変動積立金を優先して積み立てるとした場合、当期末における工賃変動積立金と設備等整備積立金のそれぞれの金額を答えなさい。

問2　設備等整備積立金を優先して積み立てるとした場合、当期末における工賃変動積立金と設備等整備積立金のそれぞれの金額を答えなさい。

　答案用紙

問1　工 賃 変 動 積 立 金 [　　　　　　　] 円

　　　設 備 等 整 備 積 立 金 [　　　　　　　] 円

問2　工 賃 変 動 積 立 金 [　　　　　　　] 円

　　　設 備 等 整 備 積 立 金 [　　　　　　　] 円

第9章

計算書類の作成 Ⅰ

❶ 計算書類の種類及び様式
❷ 注記
❸ 附属明細書

　計算書類の種類及び様式の理解は、計算書類を作成する上で、とても重要になります。

　また、項目の多い注記や、種類の多い附属明細書など、最後までもう少し、頑張りましょう！

1 計算書類の種類及び様式

計算書類の全体像

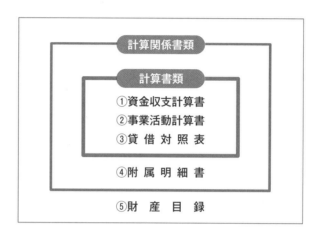

計算書類とは、①資金収支計算書、②事業活動計算書、③貸借対照表のことをいいます。これに④附属明細書を加えると、計算関係書類となります。④附属明細書と⑤財産目録は計算書類には含まれません。

なお、サービス区分の資金収支計算書や事業活動計算書は、拠点区分資金収支明細書、拠点区分事業活動明細書に含まれ、いずれも附属明細書のため、計算書類には含まれません。

計算書類の種類及び様式

「会計基準省令」では、資金収支計算書を「第1号」、事業活動計算書を「第2号」、貸借対照表を「第3号」としています。

・第1号 ⇒ 資金収支計算書

・第2号 ⇒ 事業活動計算書

・第3号 ⇒ 貸借対照表

さらに以下の4種類の様式があります。（○○には計算書類の名称が入ります。）

・第1様式　⇒　法人単位○○（法人合算の情報を表示）

・第2様式　⇒　○○内訳表（事業区分別の情報を表示、内部取引相殺欄あり）

・第3様式　⇒　事業区分○○内訳表（各事業の拠点区分別の情報を表示、内部
取引相殺欄あり）

・第4様式　⇒　拠点区分○○（当該拠点区分のみの情報を表示）

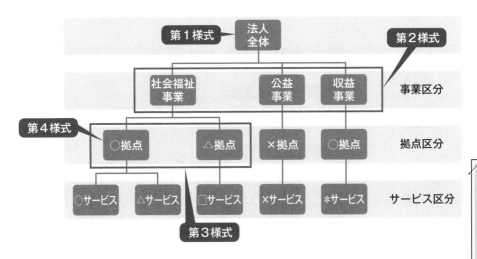

例えば、第3号第4様式の場合、拠点区分貸借対照表となります。

第3様式は、「事業区分」という名称が入っているけど、内容は「事業区分内の拠点別内訳」になるので、注意しましょう。

・拠点が1つの場合　⇒　第2様式と第3様式の作成不要

・社会福祉事業の拠点しかない場合　⇒　第2様式の作成不要

・社会福祉事業の拠点が1つと公益事業の拠点が1つの場合

　⇒第3様式の作成不要　　　　　　　運用上の留意事項（課長通知）7

第1号 (資金収支計算書)

　資金収支計算書は、会計年度におけるすべての支払資金の増加及び減少の状況を明瞭に表示するものです。収入と支出は、「**事業活動による収支**」、「**施設整備等による収支**」、「**その他の活動による収支**」の3つに分け、それぞれの収支差額を算出します。

　「**予算**」の欄の額から「**決算**」の欄の額を減算して「**差異**」の欄の額を算定します。

資金収支計算書

		予算 (A)	決算 (B)	差異 (A)−(B)
事業活動に よる収支	収入			
	支出			
	事業活動資金収支差額			
施設整備等に よる収支	収入			
	支出			
	施設整備等資金収支差額			
その他の活動に よる収支	収入			
	支出			
	その他の活動資金収支差額			
当期資金収支差額合計				
前期末支払資金残高				
当期末支払資金残高				

　資金収支計算書は、企業会計のキャッシュ・フロー計算書に相当するものです。

第一号第一様式（第十七条第四項関係）

法人単位資金収支計算書

（自）令和 年 月 日 （至）令和 年 月 日

（単位：円）

勘定科目			予算(A)	決算(B)	差異(A)−(B)	備考
事業活動による収支	収入	介護保険事業収入				
		老人福祉事業収入				
		児童福祉事業収入				
		保育事業収入				
		就労支援事業収入				
		障害福祉サービス等事業収入				
		生活保護事業収入				
		医療事業収入				
		退職共済事業収入				
		（何）事業収入				
		（何）収入				
		借入金利息補助金収入				
		経常経費寄附金収入				
		受取利息配当金収入				
		その他の収入				
		流動資産評価益等による資金増加額				
		事業活動収入計(1)				
	支出	人件費支出				
		事業費支出				
		事務費支出				
		就労支援事業支出				
		授産事業支出				
		退職共済事業支出				
		（何）支出				
		利用者負担軽減額				
		支払利息支出				
		その他の支出				
		流動資産評価損等による資金減少額				
		事業活動支出計(2)				
		事業活動資金収支差額(3)=(1)−(2)				
施設整備等による収支	収入	施設整備等補助金収入				
		施設整備等寄附金収入				
		設備資金借入金収入				
		固定資産売却収入				
		その他の施設整備等による収入				
		施設整備等収入計(4)				
	支出	設備資金借入金元金償還支出				
		固定資産取得支出				
		固定資産除却・廃棄支出				
		ファイナンス・リース債務の返済支出				
		その他の施設整備等による支出				
		施設整備等支出計(5)				
		施設整備等資金収支差額(6)=(4)−(5)				
その他の活動による収支	収入	長期運営資金借入金元金償還寄附金収入				
		長期運営資金借入金収入				
		役員等長期借入金収入				
		長期貸付金回収収入				
		投資有価証券売却収入				
		積立資産取崩収入				
		その他の活動による収入				
		その他の活動収入計(7)				
	支出	長期運営資金借入金元金償還支出				
		役員等長期借入金元金償還支出				
		長期貸付金支出				
		投資有価証券取得支出				
		積立資産支出				
		その他の活動による支出				
		その他の活動支出計(8)				
		その他の活動資金収支差額(9)=(7)−(8)				
予備費支出(10)			×××] △×××	—	×××	
当期資金収支差額合計(11)=(3)+(6)+(9)−(10)						
前期末支払資金残高(12)						
当期末支払資金残高(11)+(12)						

（注）予備費支出△×××円は（何）支出に充当使用した額である。

資金収支内訳表

（自）令和　年　月　日　（至）令和　年　月　日

（単位：円）

勘定科目			社会福祉事業	公益事業	収益事業	合計	内部取引消去	法人合計
事業活動による収支	収入	介護保険事業収入						
		老人福祉事業収入						
		児童福祉事業収入						
		保育事業収入						
		就労支援事業収入						
		障害福祉サービス等事業収入						
		生活保護事業収入						
		医療事業収入						
		退職共済事業収入						
		（何）事業収入						
		（何）収入						
		借入金利息補助金収入						
		経常経費寄附金収入						
		受取利息配当金収入						
		その他の収入						
		流動資産評価益等による資金増加額						
		事業活動収入計（1）						
	支出	人件費支出						
		事業費支出						
		事務費支出						
		就労支援事業支出						
		授産事業支出						
		退職共済事業支出						
		（何）支出						
		利用者負担軽減額						
		支払利息支出						
		その他の支出						
		流動資産評価損等による資金減少額						
		事業活動支出計（2）						
		事業活動資金収支差額（3）=（1）－（2）						
施設整備等による収支	収入	施設整備等補助金収入						
		施設整備等寄附金収入						
		設備資金借入金収入						
		固定資産売却収入						
		その他の施設整備等による収入						
		施設整備等収入計（4）						
	支出	設備資金借入金元金償還支出						
		固定資産取得支出						
		固定資産除却・廃棄支出						
		ファイナンス・リース債務の返済支出						
		その他の施設整備等による支出						
		施設整備等支出計（5）						
		施設整備等資金収支差額（6）=（4）－（5）						
その他の活動による収支	収入	長期運営資金借入金元金償還寄附金収入						
		長期運営資金借入金収入						
		役員等長期借入金収入						
		長期貸付金回収収入						
		投資有価証券売却収入						
		積立資産取崩収入						
		事業区分間長期借入金収入						
		事業区分間長期貸付金回収収入						
		事業区分間繰入金収入						
		その他の活動による収入						
		その他の活動収入計（7）						
	支出	長期運営資金借入金元金償還支出						
		役員等長期借入金元金償還支出						
		長期貸付金支出						
		投資有価証券取得支出						
		積立資産支出						
		事業区分間長期貸付金支出						
		事業区分間長期借入金返済支出						
		事業区分間繰入金支出						
		その他の活動による支出						
		その他の活動支出計（8）						
		その他の活動資金収支差額（9）=（7）－（8）						
当期資金収支差額合計（10）=（3）+（6）+（9）								
前期末支払資金残高（11）								
当期末支払資金残高（10）+（11）								

244

第一号第三様式（第十七条第四項関係）

（何）事業区分　資金収支内訳表

（自）令和　年　月　日　（至）令和　年　月　日

（単位：円）

勘定科目		（何）拠点	（何）拠点	（何）拠点	合計	内部取引消去	事業区分合計
事業活動による収支	収入 介護保険事業収入						
	老人福祉事業収入						
	児童福祉事業収入						
	保育事業収入						
	就労支援事業収入						
	障害福祉サービス等事業収入						
	生活保護事業収入						
	医療事業収入						
	退職共済事業収入						
	（何）事業収入						
	（何）収入						
	借入金利息補助金収入						
	経常経費寄附金収入						
	受取利息配当金収入						
	その他の収入						
	流動資産評価益等による資金増加額						
	事業活動収入計（1）						
	支出 人件費支出						
	事業費支出						
	事務費支出						
	就労支援事業支出						
	授産事業支出						
	退職共済事業支出						
	（何）支出						
	利用者負担軽減額						
	支払利息支出						
	その他の支出						
	流動資産評価損等による資金減少額						
	事業活動支出計（2）						
	事業活動資金収支差額（3）=（1）-（2）						
施設整備等による収支	収入 施設整備等補助金収入						
	施設整備等寄附金収入						
	設備資金借入金収入						
	固定資産売却収入						
	その他の施設整備等による収入						
	施設整備等収入計（4）						
	支出 設備資金借入金元金償還支出						
	固定資産取得支出						
	固定資産除却・廃棄支出						
	ファイナンス・リース債務の返済支出						
	その他の施設整備等による支出						
	施設整備等支出計（5）						
	施設整備等資金収支差額（6）=（4）-（5）						
その他の活動による収支	収入 長期運営資金借入金元金償還寄附金収入						
	長期運営資金借入金収入						
	役員等長期借入金収入						
	長期貸付金回収収入						
	投資有価証券売却収入						
	積立資産取崩収入						
	事業区分間長期借入金収入						
	拠点区分間長期借入金収入						
	事業区分間長期貸付金回収収入						
	拠点区分間長期貸付金回収収入						
	事業区分間繰入金収入						
	拠点区分間繰入金収入						
	その他の活動による収入						
	その他の活動収入計（7）						
	支出 長期運営資金借入金元金償還支出						
	役員等長期借入金元金償還支出						
	長期貸付金支出						
	投資有価証券取得支出						
	積立資産支出						
	事業区分間長期貸付金支出						
	拠点区分間長期貸付金支出						
	事業区分間長期借入金返済支出						
	拠点区分間長期借入金返済支出						
	事業区分間繰入金支出						
	拠点区分間繰入金支出						
	その他の活動による支出						
	その他の活動支出計（8）						
	その他の活動資金収支差額（9）=（7）-（8）						
当期資金収支差額合計（10）=（3）+（6）+（9）							

前期末支払資金残高（11）					
当期末支払資金残高（10）+（11）					

（何）拠点区分　資金収支計算書

（自）令和　年　月　日　　（至）令和　年　月　日

(単位：円)

		勘定科目	予算(A)	決算(B)	差異(A)-(B)	備考
事業活動による収支	収入	介護保険事業収入				
		施設介護料収入				
		介護報酬収入				
		利用者負担金収入（公費）				
		利用者負担金収入（一般）				
		居宅介護料収入				
		（介護報酬収入）				
		介護報酬収入				
		介護予防報酬収入				
		（利用者負担金収入）				
		介護負担金収入（公費）				
		介護負担金収入（一般）				
		介護予防負担金収入（公費）				
		介護予防負担金収入（一般）				
		地域密着型介護料収入				
		（介護報酬収入）				
		介護報酬収入				
		介護予防報酬収入				
		（利用者負担金収入）				
		介護負担金収入（公費）				
		介護負担金収入（一般）				
		介護予防負担金収入（公費）				
		介護予防負担金収入（一般）				
		居宅介護支援介護料収入				
		居宅介護支援介護料収入				
		介護予防支援介護料収入				
		介護予防・日常生活支援総合事業収入				
		事業費収入				
		事業負担金収入（公費）				
		事業負担金収入（一般）				
		利用者等利用料収入				
		施設サービス利用料収入				
		居宅介護サービス利用料収入				
		地域密着型介護サービス利用料収入				
		食費収入（公費）				
		食費収入（一般）				
		食費収入（特定）				
		居住費収入（公費）				
		居住費収入（一般）				
		居住費収入（特定）				
		介護予防・日常生活支援総合事業利用料収入				
		その他の利用料収入				
		その他の事業収入				
		補助金事業収入（公費）				
		補助金事業収入（一般）				
		市町村特別事業収入（公費）				
		市町村特別事業収入（一般）				
		受託事業収入（公費）				
		受託事業収入（一般）				
		その他の事業収入				
		（保険等査定減）				
		老人福祉事業収入				
		措置事業収入				
		事務費収入				
		事業費収入				
		その他の利用料収入				
		その他の事業収入				
		運営事業収入				
		管理費収入				
		その他の利用料収入				
		補助金事業収入（公費）				
		補助金事業収入（一般）				
		その他の事業収入				
		その他の事業収入				
		管理費収入				
		その他の利用料収入				
		その他の事業収入				
		児童福祉事業収入				
		措置費収入				
		事務費収入				
		事業費収入				
		私的契約利用料収入				
		その他の事業収入				

補助金事業収入（公費）
補助金事業収入（一般）
受託事業収入（公費）
受託事業収入（一般）
その他の事業収入
保育事業収入
施設型給付費収入
施設型給付費収入
利用者負担金収入
特例施設型給付費収入
特例施設型給付費収入
利用者負担金収入
地域型保育給付費収入
地域型保育給付費収入
利用者負担金収入
特例地域型保育給付費収入
特例地域型保育給付費収入
利用者負担金収入
委託費収入
利用者等利用料収入
利用者等利用料収入（公費）
利用者等利用料収入（一般）
その他の利用料収入
私的契約利用料収入
その他の事業収入
補助金事業収入（公費）
補助金事業収入（一般）
受託事業収入（公費）
受託事業収入（一般）
その他の事業収入
就労支援事業収入
（何）事業収入
障害福祉サービス等事業収入
自立支援給付費収入
介護給付費収入
特例介護給付費収入
訓練等給付費収入
特例訓練等給付費収入
地域相談支援給付費収入
特例地域相談支援給付費収入
計画相談支援給付費収入
特例計画相談支援給付費収入
障害児施設給付費収入
障害児通所給付費収入
特例障害児通所給付費収入
障害児入所給付費収入
障害児相談支援給付費収入
特例障害児相談支援給付費収入
利用者負担金収入
補足給付費収入
特定障害者特別給付費収入
特例特定障害者特別給付費収入
特定入所障害児食費等給付費収入
特定費用収入
その他の事業収入
補助金事業収入（公費）
補助金事業収入（一般）
受託事業収入（公費）
受託事業収入（一般）
その他の事業収入
（保険等査定減）
生活保護事業収入
措置費収入
事務費収入
事業費収入
授産事業収入
（何）事業収入
利用者負担金収入
その他の事業収入
補助金事業収入（公費）
補助金事業収入（一般）
受託事業収入（公費）
受託事業収入（一般）
その他の事業収入
医療事業収入
入院診療収入（公費）
入院診療収入（一般）
室料差額収入

	外来診療収入（公費）				
	外来診療収入（一般）				
	保健予防活動収入				
	受託検査・施設利用収入				
	訪問看護療養費収入（公費）				
	訪問看護療養費収入（一般）				
	訪問看護利用料収入				
	訪問看護基本利用料収入				
	訪問看護その他の利用料収入				
	その他の医療事業収入				
	補助金事業収入（公費）				
	補助金事業収入（一般）				
	受託事業収入（公費）				
	受託事業収入（一般）				
	その他の医療事業収入				
	（保険等査定減）				
	退職共済事業収入				
	事務費収入				
	（何）事業収入				
	（何）事業収入				
	その他の事業収入				
	補助金事業収入（公費）				
	補助金事業収入（一般）				
	受託事業収入（公費）				
	受託事業収入（一般）				
	その他の事業収入				
	（何）収入				
	借入金利息補助金収入				
	経常経費寄附金収入				
	受取利息配当金収入				
	その他の収入				
	受入研修費収入				
	利用者等外給食費収入				
	雑収入				
	流動資産評価益等による資金増加額				
	有価証券売却益				
	有価証券評価益				
	為替差益				
	事業活動収入計（１）				
支出	人件費支出				
	役員報酬支出				
	役員退職慰労金支出				
	職員給料支出				
	職員賞与支出				
	非常勤職員給与支出				
	派遣職員費支出				
	退職給付支出				
	法定福利費支出				
	事業費支出				
	給食費支出				
	介護用品費支出				
	医薬品費支出				
	診療・療養等材料費支出				
	保健衛生費支出				
	医療費支出				
	被服費支出				
	教養娯楽費支出				
	日用品費支出				
	保育材料費支出				
	本人支給金支出				
	水道光熱費支出				
	燃料費支出				
	消耗器具備品費支出				
	保険料支出				
	賃借料支出				
	教育指導費支出				
	就職支度費支出				
	葬祭費支出				
	車輌費支出				
	管理費返還支出				
	（何）費支出				
	雑支出				
	事務費支出				
	福利厚生費支出				
	職員被服費支出				
	旅費交通費支出				
	研修研究費支出				

		項目			
		事務消耗品費支出			
		印刷製本費支出			
		水道光熱費支出			
		燃料費支出			
		修繕費支出			
		通信運搬費支出			
		会議費支出			
		広報費支出			
		業務委託費支出			
		手数料支出			
		保険料支出			
		賃借料支出			
		土地・建物賃借料支出			
		租税公課支出			
		保守料支出			
		渉外費支出			
		諸会費支出			
		（何）費支出			
		雑支出			
		就労支援事業支出			
		就労支援事業販売原価支出			
		就労支援事業製造原価支出			
		就労支援事業仕入支出			
		就労支援事業販管費支出			
		授産事業支出			
		（何）事業支出			
		退職共済事業支出			
		事務費支出			
		（何）支出			
		利用者負担軽減額			
		支払利息支出			
		その他の支出			
		利用者等外給食費支出			
		雑支出			
		流動資産評価損等による資金減少額			
		有価証券売却損			
		資産評価損			
		有価証券評価損			
		（何）評価損			
		為替差損			
		徴収不能額			
		事業活動支出計（2）			
		事業活動資金収支差額（3）=（1）-（2）			
施設整備等による収支	収入	施設整備等補助金収入			
		施設整備等補助金収入			
		設備資金借入金元金償還補助金収入			
		施設整備等寄附金収入			
		施設整備等寄附金収入			
		設備資金借入金元金償還寄附金収入			
		設備資金借入金収入			
		固定資産売却収入			
		車輌運搬具売却収入			
		器具及び備品売却収入			
		（何）売却収入			
		その他の施設整備等による収入			
		（何）収入			
		施設整備等収入計（4）			
	支出	設備資金借入金元金償還支出			
		固定資産取得支出			
		土地取得支出			
		建物取得支出			
		車輌運搬具取得支出			
		器具及び備品取得支出			
		（何）取得支出			
		固定資産除却・廃棄支出			
		ファイナンス・リース債務の返済支出			
		その他の施設整備等による支出			
		（何）支出			
		施設整備等支出計（5）			
		施設整備等資金収支差額（6）=（4）-（5）			
		長期運営資金借入金元金償還寄附金収入			
		長期運営資金借入金収入			
		役員等長期借入金収入			
		長期貸付金回収入			
		投資有価証券売却収入			
		積立資産取崩収入			
		退職給付引当資産取崩収入			
		長期預り金積立資産取崩収入			

その他の活動による収支	収入	（何）積立資産取崩収入			
		事業区分間長期借入金収入			
		拠点区分間長期借入金収入			
		事業区分間長期貸付金回収収入			
		拠点区分間長期貸付金回収収入			
		事業区分間繰入金収入			
		拠点区分間繰入金収入			
		その他の活動による収入			
		退職共済預り金収入			
		退職共済事業管理資産取崩収入			
		（何）収入			
		その他の活動収入計（7）			
	支出	長期運営資金借入金元金償還支出			
		役員等長期借入金元金償還支出			
		長期貸付金支出			
		投資有価証券取得支出			
		積立資産支出			
		退職給付引当資産支出			
		長期預り金積立資産支出			
		（何）積立資産支出			
		事業区分間長期貸付金支出			
		拠点区分間長期貸付金支出			
		事業区分間長期借入金返済支出			
		拠点区分間長期借入金返済支出			
		事業区分間繰入金支出			
		拠点区分間繰入金支出			
		その他の活動による支出			
		退職共済預り金返還支出			
		退職共済事業管理資産支出			
		（何）支出			
		その他の活動支出計（8）			
		その他の活動資金収支差額（9）＝（7）－（8）			
予備費支出（10）			××× △×××]	—	×××
当期資金収支差額合計（11）＝（3）＋（6）＋（9）－（10）					
前期末支払資金残高（12）					
当期末支払資金残高（11）＋（12）					

（注）予備費支出△×××円は（何）支出に充当使用した額である。

第2号（事業活動計算書）

　事業活動計算書は、会計年度における全ての純資産の増減の内訳を明瞭に表示するものです。大きく分けて、「**サービス活動増減の部**」、「**サービス活動外増減の部**」、「**特別増減の部**」の3つに分けられます。「サービス活動」と「サービス活動外」の増減差額の合計が「**経常増減差額**」となり、それに「**特別**」の増減差額をさらに加えると「**当期活動増減差額**」となります。

事業活動計算書

サービス活動 増減の部	収益
	費用
	サービス活動増減差額
サービス活動外 増減の部	収益
	費用
	サービス活動外増減差額
経常増減差額	
特別増減の部	収益
	費用
	特別増減差額
当期活動増減差額	
繰越活動増減差額の部	前期繰越活動増減差額等
	次期繰越活動増減差額

　事業活動計算書は、企業会計の損益計算書に相当します。「増減差額」を「利益」と置き換えるとわかりやすくなります。

法人単位事業活動計算書

（自）令和　年　月　日　（至）令和　年　月　日

（単位：円）

		勘定科目	当年度決算(A)	前年度決算(B)	増減(A)−(B)
サービス活動増減の部	収益	介護保険事業収益			
		老人福祉事業収益			
		児童福祉事業収益			
		保育事業収益			
		就労支援事業収益			
		障害福祉サービス等事業収益			
		生活保護事業収益			
		医療事業収益			
		退職共済事業収益			
		（何）事業収益			
		（何）収益			
		経常経費寄附金収益			
		その他の収益			
		サービス活動収益計（1）			
	費用	人件費			
		事業費			
		事務費			
		就労支援事業費用			
		授産事業費用			
		退職共済事業費用			
		（何）費用			
		利用者負担軽減額			
		減価償却費			
		国庫補助金等特別積立金取崩額	△×××	△×××	
		徴収不能額			
		徴収不能引当金繰入			
		その他の費用			
		サービス活動費用計（2）			
		サービス活動増減差額（3）＝（1）−（2）			
サービス活動外増減の部	収益	借入金利息補助金収益			
		受取利息配当金収益			
		有価証券評価益			
		有価証券売却益			
		基本財産評価益			
		投資有価証券評価益			
		投資有価証券売却益			
		積立資産評価益			
		その他のサービス活動外収益			
		サービス活動外収益計（4）			
	費用	支払利息			
		有価証券評価損			
		有価証券売却損			
		基本財産評価損			
		投資有価証券評価損			
		投資有価証券売却損			
		積立資産評価損			
		その他のサービス活動外費用			
		サービス活動外費用計（5）			
		サービス活動外増減差額（6）＝（4）−（5）			
		経常増減額（7）＝（3）＋（6）			
特別増減の部	収益	施設整備等補助金収益			
		施設整備等寄附金収益			
		長期運営資金借入金元金償還寄附金収益			
		固定資産受贈額			
		固定資産売却益			
		その他の特別収益			
		特別収益計（8）			
	費用	基本金組入額			
		資産評価損			
		固定資産売却損・処分損			
		国庫補助金等特別積立金取崩額（除却等）	△×××	△×××	
		国庫補助金等特別積立金積立額			
		災害損失			
		その他の特別損失			
		特別費用計（9）			
		特別増減差額（10）＝（8）−（9）			
		当期活動増減額（11）＝（7）＋（10）			
繰越活動増減差額の部		前期繰越活動増減差額（12）			
		当期末繰越活動増減差額（13）＝（11）＋（12）			
		基本金取崩額（14）			
		その他の積立金取崩額（15）			
		その他の積立金積立額（16）			
		次期繰越活動増減差額（17）＝（13）＋（14）＋（15）−（16）			

第二号第二様式（第二十三条第四項関係）

事業活動内訳表

（自）令和　年　月　日　（至）令和　年　月　日

（単位：円）

勘定科目			社会福祉事業	公益事業	収益事業	合計	内部取引消去	法人合計
サービス活動増減の部	収益	介護保険事業収益						
		老人福祉事業収益						
		児童福祉事業収益						
		保育事業収益						
		就労支援事業収益						
		障害福祉サービス等事業収益						
		生活保護事業収益						
		医療事業収益						
		退職共済事業収益						
		（何）事業収益						
		（何）収益						
		経常経費寄附金収益						
		その他の収益						
		サービス活動収益計（1）						
	費用	人件費						
		事業費						
		事務費						
		就労支援事業費用						
		授産事業費用						
		退職共済事業費用						
		（何）費用						
		利用者負担軽減額						
		減価償却費						
		国庫補助金等特別積立金取崩額	△×××	△×××	△×××	△×××		△×××
		徴収不能額						
		徴収不能引当金繰入						
		その他の費用						
		サービス活動費用計（2）						
	サービス活動増減差額（3）＝（1）－（2）							
サービス活動外増減の部	収益	借入金利息補助金収益						
		受取利息配当金収益						
		有価証券評価益						
		有価証券売却益						
		基本財産評価益						
		投資有価証券評価益						
		投資有価証券売却益						
		積立資産評価益						
		その他のサービス活動外収益						
		サービス活動外収益計（4）						
	費用	支払利息						
		有価証券評価損						
		有価証券売却損						
		基本財産評価損						
		投資有価証券評価損						
		投資有価証券売却損						
		積立資産評価損						
		その他のサービス活動外費用						
		サービス活動外費用計（5）						
	サービス活動外増減差額（6）＝（4）－（5）							
経常増減差額（7）＝（3）＋（6）								
特別増減の部	収益	施設整備等補助金収益						
		施設整備等寄附金収益						
		長期運営資金借入金元金償還寄附金収益						
		固定資産受贈額						
		固定資産売却益						
		事業区分間繰入金収益						
		事業区分間固定資産移管収益						
		その他の特別収益						
		特別収益計（8）						
	費用	基本金組入額						
		資産評価損						
		固定資産売却損・処分損						
		国庫補助金等特別積立金取崩額（除却等）	△×××	△×××	△×××	△×××		△×××
		国庫補助金等特別積立金積立額						
		災害損失						
		事業区分間繰入金費用						
		事業区分間固定資産移管費用						
		その他の特別損失						
		特別費用計（9）						
	特別増減差額（10）＝（8）－（9）							
当期活動増減差額（11）＝（7）＋（10）								
繰越活動増減差額の部	前期繰越活動増減差額（12）							
	当期末繰越活動増減差額（13）＝（11）＋（12）							
	基本金取崩額（14）							
	その他の積立金取崩額（15）							
	その他の積立金積立額（16）							
	次期繰越活動増減差額（17）＝（13）＋（14）＋（15）－（16）							

（何）事業区分　事業活動内訳表

（自）令和　年　月　日　（至）令和　年　月　日

（単位：円）

		勘定科目	（何）拠点	（何）拠点	（何）拠点	合計	内部取引消去	事業区分合計
サービス活動増減の部	収益	介護保険事業収益						
		老人福祉事業収益						
		児童福祉事業収益						
		保育事業収益						
		就労支援事業収益						
		障害福祉サービス等事業収益						
		生活保護事業収益						
		医療事業収益						
		退職共済事業収益						
		（何）事業収益						
		（何）収益						
		経常経費寄附金収益						
		その他の収益						
		サービス活動収益計（1）						
	費用	人件費						
		事業費						
		事務費						
		就労支援事業費用						
		授産事業費用						
		退職共済事業費用						
		（何）費用						
		利用者負担軽減額						
		減価償却費						
		国庫補助金等特別積立金取崩額	△×××	△×××	△×××	△×××		△×××
		徴収不能額						
		徴収不能引当金繰入						
		その他の費用						
		サービス活動費用計（2）						
		サービス活動増減差額（3）=（1）-（2）						
サービス活動外増減の部	収益	借入金利息補助金収益						
		受取利息配当金収益						
		有価証券評価益						
		有価証券売却益						
		基本財産評価益						
		投資有価証券評価益						
		投資有価証券売却益						
		積立資産評価益						
		その他のサービス活動外収益						
		サービス活動外収益計（4）						
	費用	支払利息						
		有価証券評価損						
		有価証券売却損						
		基本財産評価損						
		投資有価証券評価損						
		投資有価証券売却損						
		積立資産評価損						
		その他のサービス活動外費用						
		サービス活動外費用計（5）						
		サービス活動外増減差額（6）=（4）-（5）						
		経常増減差額（7）=（3）+（6）						
特別増減の部	収益	施設整備等補助金収益						
		施設整備等寄附金収益						
		長期運営資金借入金元金償還寄附金収益						
		固定資産受贈額						
		固定資産売却益						
		事業区分間繰入金収益						
		拠点区分間繰入金収益						
		事業区分間固定資産移管収益						
		拠点区分間固定資産移管収益						
		その他の特別収益						
		特別収益計（8）						
	費用	基本金組入額						
		資産評価損						
		固定資産売却損・処分損						
		国庫補助金等特別積立金取崩額（除却等）	△×××	△×××	△×××	△×××		△×××
		国庫補助金等特別積立金積立額						
		災害損失						
		事業区分間繰入金費用						
		拠点区分間繰入金費用						
		事業区分間固定資産移管費用						
		拠点区分間固定資産移管費用						
		その他の特別損失						
		特別費用計（9）						
		特別増減差額（10）=（8）-（9）						
		当期活動増減差額（11）=（7）+（10）						
繰越活動増減差額の部		前期繰越活動増減差額（12）						
		当期末繰越活動増減差額（13）=（11）+（12）						
		基本金取崩額（14）						
		その他の積立金取崩額（15）						
		その他の積立金積立額（16）						
		次期繰越活動増減差額（17）=（13）+（14）+（15）-（16）						

第二号第四様式（第二十三条第四項関係）

（何）拠点区分　事業活動計算書

（自）令和　年　月　日　（至）令和　年　月　日

（単位：円）

		勘定科目	当年度決算(A)	前年度決算(B)	増減(A)－(B)
サービス活動増減の部	収益	介護保険事業収益			
		施設介護料収益			
		介護報酬収益			
		利用者負担金収益（公費）			
		利用者負担金収益（一般）			
		居宅介護料収益			
		（介護報酬収益）			
		介護報酬収益			
		介護予防報酬収益			
		（利用者負担金収益）			
		介護負担金収益（公費）			
		介護負担金収益（一般）			
		介護予防負担金収益（公費）			
		介護予防負担金収益（一般）			
		地域密着型介護料収益			
		（介護報酬収益）			
		介護報酬収益			
		介護予防報酬収益			
		（利用者負担金収益）			
		介護負担金収益（公費）			
		介護負担金収益（一般）			
		介護予防負担金収益（公費）			
		介護予防負担金収益（一般）			
		居宅介護支援介護料収益			
		居宅介護支援介護料収益			
		介護予防支援介護料収益			
		介護予防・日常生活支援総合事業収益			
		事業費収益			
		事業負担金収益（公費）			
		事業負担金収益（一般）			
		利用者等利用料収益			
		施設サービス利用料収益			
		居宅介護サービス利用料収益			
		地域密着型介護サービス利用料収益			
		食費収益（公費）			
		食費収益（一般）			
		食費収益（特定）			
		居住費収益（公費）			
		居住費収益（一般）			
		居住費収益（特定）			
		介護予防・日常生活支援総合事業利用料収益			
		その他の利用料収益			
		その他の事業収益			
		補助金事業収益（公費）			
		補助金事業収益（一般）			
		市町村特別事業収益（公費）			
		市町村特別事業収益（一般）			
		受託事業収益（公費）			
		受託事業収益（一般）			
		その他の事業収益			
		（保険等査定減）			
		老人福祉事業収益			
		措置事業収益			
		事務費収益			
		事業費収益			
		その他の利用料収益			
		その他の事業収益			
		運営事業収益			
		管理費収益			
		その他の利用料収益			
		補助金事業収益（公費）			
		補助金事業収益（一般）			
		その他の事業収益			
		その他の事業収益			
		管理費収益			
		その他の利用料収益			
		その他の事業収益			
		児童福祉事業収益			
		措置費収益			
		事務費収益			
		事業費収益			
		私的契約利用料収益			
		その他の事業収益			

補助金事業収益（公費）
補助金事業収益（一般）
受託事業収益（公費）
受託事業収益（一般）
その他の事業収益
保育事業収益
施設型給付費収益
施設型給付費収益
利用者負担金収益
特例施設型給付費収益
特例施設型給付費収益
利用者負担金収益
地域型保育給付費収益
地域型保育給付費収益
利用者負担金収益
特例地域型保育給付費収益
特例地域型保育給付費収益
利用者負担金収益
委託費収益
利用者等利用料収益
利用者等利用料収益（公費）
利用者等利用料収益（一般）
その他の利用料収益
私的契約利用料収益
その他の事業収益
補助金事業収益（公費）
補助金事業収益（一般）
受託事業収益（公費）
受託事業収益（一般）
その他の事業収益
就労支援事業収益
（何）事業収益
障害福祉サービス等事業収益
自立支援給付費収益
介護給付費収益
特例介護給付費収益
訓練等給付費収益
特例訓練等給付費収益
地域相談支援給付費収益
特例地域相談支援給付費収益
計画相談支援給付費収益
特例計画相談支援給付費収益
障害児施設給付費収益
障害児通所給付費収益
特例障害児通所給付費収益
障害児入所給付費収益
障害児相談支援給付費収益
特例障害児相談支援給付費収益
利用者負担金収益
補足給付費収益
特定障害者特別給付費収益
特例特定障害者特別給付費収益
特定入所障害児食費等給付費収益
特定費用収益
その他の事業収益
補助金事業収益（公費）
補助金事業収益（一般）
受託事業収益（公費）
受託事業収益（一般）
その他の事業収益
（保険等査定減）
生活保護事業収益
措置費収益
事務費収益
事業費収益
授産事業収益
（何）事業収益
利用者負担金収益
その他の事業収益
補助金事業収益（公費）
補助金事業収益（一般）
受託事業収益（公費）
受託事業収益（一般）
その他の事業収益
医療事業収益
入院診療収益（公費）
入院診療収益（一般）
室料差額収益

外来診療収益（公費）
外来診療収益（一般）
保健予防活動収益
受託検査・施設利用収益
訪問看護療養費収益（公費）
訪問看護療養費収益（一般）
訪問看護利用料収益
　訪問看護基本利用料収益
　訪問看護その他の利用料収益
その他の医療事業収益
　補助金事業収益（公費）
　補助金事業収益（一般）
　受託事業収益（公費）
　受託事業収益（一般）
　その他の医業収益
　（保険等査定減）
退職共済事業収益
事務費収益
（何）事業収益
　（何）事業収益
その他の事業収益
　補助金事業収益（公費）
　補助金事業収益（一般）
　受託事業収益（公費）
　受託事業収益（一般）
　その他の事業収益
（何）収益
　（何）収益
経常経費寄附金収益
その他の収益
　　　　　　サービス活動収益計(1)
人件費
　役員報酬
　役員退職慰労金
　役員退職慰労引当金繰入
　職員給料
　職員賞与
　賞与引当金繰入
　非常勤職員給与
　派遣職員費
　退職給付費用
　法定福利費
事業費
　給食費
　介護用品費
　医薬品費
　診療・療養等材料費
　保健衛生費
　医療費
　被服費
　教養娯楽費
　日用品費
　保育材料費
　本人支給金
　水道光熱費
　燃料費
　消耗器具備品費
　保険料
　賃借料
　教育指導費
　就職支度費
　葬祭費
　車輌費
　棚卸資産評価損
　（何）費
　雑費
事務費
　福利厚生費
　職員被服費
　旅費交通費
　研修研究費
　事務消耗品費
　印刷製本費
　水道光熱費
　燃料費
　修繕費
　通信運搬費
　会議費

費
用

		広報費		
		業務委託費		
		手数料		
		保険料		
		賃借料		
		土地・建物賃借料		
		租税公課		
		保守料		
		渉外費		
		諸会費		
		（何）費		
		雑費		
		就労支援事業費用		
		就労支援事業販売原価		
		期首製品（商品）棚卸高		
		当期就労支援事業製造原価		
		当期就労支援事業仕入高		
		期末製品（商品）棚卸高		
		就労支援事業販管費		
		授産事業費用		
		（何）事業費		
		退職共済事業費用		
		事務費		
		（何）費用		
		利用者負担軽減額		
		減価償却費		
		国庫補助金等特別積立金取崩額	△×××	△×××
		徴収不能額		
		徴収不能引当金繰入		
		その他の費用		
		サービス活動費用計（２）		
	サービス活動増減差額（３）＝（１）－（２）			
サービス活動外増減の部	収益	借入金利息補助金収益		
		受取利息配当金収益		
		有価証券評価益		
		有価証券売却益		
		基本財産評価益		
		投資有価証券評価益		
		投資有価証券売却益		
		積立資産評価益		
		その他のサービス活動外収益		
		受入研修費収益		
		利用者等外給食収益		
		為替差益		
		退職共済事業管理資産評価益		
		退職共済預り金戻入額		
		雑収益		
		サービス活動外収益計（４）		
	費用	支払利息		
		有価証券評価損		
		有価証券売却損		
		基本財産評価損		
		投資有価証券評価損		
		投資有価証券売却損		
		積立資産評価損		
		その他のサービス活動外費用		
		利用者等外給食費		
		為替差損		
		退職共済事業管理資産評価損		
		退職共済預り金繰入額		
		雑損失		
		サービス活動外費用計（５）		
	サービス活動外増減差額（６）＝（４）－（５）			
	経常増減差額（７）＝（３）＋（６）			
	収益	施設整備等補助金収益		
		施設整備等補助金収益		
		設備資金借入金元金償還補助金収益		
		施設整備等寄附金収益		
		施設整備等寄附金収益		
		設備資金借入金元金償還寄附金収益		
		長期運営資金借入金元金償還寄附金収益		
		固定資産受贈額		
		（何）受贈額		
		固定資産売却益		
		車輌運搬具売却益		
		器具及び備品売却益		
		（何）売却益		
		事業区分間繰入金収益		

特別増減の部		拠点区分間繰入金収益		
		事業区分間固定資産移管収益		
		拠点区分間固定資産移管収益		
		その他の特別収益		
		徴収不能引当金戻入益		
		特別収益計（8）		
	費用	基本金組入額		
		資産評価損		
		固定資産売却損・処分損		
		建物売却損・処分損		
		車輌運搬具売却損・処分損		
		器具及び備品売却損・処分損		
		その他の固定資産売却損・処分損		
		国庫補助金等特別積立金取崩額（除却等）	△×××	△×××
		国庫補助金等特別積立金積立額		
		災害損失		
		事業区分間繰入金費用		
		拠点区分間繰入金費用		
		事業区分間固定資産移管費用		
		拠点区分間固定資産移管費用		
		その他の特別損失		
		特別費用計（9）		
		特別増減差額（10）＝（8）－（9）		
当期活動増減差額（11）＝（7）＋（10）				
繰越活動増減差額の部	前期繰越活動増減差額（12）			
	当期末繰越活動増減差額（13）＝（11）＋（12）			
	基本金取崩額（14）			
	その他の積立金取崩額（15）			
	（何）積立金取崩額			
	その他の積立金積立額（16）			
	（何）積立金積立額			
	次期繰越活動増減差額（17）＝（13）＋（14）＋（15）－（16）			

第3号（貸借対照表）

　貸借対照表は、会計年度末現在におけるすべての資産、負債及び純資産の状態を明瞭に表示するものです。資産と負債は、「流動」と「固定」に分けられ、固定資産は、「基本財産」と「その他の固定資産」に分けられます。

貸借対照表

流動・固定の区分は、企業会計の貸借対照表と同じです。

第三号第一様式（第二十七条第四項関係）

法人単位貸借対照表

令和　年　月　日現在

（単位：円）

資　　産　　の　　部				負　　債　　の　　部			
	当年度末	前年度末	増減		当年度末	前年度末	増減
流動資産				流動負債			
現金預金				短期運営資金借入金			
有価証券				事業未払金			
事業未収金				その他の未払金			
未収金				支払手形			
未収補助金				役員等短期借入金			
未収収益				1年以内返済予定設備資金借入金			
受取手形				1年以内返済予定長期運営資金借入金			
貯蔵品				1年以内返済予定リース債務			
医薬品				1年以内返済予定役員等長期借入金			
診療・療養費等材料				1年以内支払予定長期未払金			
給食用材料				未払費用			
商品・製品				預り金			
仕掛品				職員預り金			
原材料				前受金			
立替金				前受収益			
前払金				仮受金			
前払費用				賞与引当金			
1年以内回収予定長期貸付金				その他の流動負債			
短期貸付金							
仮払金							
その他の流動資産							
徴収不能引当金	△×××	△×××					
固定資産				固定負債			
基本財産				設備資金借入金			
土地				長期運営資金借入金			
建物				リース債務			
建物減価償却累計額	△×××	△×××		役員等長期借入金			
定期預金				退職給付引当金			
投資有価証券				役員退職慰労引当金			
				長期未払金			
その他の固定資産				長期預り金			
土地				退職共済預り金			
建物				その他の固定負債			
構築物							
機械及び装置							
車輌運搬具							
器具及び備品				負債の部合計			
建設仮勘定				純　　資　　産　　の　　部			
有形リース資産				基本金			
（何）減価償却累計額	△×××	△×××		国庫補助金等特別積立金			
権利				その他の積立金			
ソフトウェア				（何）積立金			
無形リース資産				次期繰越活動増減差額			
投資有価証券				（うち当期活動増減差額）			
長期貸付金							
退職給付引当資産							
長期預り金積立資産							
退職共済事業管理資産							
（何）積立資産							
差入保証金							
長期前払費用							
その他の固定資産							
徴収不能引当金	△×××	△×××		純資産の部合計			
資産の部合計				負債及び純資産の部合計			

貸借対照表内訳表

令和　年　月　日現在

（単位：円）

勘定科目	社会福祉事業	公益事業	収益事業	合計	内部取引消去	法人合計
流動資産						
現金預金						
有価証券						
事業未収金						
未収金						
未収補助金						
未収収益						
受取手形						
貯蔵品						
医薬品						
診療・療養費等材料						
給食用材料						
商品・製品						
仕掛品						
原材料						
立替金						
前払金						
前払費用						
１年以内回収予定長期貸付金						
１年以内回収予定事業区分間長期貸付金						
短期貸付金						
事業区分間貸付金						
仮払金						
その他の流動資産						
徴収不能引当金	△×××	△×××	△×××	△×××		△×××
固定資産						
基本財産						
土地						
建物						
建物減価償却累計額	△×××	△×××	△×××	△×××		△×××
定期預金						
投資有価証券						
その他の固定資産						
土地						
建物						
構築物						
機械及び装置						
車輌運搬具						
器具及び備品						
建設仮勘定						
有形リース資産						
（何）減価償却累計額	△×××	△×××	△×××	△×××		△×××
権利						
ソフトウェア						
無形リース資産						
投資有価証券						
長期貸付金						
事業区分間長期貸付金						
退職給付引当資産						
長期預り金積立資産						
退職共済事業管理資産						
（何）積立資産						
差入保証金						
長期前払費用						
その他の固定資産						
徴収不能引当金	△×××	△×××	△×××	△×××		△×××
資産の部合計						

流動負債						
短期運営資金借入金						
事業未払金						
その他の未払金						
支払手形						
役員等短期借入金						
1年以内返済予定設備資金借入金						
1年以内返済予定長期運営資金借入金						
1年以内返済予定リース債務						
1年以内返済予定役員等長期借入金						
1年以内返済予定事業区分間長期借入金						
1年以内支払予定長期未払金						
未払費用						
預り金						
職員預り金						
前受金						
前受収益						
事業区分間借入金						
仮受金						
賞与引当金						
その他の流動負債						
固定負債						
設備資金借入金						
長期運営資金借入金						
リース債務						
役員等長期借入金						
事業区分間長期借入金						
退職給付引当金						
役員退職慰労引当金						
長期未払金						
長期預り金						
退職共済預り金						
その他の固定負債						
負債の部合計						
基本金						
国庫補助金等特別積立金						
その他の積立金						
（何）積立金						
次期繰越活動増減差額						
（うち当期活動増減差額）						
純資産の部合計						
負債及び純資産の部合計						

9

計算書類の作成 I

（何）事業区分　貸借対照表内訳表

令和　年　月　日現在

（単位：円）

勘定科目	（何）拠点	（何）拠点	（何）拠点	合計	内部取引消去	事業区分計
流動資産						
現金預金						
有価証券						
事業未収金						
未収金						
未収補助金						
未収収益						
受取手形						
貯蔵品						
医薬品						
診療・療養費等材料						
給食用材料						
商品・製品						
仕掛品						
原材料						
立替金						
前払金						
前払費用						
１年以内回収予定長期貸付金						
１年以内回収予定事業区分間長期貸付金						
１年以内回収予定拠点区分間長期貸付金						
短期貸付金						
事業区分間貸付金						
拠点区分間貸付金						
仮払金						
その他の流動資産						
徴収不能引当金	△×××	△×××	△×××	△×××		△×××
固定資産						
基本財産						
土地						
建物						
建物減価償却累計額	△×××	△×××	△×××	△×××		△×××
定期預金						
投資有価証券						
その他の固定資産						
土地						
建物						
構築物						
機械及び装置						
車輌運搬具						
器具及び備品						
建設仮勘定						
有形リース資産						
（何）減価償却累計額	△×××	△×××	△×××	△×××		△×××
権利						
ソフトウェア						
無形リース資産						
投資有価証券						
長期貸付金						
事業区分間長期貸付金						
拠点区分間長期貸付金						
退職給付引当資産						
長期預り金積立資産						
退職共済事業管理資産						
（何）積立資産						
差入保証金						
長期前払費用						
その他の固定資産						
徴収不能引当金	△×××	△×××	△×××	△×××		△×××
資産の部合計						

流動負債						
短期運営資金借入金						
事業未払金						
その他の未払金						
支払手形						
役員等短期借入金						
1年以内返済予定設備資金借入金						
1年以内返済予定長期運営資金借入金						
1年以内返済予定リース債務						
1年以内返済予定役員等長期借入金						
1年以内返済予定事業区分間借入金						
1年以内返済予定拠点区分間長期借入金						
1年以内支払予定長期未払金						
未払費用						
預り金						
職員預り金						
前受金						
前受収益						
事業区分間借入金						
拠点区分間借入金						
仮受金						
賞与引当金						
その他の流動負債						
固定負債						
設備資金借入金						
長期運営資金借入金						
リース債務						
役員等長期借入金						
事業区分間長期借入金						
拠点区分間長期借入金						
退職給付引当金						
役員退職慰労引当金						
長期未払金						
長期預り金						
退職共済預り金						
その他の固定負債						
負債の部合計						
基本金						
国庫補助金等特別積立金						
その他の積立金						
（何）積立金						
次期繰越活動増減差額						
（うち当期活動増減差額）						
純資産の部合計						
負債及び純資産の部合計						

9 計算書類の作成 I

265

（何）拠点区分　貸借対照表

令和　年　月　日現在

（単位：円）

資　産　の　部	当年度末	前年度末	増減	負　債　の　部	当年度末	前年度末	増減
流動資産				流動負債			
現金預金				短期運営資金借入金			
有価証券				事業未払金			
事業未収金				その他の未払金			
未収金				支払手形			
未収補助金				役員等短期借入金			
未収収益				1年以内返済予定設備資金借入金			
受取手形				1年以内返済予定長期運営資金借入金			
貯蔵品				1年以内返済予定リース債務			
医薬品				1年以内返済予定役員等長期借入金			
診療・療養費等材料				1年以内返済予定事業区分間長期借入金			
給食用材料				1年以内返済予定拠点区分間長期借入金			
商品・製品				1年以内支払予定長期未払金			
仕掛品				未払費用			
原材料				預り金			
立替金				職員預り金			
前払金				前受金			
前払費用				前受収益			
1年以内回収予定長期貸付金				事業区分間借入金			
1年以内回収予定事業区分間長期貸付金				拠点区分間借入金			
1年以内回収予定拠点区分間長期貸付金				仮受金			
短期貸付金				賞与引当金			
事業区分間貸付金				その他の流動負債			
拠点区分間貸付金							
仮払金							
その他の流動資産							
徴収不能引当金	△×××	△×××					
固定資産				固定負債			
基本財産				設備資金借入金			
土地				長期運営資金借入金			
建物				リース債務			
建物減価償却累計額	△×××	△×××		役員等長期借入金			
定期預金				事業区分間長期借入金			
投資有価証券				拠点区分間長期借入金			
その他の固定資産				退職給付引当金			
土地				役員退職慰労引当金			
建物				長期未払金			
構築物				長期預り金			
機械及び装置				退職共済預り金			
車輌運搬具				その他の固定負債			
器具及び備品							
建設仮勘定							
有形リース資産							
（何）減価償却累計額	△×××	△×××		負債の部合計			
権利				純　資　産　の　部			
ソフトウェア				基本金			
無形リース資産				国庫補助金等特別積立金			
投資有価証券				その他の積立金			
長期貸付金				（何）積立金			
事業区分間長期貸付金				次期繰越活動増減差額			
拠点区分間長期貸付金				（うち当期活動増減差額）			
退職給付引当資産							
長期預り金積立資産							
退職共済事業管理資産							
（何）積立資産							
差入保証金							
長期前払費用							
その他の固定資産							
徴収不能引当金	△×××	△×××		純資産の部合計			
資産の部合計				負債及び純資産の部合計			

2 注記

注記とは？

注記とは、計算書類を読みとく際にヒントや参考になる内容を補足説明したものをいいます。

注記には、「**法人全体の注記**」と「**拠点区分単位の注記**」の２種類があり、それぞれ作成します。

注記も計算書類に含まれます。

注記の記載場所

「**法人全体の注記**」は、事業区分貸借対照表内訳表の後に記載し、「**拠点区分単位の注記**」は、拠点区分貸借対照表の後に記載します。

運用上の取扱い（局長通知） 25

注記の記載事項

注記の記載事項は次のページのとおりです。注記事項のうち注記する内容がない場合、項目名を記載しその下に「該当なし」と記載するものと、項目名も記載しないものがあります。

会計基準省令 第 29 条 第 1 項

注 記 事 項	拠点区分	注記内容が無い
1. 継続事業の前提に関する注記	省略	記載不要
2. 重要な会計方針		※
3. 重要な会計方針の変更		記載不要
4. 法人で採用する退職給付制度		※
5. 法人が作成する計算書類と拠点区分、サービス区分		※
6. 基本財産の増減の内容及び金額		※
7. 基本金又は固定資産の売却若しくは処分に係る国庫補助金等特別積立金の取崩し		※
8. 担保に供している資産		※
9. 有形固定資産の取得価額、減価償却費累計額等		記載不要
10. 債権額、徴収不能引当金の当期末残高、債権の当期末残高		記載不要
11. 満期保有目的の債券の内訳並びに帳簿価額、時価及び評価損益		※
12. 関連当事者との取引	省略	※
13. 重要な偶発債務	省略	※
14. 重要な後発事象		※
15. 合併及び事業の譲渡若しくは事業の譲受け	省略	※
16. その他社会福祉法人の資金収支及び純資産の増減の状況並びに資産、負債及び純資産の状態を明らかにするために必要な事項		※

「※」:注記する内容が無い場合、項目名を記載しその下に「該当なし」と記載します。

「記載不要」:注記する内容が無い場合、項目名も記載不要です。

運用上の留意事項(課長通知) 25 (2)

「省略」:拠点区分における注記で、そもそも記載する必要のない項目です。

1. 継続事業の前提の注記

　社会福祉法人の計算書類は、社会福祉法人会計の基準に準拠して作成されます。この会計基準は継続事業の前提、すなわち社会福祉法人が将来にわたって継続して事業活動を行うことを前提としています。

> 　例えば、固定資産の減価償却による費用配分や費用・収益の見越し・繰延べは、継続事業の前提にもとづいているといえます。

　しかし、社会福祉法人はさまざまなリスクにさらされて事業活動を営んでおり、将来にわたって事業活動を継続できるかどうかは確実ではありません。

　そこで、継続事業の前提に関する重要な不確実性が認められるときは、注記が必要となります。

(1)　継続事業の前提の注記の流れ

　法人の存続可能性に疑義が生じたときに、次の順序で注記をするか否かを検討します。

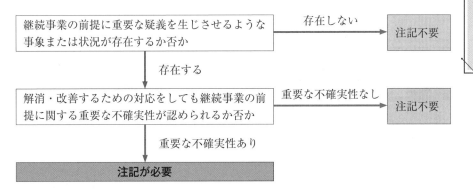

(2)　継続事業の前提に重要な疑義を生じさせるような事象または状況

　継続事業の前提に重要な疑義を生じさせるような事象または状況の例としては、債務超過等があります。

⑶　解消・改善するための対応をしても、重要な不確実性が認められる場合

　継続事業の前提に重要な疑義を生じさせるような事象または状況が存在する場合、その事象または状況を解消、または改善するための対応を行います。

　そして、解消または改善するための対応をしてもなお、継続性の前提に関する重要な不確実性が認められるときに注記します。

> 　借入金の返済が困難となった場合の対応には、資産の処分、資金調達、返済期限の延長の要請などがあります。これらを行っても借入金の返済が困難な場合には、重要な不確実性が認められると考えられます。

⑷　継続事業の前提の注記事項

　継続事業の前提に関する注記として、次の事項を注記します。

参考　継続事業の前提の注記事項
① 　継続事業の前提に重要な疑義を生じさせるような事象または状況が存在する旨及びその内容
② 　当該事象または状況を解消し、または改善するための対応策
③ 　当該重要な不確実性が認められる旨及びその理由
④ 　当該重要な不確実性の影響を計算書類に反映しているか否かの別

　　　　　　　　社会福祉法人会計基準の運用上の取扱いについて（Q＆A）（問5）

2．重要な会計方針

　重要な会計方針とは、計算書類を作成するにあたって、その財政及び活動の状況を正しく示すために採用した会計処理の原則及び手続並びに計算書類への表示方法をいいます。

　なお、複数の会計処理等が認められていない場合には、注記を省略できます。

　　　　　　　　　　　　　　　　　　　運用上の取扱い（局長通知）21

> 　1つの会計事実について2つ以上の方法が認められている場合、どの方法を採用するかにより、収益、費用の額が異なります。この場合に、採用した方法を明らかにすることで計算書類の比較が可能となります。

　重要な会計方針の例としては、有価証券の評価基準及び評価方法、固定資産の減価償却方法、引当金の計上基準などがあります。

記載例

２．重要な会計方針
(1)　有価証券の評価基準及び評価方法
　　・満期保有目的の債券等 – 償却原価法（定額法）
　　・上記以外の有価証券で時価のあるもの – 決算日の市場価格に基づく時価法
(2)　固定資産の減価償却の方法
　　・建物並びに器具及び備品 – 定額法
　　・リース資産
　　　所有権移転ファイナンス・リース取引に係るリース資産
　　　　自己所有の固定資産に適用する減価償却方法と同一の方法によっている。
　　　所有権移転外ファイナンス・リース取引に係るリース資産
　　　　リース期間を耐用年数とし、残存価額を零とする定額法によっている。
(3)　引当金の計上基準
　　・退職給付引当金 – 職員の退職給付に備えるため、当会計年度末における
　　　　　　　　　　　退職給付債務（簡便法）に基づき、当会計年度末におい
　　　　　　　　　　　て発生していると認められる額を計上している
　　・賞 与 引 当 金 – 職員に対する賞与の支給に備え、支給見込額のうち当
　　　　　　　　　　　会計年度に負担する金額を計上している。
　　・徴収不能引当金 – 利用者未収金の徴収不能に備えるため、当会計年度末
　　　　　　　　　　　における徴収不能実態を勘案したうえで徴収不能見込
　　　　　　　　　　　額を徴収不能引当金として計上している。

3.　重要な会計方針の変更

　重要な会計方針を変更した場合には、変更の内容、変更の理由、変更により計算書類に与える影響額を記載します。

4．法人で採用する退職給付制度

　「法人独自の退職金制度」、「都道府県等が実施する退職共済」、「福祉医療機構の退職共済」など、社会福祉法人が採用している退職給付制度の内容を注記します。退職給付制度がない場合には、「該当なし」と記載します。

　なお、事業別または拠点別に採用している制度が異なる場合には、それぞれについて記載します。

> 4．法人で採用する退職給付制度
>
> 　　当法人では、退職給付制度として福祉医療機構の退職共済制度を採用している。

5．法人が作成する計算書類と拠点区分、サービス区分

　「法人全体の注記」では、全ての拠点ごとの事業所とサービス区分を記載します。「各拠点の注記」では、その拠点の事業所とサービス区分を注記します。

> **計算書類に対する注記（法人全体用）**
>
> 5．法人が作成する計算書類と拠点区分、サービス区分
>
> 　　当法人の作成する計算書類は以下のとおりとなっている。
>
> (1)　法人全体の計算書類（会計基準省令第1号第1様式、第2号第1様式、第3号第1様式）
>
> (2)　事業区分別内訳表（会計基準省令第1号第2様式、第2号第2様式、第3号第2様式）
>
> (3)　社会福祉事業における拠点区分別内訳表（会計基準省令第1号第3様式、第2号第3様式、第3号第3様式）
>
> (4)　公益事業における拠点区分別内訳表（会計基準省令第1号第3様式、第2号第3様式、第3号第3様式）
>
> 　　当法人では、公益事業の拠点が一つであるため作成していない。

(5)　収益事業における拠点区分別内訳表(会計基準省令第1号第3様式、第2号第3様式、第3号第3様式)

　　当法人では収益事業を実施していないため作成していない。

(6)　各拠点区分におけるサービス区分の内容

　ア　A里拠点(社会福祉事業)

　　「介護老人福祉施設A里」

　　「本部」

　イ　B園拠点(社会福祉事業)

　　「保育園B園」

　ウ　C苑拠点(公益事業)

　　「有料老人ホームC苑」

計算書類に対する注記(A里拠点区分用)

4．拠点が作成する計算書類と拠点区分、サービス区分※

　　当拠点区分において作成する計算書類等は以下のとおりになっている。

(1)　A里拠点計算書類(会計基準省令第1号第4様式、第2号第4様式、第3号第4様式)

(2)　拠点区分事業活動明細書(別紙3(⑪))

　ア　介護老人福祉施設A里

　イ　本部

(3)　拠点区分資金収支明細書(別紙3(⑩))は省略している。

※　(A里拠点区分用)では継続企業の前提の注記が不要のため、「4.」となっています。

6．基本財産の増減の内容及び金額

　基本財産の取得等による、当期増加額や減価償却等による当期減少額がある場合に記載します。

　基本財産の増減がない場合には、「該当なし」と記載します。

6．基本財産の増減の内容及び金額

基本財産の増減の内容及び金額は以下のとおりである。

(単位：円)

基本財産の種類	前期末残高	当期増加額	当期減少額	当期末残高
土　　　　地	50,000,000	10,000,000	—	60,000,000
建　　　　物	40,000,000	30,000,000	2,000,000	68,000,000
定　期　預　金	20,000,000	—	20,000,000	—
投 資 有 価 証 券	1,000,000	—	—	1,000,000
合　　　計	111,000,000	40,000,000	22,000,000	129,000,000

7．基本金又は固定資産の売却若しくは処分に係る国庫補助金等特別積立金の取崩し

固定資産の処分等による、基本金または国庫補助金等特別積立金の取崩しがある場合に記載します。

減価償却による国庫補助金等特別積立金の取崩しについては記載不要です。該当の取崩しがない場合には、「該当なし」と記載します。

7．基本金又は固定資産の売却若しくは処分に係る国庫補助金等特別積立金の取崩し

A施設をBへ譲渡したことに伴い、基本金50,000,000円及び国庫補助金等特別積立金10,000,000円を取り崩した。

8．担保に供している資産

借入金などの担保に供している資産がある場合に、その資産と金額、債務の種類と金額を記載します。

担保に供している資産がない場合には、「該当なし」と記載します。

8．担保に供している資産

担保に供されている資産は以下のとおりである。

土地（基本財産）	50,000,000 円
建物（基本財産）	40,000,000 円
計	90,000,000 円

担保している債務の種類および金額は以下のとおりである。

設備資金借入金（1 年以内返済予定額を含む）	90,000,000 円
計	90,000,000 円

9．有形固定資産の取得価額、減価償却累計額及び当期末残高

有形固定資産について、貸借対照表上、直接法で表示している場合に記載します。間接法で表示している場合には記載不要です。

有形固定資産がない場合には、「該当なし」と記載します。

9．有形固定資産の取得価額、減価償却累計額及び当期末残高

固定資産の取得価額、減価償却累計額及び当期末残高は、以下のとおりである。

（単位：円）

	取得価額	減価償却累計額	当期末残高
建物（基本財産）	100,000,000	30,000,000	70,000,000
建物	50,000,000	20,000,000	30,000,000
構築物	10,000,000	2,000,000	8,000,000
⋮	⋮	⋮	⋮
合計	180,000,000	55,000,000	125,000,000

10. 債権額、徴収不能引当金の当期末残高、債権の当期末残高

債権について、貸借対照表上、直接法で表示している場合に記載します。間接法で表示している場合には記載不要です。

債権がない場合には、「該当なし」と記載します。

記載例

10. 債権額、徴収不能引当金の当期末残高、債権の当期末残高

債権額、徴収不能引当金の当期末残高、債権の当期末残高は以下のとおりである。

(単位：円)

	債 権 額	徴収不能引当金の当期末残高	債権の当期末残高
事 業 未 収 金	6,000,000	120,000	5,880,000
立 替 金	1,000,000	20,000	980,000
合 計	7,000,000	140,000	6,860,000

11. 満期保有目的の債券の内訳並びに帳簿価額、時価及び評価損益

国債や社債などの満期保有目的債券がある場合に記載します。

債券がない場合には、「該当なし」と記載します。

記載例

11. 満期保有目的の債券の内訳並びに帳簿価額、時価及び評価損益

満期保有目的の債券の内訳並びに帳簿価額、時価及び評価損益は以下のとおりである。

(単位：円)

	帳簿価額	時 価	評価損益
第50回利付国債	9,800,000	9,850,000	50,000
合 計	9,800,000	9,850,000	50,000

12. 関連当事者との取引

　社会福祉法人が、社会福祉法人内の役員や、社会福祉法人と密接な関係のある他の法人と取引をする場合には、必ずしも対等な立場で行われるとは限らず、社会福祉法人の財政状態や経営成績に影響を及ぼす可能性があります。

　また、社会福祉法人経営の透明性を高めるという趣旨からも、密接な関係のある個人または法人との取引を開示する必要があります。

　そのため、関連当事者との取引を注記することが定められています。

> 　例えば、社会福祉法人の役員がその立場を利用して、取得のために通常要する価格より安い価格で社会福祉法人から資産を買った場合、社会福祉法人は通常、売却した場合に得られたであろう資金または利益を得られず、社会福祉法人に損失を与えることになります。

(1) 関連当事者と注記が必要な取引

　関連当事者とは、会計基準省令（第29条 第2項）で定められた社会福祉法人の役員、評議員、それらの近親者等ならびに特定の法人をいいます。

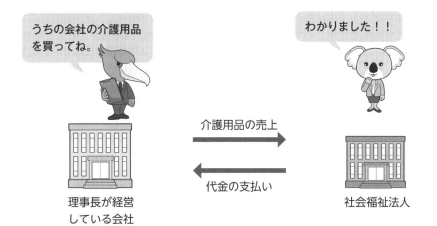

関連当事者の範囲	関連当事者との取引に係る開示対象範囲
(1) 社会福祉法人の常勤の役員又は評議員として**報酬を受けている者**及びそれらの近親者	
① 当該役員又は評議員	
② 当該役員又は評議員の３親等内の親族	① **事業活動計算書項目に係る取引** 　年間 1,000 万円を超える取引を全て開示する。
③ 当該役員又は評議員とまだ婚姻の届け出をしていないが、事実上婚姻と同様の事情にある者	
④ 当該役員又は評議員から受ける金銭その他の財産によって生計を維持している者	② **貸借対照表項目に係る取引** 　年間 1,000 万円を超える取引を全て開示する。
⑤ ③又は④の親族で、これらの者と生計を一にしている者	
(2) 常勤の役員又は評議員として**報酬を受けている者**及びそれらの近親者が議決権の過半数を有している法人	
(3) 支配法人（当該社会福祉法人の財務及び営業又は事業の方針の決定を支配している他の法人）	① **事業活動計算書項目に係る取引** **イ．サービス活動収益又はサービス活動外収益の各項目に係る関連当事者との取引** 　各項目に属する科目ごとに、サービス活動収益とサービス活動外収益の合計額の 100 分の 10 を超える取引を開示する。
(4) 被支配法人（当該社会福祉法人が財務及び営業又は事業の方針の決定を支配している他の法人）	**ロ．サービス活動費用又はサービス活動外費用の各項目に係る関連当事者との取引** 　各項目に属する科目ごとに、サービス活動費用とサービス活動外費用の合計額の 100 分の 10 を超える取引を開示する。
(5) 当該社会福祉法人と同一の支配法人を持つ法人	**ハ．特別収益又は特別費用の各項目に係る関連当事者との取引** 　各項目に属する科目ごとに、1,000 万円を超える収益又は費用の額について、その取引総額を開示し、取引総額と損益が相違する場合は損益を併せて開示する[※]。

278

| | ②　貸借対照表項目に係る取引
　資産の合計額の100分の1を超える取引について開示する。 |

※　各項目に属する科目の取引に係る損益の合計額が当期活動増減差額の100分の10以下となる場合には、開示を要しないものとする。

〈参考文献〉中村　厚／著『【計算書類作成から財務分析まで】社会福祉法人会計のすべて』
ぎょうせい

運用上の留意事項（課長通知）26⑴、⑵

(2)　注記が不要な取引

関連当事者との間の取引のうち次の取引については、注記が不要です。

運用上の取扱い（局長通知）22 2

ⅰ　一般競争入札による取引、預金利息及び配当金の受取り、取引条件が一般の取引と同様であることが明白な取引

ⅱ　役員に対する報酬、賞与および退職慰労金の支払い

(3)　関連当事者との取引の記載事項

関連当事者との取引については、次の事項を原則として関連当事者ごとに注記しなければなりません。

運用上の取扱い（局長通知）22 1

⑴　当該関連当事者が法人の場合には、その名称、所在地、直近の会計年度末における資産総額及び事業の内容 　当該関連当事者が会社の場合には、当該関連当事者の議決権に対する当該社会福祉法人の役員、評議員又はそれらの近親者の所有割合
⑵　当該関連当事者が個人の場合には、その氏名及び職業
⑶　当該社会福祉法人と関連当事者との関係
⑷　取引の内容
⑸　取引の種類別の取引金額
⑹　取引条件及び取引条件の決定方針
⑺　取引により発生した債権債務に係る主な科目別の期末残高
⑻　取引条件の変更があった場合には、その旨、変更の内容及び当該変更が計算書類に与えている影響の内容

13. 重要な偶発債務

偶発債務とは、現時点では債務ではないが、一定の事由を条件として、将来債務となる可能性がある債務のことをいいます。

重要な偶発債務の記載対象は次のとおりです。なお、該当する偶発債務がない場合には、「該当なし」と記載します。

---

point 重要な偶発債務

① 債務保証金額

② 係争事件に係る賠償義務

記載例

> **13. 重要な偶発債務**
>
> 現在、A氏とBに関して係争中であり、敗訴した場合には約8,000,000円の損害賠償による債務を負う可能性がある。

14．重要な後発事象

　後発事象とは、決算日後に発生した法人の財政及び活動の状況に影響を及ぼす会計事象をいいます。後発事象には、**修正後発事象**と**開示後発事象**があり、注記の対象となるのは開示後発事象です。

　該当する開示後発事象がない場合には、「該当なし」と記載します。

後発事象	内　　容
修正後発事象	決算日後に発生した事象の実質的な原因が期末日現在、存在しているため、計算書類の修正が必要となる事象
開示後発事象	発生した事象が翌年度以降の計算書類に影響を与えるため、注記が必要となる事象

point　開示後発事象の例

① 　火災、出水等による重大な損害の発生

② 　施設の開設または閉鎖、施設の譲渡または譲受け

③ 　重要な係争事件の発生または解決

④ 　重要な徴収不能額の発生

運用上の取扱い（局長通知）23

　修正後発事象の例としては、決算日後の利用者の破産による事業未収金の回収不能があります。

　例えば、利用者の財政状態が徐々に悪化しており、結果として決算日後に破産し、回収不能となった場合、破産の実質的な原因が決算日現在に存在していたと考えられます。

　この場合、修正後発事象として当期の計算書類に事業未収金の回収不能額を損失計上します。

9
計算書類の作成 I

15. 合併及び事業の譲渡若しくは事業の譲受け

合併、事業譲渡、事業譲受がある場合に記載します。

該当する取引がない場合には、「該当なし」と記載します。

運用上の取扱い（局長通知） 20 (5)

16. 資金収支及び純資産の増減の状況等を明らかにするために必要な事項

「その他社会福祉法人の資金収支及び純資産増減の状況並びに資産、負債及び純資産の状態を明らかにするために必要な事項」として、上記の注記事項の他に、法人の状況を適正に判断するために必要な事項がある場合に記載します。

該当の事項がない場合には、「該当なし」と記載します。

参考 法人の状況を適正に判断するために必要な事項

① 状況の変化にともなう引当金の計上基準の変更、固定資産の耐用年数、残存価額の変更等会計処理上の見積方法の変更に関する事項

② 法令の改正、社会福祉法人の規程の制定及び改廃等、会計処理すべき新たな事実の発生にともない新たに採用した会計処理に関する事項

③ 勘定科目の内容について特に説明を要する事項
過年度の固定資産や国庫補助金等特別積立金の計上漏れなどによる修正がある場合など

④ 法令、所轄庁の通知等で特に説明を求められている事項

運用上の取扱い（局長通知） 24

記載例

16. その他社会福祉法人の資金収支及び純資産増減の状況並びに資産、負債及び純資産の状態を明らかにするために必要な事項

(1) 適用する会計基準の変更
当年度より社会福祉法人会計基準を適用している。

(2) 事業活動計算書及び貸借対照表における前年度との対比について
当年度は会計基準移行年度であることから、「社会福祉法人会計基準への移行時の取り扱い」1(2)に従い、事業活動計算書及び貸借対照表の前年度の数値は記載していない。

3 附属明細書

附属明細書

　附属明細書は、計算書類の内容を補足する重要項目として「会計基準省令第30条第1項」で、19種類が規定されています。そのうち第一号から第七号までが法人全体で作成し、第八号から第十九号までが拠点区分ごとに作成します。なお、該当する事由がない場合は作成する必要はありません。

　附属明細書の詳細については、厚生労働省のHP（社会福祉法人会計基準の「社会福祉法人会計基準の運用上の取扱いについて26」）で見ることができます。

別紙3	附属明細書の名称	作成単位
（①）	借入金明細書	法人全体
（②）	寄附金収益明細書	
（③）	補助金事業等収益明細書	
（④）	事業区分間及び拠点区分間繰入金明細書	
（⑤）	事業区分間及び拠点区分間貸付金(借入金)残高明細書	
（⑥）	基本金明細書	
（⑦）	国庫補助金等特別積立金明細書	
（⑧）	基本財産及びその他の固定資産の明細書	拠点区分
（⑨）	引当金明細書	
（⑩）	拠点区分資金収支明細書	
（⑪）	拠点区分事業活動明細書	
（⑫）	積立金・積立資産明細書	
（⑬）	サービス区分間繰入金明細書	
（⑭）	サービス区分間貸付金(借入金)残高明細書	
（⑮）	就労支援事業別事業活動明細書	
（⑮－2）	就労支援事業別事業活動明細書(多機能型事業所等用)	

(⑯)	就労支援事業製造原価明細書	
(⑯−2)	就労支援事業製造原価明細書(多機能型事業所等用)	
(⑰)	就労支援事業販管費明細書	
(⑰−2)	就労支援事業販管費明細書(多機能型事業所等用)	
(⑱)	就労支援事業明細書	
(⑱−2)	就労支援事業明細書(多機能型事業所等用)	
(⑲)	授産事業費用明細書	

事業内容による(⑩)と(⑪)の省略について

事業内容によっては、拠点区分資金収支明細書（⑩）、または拠点区分事業活動明細書（⑪）を省略することができます。 **運用上の取扱い（局長通知）** 26 (2)ウ

○印は省略可

事業内容	(⑩)拠点区分 資金収支明細書	(⑪)拠点区分 事業活動明細書
介護保険サービス	○	要作成
障害福祉サービス		
子どものための教育・保育給付費	要作成	○
措置費		
上記以外	事業内容に応じてどちらか一方を省略可	

確認テスト

答え：P.348

❶ 以下の資料にもとづき、当法人の×3年度の貸借対照表、事業活動計算書（一部）及び注記を作成しなさい。

決算整理前の残高（一部）		（単位：千円）	
土 地 （ 基 本 財 産 ）	400,000	設 備 資 金 借 入 金	360,000
建 物 （ 基 本 財 産 ）	190,000	基　　本　　金	400,000
建物（その他の固定資産）	95,000	国庫補助金等特別積立金	95,000
有 形 リ ー ス 資 産	70,000		

1．減価償却等に関する資料は次のとおりである。　　　　（単位：千円）

種　　類	取得価額	取得年月日	償却方法	耐用年数
建物（基本財産）	200,000	×2年4月	定額法	20年（0.050）
建物（その他）	100,000	×2年4月	定額法	20年（0.050）
リース資産A	40,000	×3年4月	定額法	8年（0.125）
リース資産B	30,000	×3年4月	定額法	6年（0.167）

⑴　土地（基本財産）と建物（基本財産）は、×2年4月に設備資金借入金600,000千円をもとに取得したものであり、両資産を担保に供している。合わせて、借入金返済に充てるために理事長からの寄附金400,000千円を基本金に計上している。

⑵　建物（その他の固定資産）は、×2年4月に東京都からの補助金100,000千円をもとに取得したものである。

⑶　リース資産Aは所有権移転ファイナンス・リース取引に係るものであり、リース資産Bは所有権移転外ファイナンス・リース取引（リース期間5年）に係るものである。

⑷　減価償却の記帳方法及び表示方法は直接法による。リース資産以外の固定資産の当期の取得、売却による増減はなかった。残存価額はゼロである。

2. 設備資金借入金は ×2 年 4 月 1 日に借入期間 5 年で 600,000 千円を借入れ、×2 年 4 月末より毎月 10,000 千円を均等返済している。

当期の返済の処理は適切に行われている。

答案用紙

(単位：千円)

貸　借　対　照　表

固定資産	
基本財産	
土　　　地	400,000
建　　　物	(　　　　　　)
その他の固定資産	
建　　　物	(　　　　　　)
有形リース資産	(　　　　　　)
流動負債	
1年以内返済予定設備資金借入金	(　　　　　　)
固定負債	
設備資金借入金	(　　　　　　)
国庫補助金等特別積立金	(　　　　　　)

事業活動計算書

サービス活動増減の部	⋮	⋮
	減 価 償 却 費	(　　　　　)
	国庫補助金等特別積立金取崩額	(　　　　　)
	⋮	⋮

計算書類に対する注記（法人全体用）

１．重要な会計方針

⑴　固定資産の減価償却の方法

　　・建物－定額法

　　・リース資産

　　　所有権移転ファイナンス・リース取引に係るリース資産

　　　　目己所有の固定資産に適用する減価償却方法と同一の方法によっている。

　　　所有権移転外ファイナンス・リース取引に係るリース資産

　　　　(　　　　　)を耐用年数とし、残存価額を零とする定額法によっている。

286

4．基本財産の増減の内容及び金額

基本財産の増減の内容及び金額は以下のとおりである。　（単位：千円）

基本財産の種類	前期末残高	当期増加額	当期減少額	当期末残高
土　　　　地	400,000	—	—	400,000
建　　　　物	190,000	—		
合　　計	590,000	—		

5．基本金又は固定資産の売却若しくは処分に係る（　　　　　　　　）の取崩し

該当なし

6．担保に供している資産

担保に供されている資産は以下のとおりである。

土地（基本財産）　　　　　　　　　　　（　　　　　　　）千円
建物（基本財産）　　　　　　　　　　　（　　　　　　　）千円
　　　　　　　　　　　　　　　計　（　　　　　　　）千円

担保している債務の種類および金額は以下のとおりである。

設備資金借入金（１年以内返済予定額を含む）（　　　　　　　）千円
　　　　　　　　　　　　　　　計　（　　　　　　　）千円

7．有形固定資産の取得価額、減価償却累計額及び当期末残高

固定資産の取得価額、減価償却累計額及び当期末残高は、以下のとおりである。　（単位：千円）

	取得価額	減価償却累計額	当期末残高
土地（基本財産）	400,000	—	400,000
建物（基本財産）	200,000		
建　　　　物	100,000		
有形リース資産	70,000		
合　　計	770,000		

深刻な 2040 年問題……

「**2040 年問題**」という言葉をご存じでしょうか？

少子高齢化が進み、2040 年には 65 歳以上の高齢者が 4,000 万人近くに達する見込みとなり、全人口の約 36％が高齢者ということになります。

一方で少子化はどんどん進んでいて、2021 年の出生数は 81 万人であり、ピーク時であった 1970 年代の出生数 200 万人から比較すると半分以下となってしまいました。

この現状を踏まえ、2040 年には

・社会保障費の財源不足

・医療、福祉従事者の人材不足

といった深刻な問題が起こると予測されています。これがいわゆる「2040年問題」なのです。

この問題を解決するための方策の１つが「年金改革」です。

健康で元気な高齢者の方々には、積極的に就労を促し、年金を受取る側から納める側になってもらおう、ということですね。

皆さんも、某ハンバーガーショップで元気に働いていらっしゃる高齢者の方々を見かけたことがあるのではないでしょうか？　高齢者の方々がとても楽しそうに活き活きとお仕事をされているのを拝見してびっくりする気持ちと同時に、「自分も長く現役で頑張りたいなぁ……」と思います。

このような背景から、積極的に高齢者の再就職を受け入れている企業がどんどん増えているようです。

人生 100 年時代、そのうち「高齢者」の年齢の定義も変るかもしれませんね……。

まだまだ現役だぁ！！

第10章

計算書類の作成 II

① 予算
② 財産目録
③ 社会福祉充実残額
④ 資金使途制限通知
⑤ 計算書類の分析と検証

　　ここでは、予算編成や、財産目録、社会福祉充実残額などについてみていきます。

　　特に社会福祉充実残額は、試験範囲に新たに入った項目です。まずは全体像を理解してから、細かな計算方法を確認するようにしましょう！

1 予算

予算編成

　資金収支計算書では事業計画に沿って、資金の使い道をあらかじめ決めておいた**予算を表示**する必要があります。成り行き任せの経営にさせないためです。

　社会福祉法人では様々な方々から寄附金を頂きます。その寄附者の意志を汲んだ上で、1年単位の事業計画が策定され、その事業計画に沿って資金の使い道をあらかじめ決定します。

　予算を作成することを予算編成といい、予算管理は拠点を単位として行います。そして、拠点区分の予算をもとに集約した法人単位資金収支計算書を併せて作成します。また、翌事業年度の予算は2月または3月頃に開催される理事会や評議員会で承認を受ける必要があります。

予備費

　年度途中で当初の予算と乖離（かいり）するとき、補正する必要があります。これに備えて、予備費を設定しておきます。設定方法は法人ごとに経理規程に規定しておきます。

経理規程 第19条

　例えば、「予備費は支出全体の2％とする。」など、補正するための資金支出を予算の中に入れておきます。

　予備費の使用には、事前に**理事長の承認**が必要になります。予備費を使用した場合、予備費から予算を超過している支出科目に予算の振り替えを行います。なお、理事長は、使用の理由や金額を理事会に報告する必要があります。

point

　予備費は予め予算の中に入れておき、軽微な補正に対して資金支出として使用します。重大な補正に対しては、予備費で対応することはできず、補正予算を作成する必要があります。

補正予算

年度途中で**当初の予算と大きく乖離**するとき、予算を補正する必要があります。そのさい、新たに**補正予算を編成**します。

また、補正するにあたって、その原因を把握して、予算編成と同じように**理事会や評議員会で承認**を受ける必要があります。

予算管理

予算とは、事業計画に沿って、資金を使う「予定」になります。

そのため、**予算通り資金が使われていない場合、事業計画に沿った事業活動が行われていない**ということになります。

例えば、特別養護老人ホームを運営する社会福祉法人において、給食費が予算の 100 万円より、大幅に低く 40 万円に抑えることができたとします。営利団体の場合は、支出を低く抑えることは、良いことかもしれません。しかし、社会福祉法人では、予算通りの支出がなされていないということは、給食で安い食材を使って、当初より低いサービスの提供が行われている可能性があるため、資金収支の差額が多く出れば良いというものではありません。

予算管理とは、**予算と実績を比較・分析し、改善などの適切な対応**をしていくことです。それは、期末に限らず、日常的に行うこともあります。

　予算管理を行うことで、事業活動が正しく行われているかチェックする必要があります。

重要な資産及び負債等の状況を明確にするため

2 財産目録

財産目録

　財産目録とは、全ての資産及び負債につき、その名称、数量、金額等を詳細に表示するものです。

　財産目録は計算書類ではありませんが、社会福祉法で作成が義務付けられている計算書類を補足する書類であり、社会福祉充実残額を計算する際の基礎資料となります。

　財産目録は法人単位で作成し、事業区分別に作成する必要はありません。

運用上の取扱い（局長通知） 27

　財産目録の金額は、法人単位貸借対照表に記載した金額と同一となります。

財　産　目　録

令和　年　月　日現在

（単位：円）

貸借対照表科目	場所・物量等	取得年度	使用目的等	取得価額	減価償却累計額	貸借対照表価額
Ⅰ 資産の部						
1 流動資産						
現金預金						
現金	現金手許有高	－	運転資金として	－	－	×××
普通預金	○○銀行○○支店他	－	運転資金として	－	－	×××
			小計			×××
事業未収金	………	－	○月分介護報酬等	－	－	×××
		流動資産合計				×××
2 固定資産						
（1）基本財産						
土地	(A拠点)○○市○○町1-1-1	－	第1種社会福祉事業である、○○施設等に使用している	－	－	×××
	(B拠点)○○市○○町2-2-2	－	第2種社会福祉事業である、▲▲施設等に使用している	－	－	×××
			小計			×××
建物	(A拠点)○○市○○町1-1-1	19××年度	第1種社会福祉事業である、○○施設等に使用している	×××	×××	×××
	(B拠点)○○市○○町2-2-2	19××年度	第2種社会福祉事業である、▲▲施設等に使用している	×××	×××	×××
			小計			×××
定期預金	○○銀行○○支店他	－	寄附者により○○事業に使用することが指定されている	－	－	×××
投資有価証券	第○回利付国債他	－	特段の指定がない	－	－	×××
……						………
		基本財産合計				×××
（2）その他の固定資産						
土地	(○拠点)○○市○○町3-3-3	－	5年後に開設する○○事業のための用地	－	－	×××
	(本部拠点)○○市○○町4-4-4	－	本部として使用している	－	－	×××
			小計			×××
建物	(C拠点)○○市○○町5-5-5	20××年度	第2種社会福祉事業である、訪問介護事業所に使用している	×××	×××	×××
車輌運搬具	○○他3台	－	利用者送迎用	×××	×××	×××
○○積立資産	定期預金 ○○銀行○○支店他	－	将来における○○の目的のために積み立てている定期預金	－	－	×××
……						………
		その他の固定資産合計				×××
		固定資産合計				×××
		資産合計				×××
Ⅱ 負債の部						
1 流動負債						
短期運営資金借入金	○○銀行○○支店他	－		－		×××
事業未払金	○月分水道光熱費他	－		－		×××
職員預り金	○月分源泉所得税他	－		－		×××
……	………					………
		流動負債合計				×××
2 固定負債						
設備資金借入金	独立行政法人福祉医療機構他	－		－		×××
長期運営資金借入金	○○銀行○○支店他	－		－		×××
……	………					………
		固定負債合計				×××
		負債合計				×××
		差引純資産				×××

（記載上の留意事項）
・土地、建物が複数ある場合には、科目を拠点区分毎に分けて記載するものとする。
・同一の科目について控除対象財産に該当し得るものと、該当し得ないものが含まれる場合には、分けて記載するものとする。
・科目を分けて記載した場合は、小計欄を設けて、「貸借対照表価額」欄と一致させる。
・「使用目的等」欄には、社会福祉法第55条の2の規定に基づく社会福祉充実残額の算定に必要な控除対象財産の判定を行うため、各資産の使用目的を簡潔に記載する。
　なお、負債については、「使用目的等」欄の記載を要しない。
・「貸借対照表価額」欄は、「取得価額」欄と「減価償却累計額」欄の差額と同額になることに留意する。
・建物についてのみ「取得年度」欄を記載する。
・減価償却資産（有形固定資産に限る。）については、「減価償却累計額」欄を記載する。なお、減価償却累計額には、減損損失累計額を含むものとする。
　また、ソフトウェアについては、取得価額から貸借対照表価額を控除して得た額を「減価償却累計額」欄に記載する。
・車輌運搬具の○○には会社名と車種を記載すること。車輌番号は任意記載とする。
・預金に関する口座番号は任意記載とする。

3 社会福祉充実残額

社会福祉法人における内部留保

　営利企業が事業活動を通じて獲得した利益は、繰越利益剰余金として純資産に計上され、そこから株主に配当を行います。

　しかし、100万円の利益が出ても、全額を配当金として株主に還元するのではなく、いくらかを企業内に残し、事業の再投資等に備えることが多くあります。このように**獲得した利益の一部を企業内に留保**することを「**内部留保**」といいます。

　では、社会福祉法人で考えてみましょう。

　事業活動を通じて獲得したものは、純資産の次期繰越活動増減差額として計上されます。しかし、社会福祉法人では営利企業とは異なり、株主は存在せず、配当も行われません。そのため、社会福祉法人では純資産から基本金と国庫補助金等特別積立金を差し引いた部分が「内部留保」にあたります。

社会福祉充実残額

　社会福祉法人の「内部留保」について、明瞭に把握ができなかったり、多く蓄えておきながら事業拡大に消極的だったりと、様々な批判がなされました。また、社会福祉法人としての不適切な経営などが指摘される中、平成28年3月に社会福祉法が改正されました。

　この改正によって、「**純資産の額（資産の額－負債の額）**」が「**事業継続に必要な財産の額**」を超える場合には、その内部留保に相当する額を「**社会福祉充実残額**」とし、「社会福祉充実計画」として既存事業の充実、または新規事業の実施計画を作成し、所轄庁の承認を得ることとなりました。

　財産が余りすぎている場合には、社会福祉事業をより充実させるために、その財産を有効に活用する計画を立てる必要があります。

社会福祉充実残額の算定

社会福祉充実残額の算定方法は、「**社会福祉充実計画の承認等に係る事務処理基準**」に規定されています。

社会福祉充実残額とは、**活用可能な財産**（Ⓐ）から事業継続に必要な最低限の財産である**控除対象財産**（Ⓑ）を差し引いた**再投下対象財産**になります。

特に指示がなく、複数の方法が選択できる場合は、**社会福祉充実残額が最も少なくなる方法**を採用します。

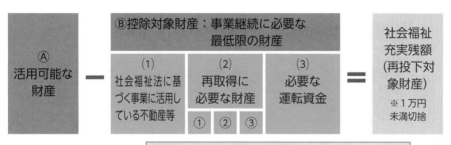

社会福祉充実計画の承認等に係る事務処理基準　3．(2)

Ⓐ活用可能な財産

活用可能な財産の算定式は以下になります。

活用可能な財産　＝　資産－負債－基本金－国庫補助金等特別積立金

　　　　　　　　＝　純資産－基本金－国庫補助金等特別積立金

純資産から基本金と国庫補助金等特別積立金を引くことで内部留保を出しています。

貸借対照表

資産合計	純資産合計	負債合計	
		基本金 国庫補助金等特別積立金	
		その他の積立金 ○○積立金 次期繰越活動増減差額 （うち当期活動増減差額）	活用可能な財産

社会福祉充実計画の承認等に係る事務処理基準　3．(3)

　この計算の時点でゼロ以下となる場合は、社会福祉充実残額は発生しないことになります。

Ⓑ控除対象財産：事業継続に必要な最低限の財産

事業継続に必要な最低限の財産は以下の３つから構成されます。

(1) 社会福祉法に基づく事業に活用している不動産等

(2) 再取得に必要な財産… ①将来の建替に必要な費用

②建替までの間の大規模修繕に必要な費用

③設備・車輌等の更新に必要な費用

(3) 必要な運転資金

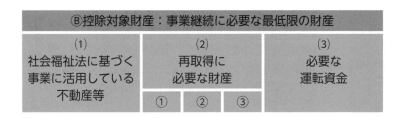

(1)社会福祉法に基づく事業に活用している不動産等

「社会福祉法に基づく事業に活用している不動産等」とは、社会福祉事業等で使用している財産のことであり、算定式は以下になります。

社会福祉法に基づく事業に活用している不動産等＝

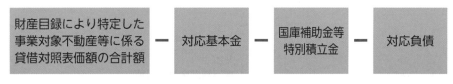

この算式によって、事業に使用している不動産等に対して、社会福祉法人がどれだけ自己資金を出しているのかを計算しています。

	自己資金	自己資金の部分のみ 控除対象となる
不動産等	基本金（寄附金）	
	国庫補助金等 特別積立金（補助金）	
	対応負債（借入金）	

なお、「社会福祉法に基づく事業に活用している不動産等」には、社会福祉事業に限らず、公益事業や収益事業で活用している不動産等も対象になります。

上記の不動産等に対応する負債は、設備資金借入金、1年以内返済予定設備資金借入金、リース債務、1年以内返済予定リース債務となります。

社会福祉充実計画の承認等に係る事務処理基準 3.(4)③

こうした基本的な考え方の下、控除対象となる不動産等の具体的な内容については、原則として、次表に掲げるとおりです。

社会福祉充実計画の承認等に係る事務処理基準 3.(4)①

（◎：控除対象となるもの、○：社会福祉事業等の用に供されるものに限り、控除対象となるもの、－：控除対象とはならないもの）

＜資産の部＞			控除対象 の判別	理由・留意事項等
大区分	中区分	勘定科目の内容		
流動資産	現金預金	現金（硬貨、小切手、紙幣、郵便為替証書、郵便振替貯金払出証書、官公庁の支払通知書等）及び預貯金（当座預金、普通預金、定期預金、郵便貯金、金銭信託等）をいう。	－	最終的な使途目的が不明確な財産となることから控除対象とはならない。
	有価証券	国債、地方債、株式、社債、証券投資信託の受益証券などのうち時価の変動により利益を得ることを目的とする有価証券をいう。	－	
	事業未収金	事業収益に対する未収入金をいう。	－	
	未収金	事業収益以外の収益に対する未収入金をいう。	－	

未収補助金	施設整備、設備整備及び事業に係る補助金等の未収額をいう。	◎	社会福祉事業等の用に供されることが明らかに見込まれることから、控除対象となる。
未収収益	一定の契約に従い、継続して役務の提供を行う場合、すでに提供した役務に対していまだその対価の支払を受けていないものをいう。	―	最終的な使途目的が不明確な財産となることから控除対象とはならない。
受取手形	事業の取引先との通常の取引に基づいて発生した手形債権（金融手形を除く）をいう。	―	
貯蔵品	消耗品等で未使用の物品をいう。業種の特性に応じ小区分を設けることができる。	○	社会福祉事業等の用に供されるものに限り、控除対象となる。
医薬品	医薬品の棚卸高をいう。	◎	社会福祉事業等の用に供されることが明らかに見込まれることから、控除対象となる。
診療・療養費等材料	診療・療養費等材料の棚卸高をいう。	◎	
給食用材料	給食用材料の棚卸高をいう。	◎	
商品・製品	売買又は製造する物品の販売を目的として所有するものをいう。	◎	
仕掛品	製品製造又は受託加工のために現に仕掛中のものをいう。	◎	
原材料	製品製造又は受託加工の目的で消費される物品で、消費されていないものをいう。	◎	
立替金	一時的に立替払いをした場合の債権額をいう。	―	最終的な使途目的が不明確な財産となることから控除対象とはならない。
前払金	物品等の購入代金及び役務提供の対価の一部又は全部の前払額をいう。	○	社会福祉事業等の用に供されるものに限り、控除対象となる。
前払費用	一定の契約に従い、継続して役務の提供を受ける場合、いまだ提供されていない役務に対し支払われた対価をいう。	◎	費用化されるため、控除対象となる。
1年以内回収予定長期貸付金	長期貸付金のうち貸借対照表日の翌日から起算して1年以内に入金の期限が到来するものをいう。	◎	社会福祉事業等の用に供されることが明らかに見込まれることから、控除対象となる。
1年以内回収予定事業区分間長期貸付金	事業区分間長期貸付金のうち貸借対照表日の翌日から起算して1年以内に入金の期限が到来するものをいう。		法人全体の貸借対照表には計上されない。

	1 年以内回収予定拠点区分間長期貸付金	拠点区分間長期貸付金のうち貸借対照表日の翌日から起算して 1 年以内に入金の期限が到来するものをいう。		
	短期貸付金	生計困窮者に対して無利子または低利で資金を融通する事業、法人が職員の質の向上や福利厚生の一環として行う奨学金貸付等、貸借対照表日の翌日から起算して 1 年以内に入金の期限が到来するものをいう。	◎	社会福祉事業等の用に供されることが明らかに見込まれることから、控除対象となる。
	事業区分間貸付金	他の事業区分への貸付額で、貸借対照表日の翌日から起算して 1 年以内に入金の期限が到来するものをいう。		法人全体の貸借対照表には計上されない。
	拠点区分間貸付金	同一事業区分内における他の拠点区分への貸付額で、貸借対照表日の翌日から起算して 1 年以内に入金の期限が到来するものをいう。		
	仮払金	処理すべき科目又は金額が確定しない場合の支出額を一時的に処理する科目をいう。	○	社会福祉事業等の用に供されるものに限り、控除対象となる。
	その他の流動資産	上記に属さない債権等であって、貸借対照表日の翌日から起算して 1 年以内に入金の期限が到来するものをいう。ただし、金額の大きいものについては独立の勘定科目を設けて処理することが望ましい。	○	
	徴収不能引当金	未収金や受取手形について回収不能額を見積もったときの引当金をいう。		資産から控除済。
固定資産（基本財産）	土地	基本財産に帰属する土地をいう。	◎	社会福祉事業等の用に供されることが明らかに見込まれることから、控除対象となる。
	建物	基本財産に帰属する建物及び建物付属設備をいう。	◎	
	定期預金	定款等に定められた基本財産として保有する定期預金をいう。	○	法人設立時に必要とされたものに限り、控除対象となる。（注 1 ）
	投資有価証券	定款等に定められた基本財産として保有する有価証券をいう。	○	
	土地	基本財産以外に帰属する土地をいう。	○	社会福祉事業等の用に供されるものに限り、控除対象となる。（注 2 ）
	建物	基本財産以外に帰属する建物及び建物付属設備をいう。	○	

固定資産（その他の固定資産）	構築物	建物以外の土地に固着している建造物をいう。	○	社会福祉事業等の用に供されるものに限り、控除対象となる。
	機械及び装置	機械及び装置をいう。	○	
	車輌運搬具	送迎用バス、乗用車、入浴車等をいう。	○	
	器具及び備品	器具及び備品をいう。	○	
	建設仮勘定	有形固定資産の建設、拡張、改造などの工事が完了し稼働するまでに発生する請負前渡金、建設用材料部品の買入代金等をいう。	◎	社会福祉事業等の用に供されることが明らかに見込まれることから、控除対象となる。
	有形リース資産	有形固定資産のうちリースに係る資産をいう。	○	社会福祉事業等の用に供されるものに限り、控除対象となる。
	権利	法律上又は契約上の権利をいう。	○	
	ソフトウェア	コンピュータソフトウェアに係る費用で、外部から購入した場合の取得に要する費用ないしは制作費用のうち研究開発費に該当しないものをいう。	○	
	無形リース資産	無形固定資産のうちリースに係る資産をいう。	○	
	投資有価証券	長期的に所有する有価証券で基本財産に属さないものをいう。	―	最終的な使途目的が不明確な財産となることから控除対象とはならない。
	長期貸付金	生計困窮者に対して無利子または低利で資金を融通する事業、法人が職員の質の向上や福利厚生の一環として行う奨学金貸付等、貸借対照表日の翌日から起算して入金の期限が1年を超えて到来するものをいう。	◎	社会福祉事業等の用に供されることが明らかに見込まれることから、控除対象となる。
	事業区分間長期貸付金	他の事業区分への貸付金で貸借対照表日の翌日から起算して入金の期限が1年を超えて到来するものをいう。		法人全体の貸借対照表には計上されない。
	拠点区分間長期貸付金	同一事業区分内における他の拠点区分への貸付金で貸借対照表日の翌日から起算して入金の期限が1年を超えて到来するものをいう。		
	退職給付引当資産	退職金の支払に充てるために退職給付引当金に対応して積み立てた現金預金等をいう。		負債から控除済。
	長期預り金積立資産	長期預り金（注：ケアハウス等における入居者からの管理費等）に対応して積み立てた現金預金等をいう。		

○○積立資産	将来における特定の目的のために積立てた現金預金等をいう。なお、積立資産の目的を示す名称を付した科目で記載する。	―	使途目的の定めのない財産であることから控除対象とはならない。（注3）ただし、障害者総合支援法に基づく就労支援事業による工賃変動積立資産については、この限りではない。
差入保証金	賃貸用不動産に入居する際に賃貸人に差し入れる保証金をいう。	◎	社会福祉事業等の用に供されることが明らかに見込まれることから、控除対象となる。
長期前払費用	時の経過に依存する継続的な役務の享受取引に対する前払分で貸借対照表日の翌日から起算して1年を超えて費用化される未経過分の金額をいう。	◎	費用化されるため、控除対象となる。
その他の固定資産	上記に属さない債権等であって、貸借対照表日の翌日から起算して入金の期限が1年を超えて到来するものをいう。ただし、金額の大きいものについては独立の勘定科目を設けて処理することが望ましい。	○	社会福祉事業等の用に供されるものに限り、控除対象となる。

（注1）基本財産のうち、土地・建物を除く定期預金及び投資有価証券については、法人設立時に必要とされた基本財産（社会福祉施設等を経営する法人にあっては、100万円又は1,000万円、社会福祉施設等を経営しない法人にあっては、1億円又は所轄庁が認めた額など、「社会福祉法人の認可について」（平成12年12月1日付け障発第890号、社援発第2618号、老発第794号、児発第908号。）等に基づき必要とされた額に限る。）の範囲内で控除対象となる。

（注2）現に社会福祉事業等に活用していない土地・建物については、原則として控除対象とはならないが、社会福祉充実残額の算定を行う会計年度の翌会計年度に、具体的な活用方策が明らかな場合（翌会計年度中に社会福祉事業等に活用する建物の建設に着工する場合であって、事業開始は翌々会計年度以降となるような場合を含む。）については、この限りではない。

　　　なお、土地・建物を翌々会計年度以降に活用する場合にあっては、社会福祉充実計画において、具体的な活用方策を記載することにより、当該土地・建物を保有し、活用することが可能である。

（注3）国や自治体からの補助を受け、又は寄付者等の第三者から使途・目的が明確に特定されている寄付等の拠出を受け、設置された積立資産等については、控除対象となる。

（注4）損害保険金又は賠償金を受け、これを原資として建物等の現状復旧を行うための財産については、当該保険金又は賠償金の範囲で控除対象となる。

○○積立資産は控除対象となりませんが、就労支援事業による工賃変動積立資産は控除対象となります。

(2)再取得に必要な財産

　事業に使用している取得価額5億円の建物があったとします。減価償却が4億円分されているとき、帳簿価額の1億円については、「社会福祉法に基づく事業に活用している不動産等」として算定されます。

　ここでは、残りの減価償却累計額の4億円分をもとに、再取得に必要な財産を算定する必要があります。

　再取得に必要な財産は、以下の3つから構成されます。

　(2)　再取得に必要な財産… ①将来の建替に必要な費用

　　　　　　　　　　　　　　②建替までの間の大規模修繕に必要な費用

　　　　　　　　　　　　　　③設備・車輌等の更新に必要な費用

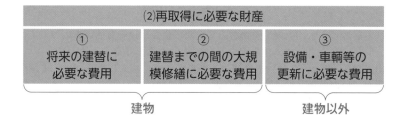

建物は数十年の経過ののち、建替を行います。そのため、30年前は5億円で建てられたものが、今日では6億円ないと建てられないといった物価上昇を考慮する必要があります。

①　将来の建替に必要な費用

　減価償却費は、取得価額を基に計算されるため、取得時の建設費の水準に依拠しています。そのため、建物を将来的に建て替えるには、建設単価等の上昇率を考慮する必要があります。

　また、「社会福祉法に基づく事業に活用している不動産等」の算定と同様に、その建物における自己資金の額も考慮して、以下のように算定します。

> **将来の建替に必要な費用＝**
>
> 　減価償却累計額　×　建設単価等上昇率（ i ）　×　自己資金比率（ ii ）
> 　　　　　　　　　　　　（統計と実績のいずれか高い方）　　　　（統計と実績のいずれか高い方）

（ i ）：建設単価等上昇率

　次のイ（統計データ）またはロ（実績データ）のいずれか高い割合により算定します。　　　　社会福祉充実計画の承認等に係る事務処理基準 3 . (5) ③

　イ：建設工事費デフレーターによる上昇率（統計データ）

　　国土交通省が公表する建設工事費デフレーターによる上昇率です。

年度	建設工事費デフレーター（建設総合指数）	2020 年と比較した伸び率	年度	建設工事費デフレーター（建設総合指数）	2020 年と比較した伸び率
2000	89.5	1.206	2011	94.7	1.139
2001	88.0	1.226	2012	94.1	1.147
2002	87.1	1.239	2013	96.5	1.118
2003	87.6	1.232	2014	99.8	1.081
2004	88.6	1.218	2015	100.0	1.079
2005	89.7	1.203	2016	100.3	1.076
2006	91.5	1.179	2017	102.2	1.056
2007	93.8	1.150	2018	105.6	1.022
2008	96.8	1.115	2019	108.0	0.999
2009	93.4	1.155	2020	107.9	1.000
2010	93.5	1.154			

　　例えば 2000 年度に建設した建物の建設工事費デフレーターは、「2020 年と比較した伸び率」の数値 1.206 となります。数値の計算方法は以下になります。

　107.9（2020 年数値）÷ 89.5（2000 年数値）≒ 1.206

ロ：実績上昇率（実績データ）

まず建物の建設単価（1 m² 当たり）を計算します。

> **建設時の取得価額 ÷ 建設時における延べ床面積 ＝ 建設単価**

次に、別に定める建設単価（一般的単価）［令和 4 年 3 月現在 290,000 円］を上記で求めた建設単価で割ることで、実績の上昇率（小数点第 4 位を四捨五入）を出します。

> **建設単価（一般的単価）÷ 建設単価 ＝ 実績上昇率**

（ⅱ）：一般的な自己資金比率（統計）と実績の自己資金比率のいずれか高い方

一般的な自己資金比率 ［令和 4 年 3 月現在24％］は数値として与えられます。それに対して、以下の方法で建設時の実績自己資金比率（小数点第 4 位を四捨五入）を算定し、いずれか高い方を使います。

　社会福祉充実計画の承認等に係る事務処理基準 **3.**(5)④

> **建設に係る自己資金 ÷ 建設時の取得価額 ＝ 実績自己資金比率**

② 建替までの間の大規模修繕に必要な費用

建物の大規模修繕にかかる費用を確保しておく必要があります。そのため、以下のように必要な費用を計算します。

建替までの間の大規模修繕に必要な費用＝

（建物に係る減価償却累計額×別に定める割合※）－ 過去の大規模修繕に係る実績額

また、過去の大規模修繕実績額が不明な場合は、以下のように必要な費用を計算します。

建物に係る減価償却累計額 × 別に定める割合※ × $\dfrac{\text{建物帳簿価額}}{\text{建物建設時の取得価額}}$

※ 令和 4 年 3 月現在における上記の別に定める割は23％です。

　社会福祉充実計画の承認等に係る事務処理基準 **3.**(5)⑤

　大規模修繕は、固定資産に計上される資本的支出に限られません。

③ **設備・車輌等の更新に必要な費用**

設備・車輌等の更新に必要な費用は、財産目録において特定した**建物以外の固定資産に係る減価償却累計額の合計額**とします。

社会福祉充実計画の承認等に係る事務処理基準 3．(5)⑥

(3)必要な運転資金

資金収支計算書における年間事業活動支出の3か月分とします。

$$年間事業活動支出（年間）\times \frac{3}{12}$$

社会福祉充実計画の承認等に係る事務処理基準 3．(6)②

point 社会福祉充実残額の計算（全体像）

主として施設・事業所の経営を目的としていない法人等の特例 (計算の特例)

　主として施設・事業所の経営を目的としていない法人等であって、次のいずれかに該当する場合は、控除対象財産（Ⓑ）については、再取得に必要な財産(2)及び必要な運転資金(3)の代わりに、年間事業活動支出全額を控除することができます。

　　　　　　　　　　　　社会福祉充実計画の承認等に係る事務処理基準 3.(7)

・現に社会福祉事業等の用に供している土地・建物を所有していない場合

・当該土地・建物の価額が著しく低い場合

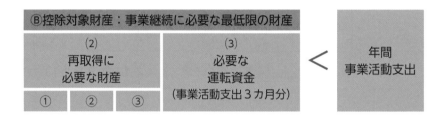

　(2)＋(3)の合計が、年間事業活動支出より少ない場合に、この計算の特例を選択するときは、年間事業活動支出を控除します。

　例えば、(2)が5億で、年間事業活動支出が12億とした場合は、次のようになります。

　5億＋3億（年間事業活動支出12億の12分の3）　＜　12億

4 資金使途制限通知

資金使途制限

　社会福祉法人は様々な優遇措置を受けることができる一方で、特有の規制もあります。特に「**資金の使途制限**」や「**資金の法人外流出の禁止**」といった、資金の使途<ruby>使途<rt>つかいみち</rt></ruby>に関しては非常に厳しく制限されています。

　社会福祉法人は、その経営する社会福祉事業に支障がない限り、公益を目的とする事業（以下「公益事業」という。）又はその収益を社会福祉事業若しくは公益事業の経営に充てることを目的とする事業（以下「収益事業」という。）を行うことができるとされています。（**社会福祉法第 26 条**）

　つまり、収益事業はあくまでも社会福祉事業や公益事業のための事業であり、収益事業で得た収益（利益）は、社会福祉事業や公益事業の運営に充てることが前提とされています。逆に、社会福祉事業や公益事業の資金を収益事業への経営に充てることは、本末転倒になってしまい、認められていません。また、すべての事業において、法人外への資金の支出は認められていません。

資金使途制限イメージ（原則的な考え方）

社会福祉事業	公 益 事 業	収 益 事 業
	○ ←	← 10,000
○ ←		
○ ←	10,000 →	×
10,000	→	×

10

計算書類の作成Ⅱ

資金使途制限は事業ごとに異なっています。各事業の細かい内容は「経営管理　ガバナンス編」で説明しています。

保育所と措置施設における支払資金残高

　保育所と措置施設の前期末支払資金残高については、法人本部等への繰入が一定の制限のもとで認められています。さらに、保育所と措置施設には、別途、当期末の支払資金残高の保有制限が次のように設定されています。

<支払資金残高>
・保　　育　　所：当該年度の委託費収入の30％以下
・措置施設関係：当該年度の運営費（措置費）収入の30％以下

子ども・子育て支援法附則第6条の規定による私立保育所に対する委託費の経理等について	3⑵
社会福祉法人が経営する社会福祉施設における運営費の運用及び指導について	4

　保育所の委託費収入と措置関係の運営費（措置費）収入は、国や地方公共団体からの補助金的性格をもっています。保育所と措置施設関係の資金は、その公的な資金により、ほとんどが賄われています。

　その資金が正しく使用されていれば過大な余剰は生じないという観点から、当期末の支払資金残高が収入の30％以下となるようにされています。

支払資金残高の設定があるのは、保育所と措置施設関係だけです。

予算と比べたり、前年と比べたりします

5 計算書類の分析と検証

計算書類の分析

　計算書類は、社会福祉法人の経営状態や財務状況を把握するために作成されます。

　言い換えれば、計算書類には社会福祉法人の現状を把握するための情報がたくさん詰まっています。

　例えば、

　　　　・短期的な債務を支払うための資金が確保できているか

　　　　・その他の積立金に対する積立資産が積立てられているか

　　　　・事業活動収益に対する人件費等の割合は適切か

などを確認することができます。

　また、当期の決算の数字を予算や前年と比較することで問題点や改善点を把握し、対策を講じることができるのです。

　このように、計算書類の数値からさまざまな情報を読み取り現状を把握する一連の作業のことを「財務分析」といいます。

　財務分析の種類や手法などは、おもに経営管理で学習しますが、会計1級では「増減分析」について簡単に触れていきます。

10

計算書類の作成Ⅱ

増減分析と会計処理の検証

　「増減分析」とは、貸借対照表と事業活動計算書において、当期の決算数値と前年度の決算数値を比較し、その増減要因を把握することで活動の成果や経営の状況の良し悪しを判断する一連の作業のことです。

　事業活動計算書と貸借対照表の様式を思い浮かべてみましょう。「当年度決算」「前年度決算」「増減」の3つの欄が設けられていますよね。

では、良し悪しはどのように判断するのでしょう？

貸借対照表ならば、資産は増えているほうが良いでしょうし、負債は減っているほうが良いでしょう。

事業活動計算書ならば、収益は増えて欲しいし、費用は減らしたいと考えるのではないでしょうか？

ここで重要なのは、ただ「増えた」「減った」を見るだけではなく、「なぜ増えたのか」「なぜ減ったのか」ということ、つまり「増減の理由」をしっかりと把握することが大切なのです。

例えば、借入金が増えていても、資産（特に固定資産）も同様に増えていれば、設備投資を行ったとわかります。逆に、借入金が増えているにもかかわらず資産が増えていないのであれば、経営の状態が悪いのでは？と疑うべきです。

借入金が増えてる……

施設内をバリアフリーにしたんだ！

それなら OK ！

借入金が増えているのに資産が増えていないということは、事業費や事務費、人件費などの日常の支払いのために借入れを行ったと考えられますね。

さらに増減分析は、会計処理の誤りや計上漏れにも役立ちます。

例えば、事業収益がそれほど増えていないにも関わらず事業費が大幅に増えているような場合は、費用の二重計上など、会計処理が間違っているかもしれません。

このように、増減分析は経営の実態を把握すると同時に、会計処理の不備を見つけることにも役立ちます。

確認テスト

答え：P.351

❶ 以下の資料にもとづき、答案用紙の計算過程にしたがって社会福祉法人Ｎの社会福祉充実残額を計算しなさい。ただし、特に指示がない場合、複数の方法が選択できる場合には、社会福祉充実残額が最も少なくなる方法を採用すること。最終的な計算の結果において１万円未満の端数が生じる場合には、これを切り捨てること。

Ⅰ　活用可能な財産

当期末貸借対照表の金額

資産：80,008,000 円　負債：20,000,000 円

基本金：30,000,000 円　国庫補助金等特別積立金：15,500,000 円

Ⅱ　控除対象財産

1　社会福祉法に基づく事業に活用している不動産等

⑴　財産目録における事業対象不動産等に係る貸借対照表価額

55,500,000 円

⑵　対応基本金：30,000,000 円、国庫補助金等特別積立金：15,500,000 円

対応負債：0 円

2　再取得に必要な財産

⑴　将来の建替に必要な費用

建物の減価償却累計額：2,000,000 円

建物の建設時の取得価額：20,000,000 円（延床面積：100m^2）

一般的な 1 m^2 当たり建設単価：290,000 円 /m^2

建設工事費デフレーターによる上昇率：1.4

一般的な自己資金比率：24%（実績自己資金比率より高い）

⑵　大規模修繕に必要な費用

一般的な大規模修繕の費用比率は 23%である。なお、過去の大規模修繕に係る実績額は 0 円であった。

⑶　設備・車輌等の更新に必要な費用はないものとする。

3　必要な運転資金

年間の事業活動支出は 1,200,000 円である。

Ⅰ 活用可能な財産 　　　　　　　　　　　　　　　　　　　　　　　　　 円

Ⅱ 控除対象財産
　1 社会福祉法に基づく事業に活用している不動産等 　　　　　　 円

　2 再取得に必要な財産
　　⑴ 建設単価の実績上昇率
　　⑵ 将来の建替に必要な費用 　　　　　　　　　　　　　　　 円
　　⑶ 大規模修繕に必要な費用 　　　　　　　　　　　　　　　 円
　　⑷ 設備・車輌等の更新に必要な費用 　　　　　　　　　 0 円

　3 必要な運転資金 　　　　　　　　　　　　　　　　　　　 円
　　控除対象財産計 　　　　　　　　　　　　　　　　　　　 円

Ⅲ 社会福祉充実残額 　　　　　　　　　　　　　　　　　　 円
　　　　　　　　　　　　　　　　　　　（1万円未満切捨）

第11章

社会福祉法人の課税制度

❶ 税金の基礎知識
❷ 社会福祉法人と税金

　第1章で、社会福祉法人は厳しい規制のある一方で、さまざまな優遇措置を受けられることを学習しました。

　なかでも、社会福祉法人に対する課税制度は、一般企業と異なり、かなりの優遇措置が認められています。

　この章では、社会福祉法人に対してどのような税の優遇措置があるのかを学習します。

1 税金の基礎知識

税金の必要性と役割

　日本の憲法では、国民は国に対して税金を納めなければならないという「納税の義務」が規定されています。

　では、なぜ国に対して税金を納めなければならないのでしょうか。

　代表的な理由として、「国や地方公共団体などの活動は、国民の健全な生活に必要不可欠であるため、その活動経費に関しては国民が義務として納めなければならない」ということがあげられます。

　例えば、国は警察や消防等によって国民の生命や財産を守っており、また、教育に関しては小・中学校を義務教育にすることにより、より質の高い国家を形成することに貢献しています。そして、このような活動を行うためにはそれなりの経費が必要となります。

　そこで、このような活動の恩恵を受ける国民が、経費を負担する必要性が生じるのです。

税金の種類

税金にはいろいろな種類がありますが、分類方法によってさまざまに分類することができます。

一般的な分類方法には次のものがあります。

① 課税するのが国なのか、地方公共団体なのか（**国税と地方税**）

② 税金を納める人と実質的に負担する人が同じかどうか（**直接税と間接税**）

●国税と地方税●

国　税		法人税　相続税　所得税　贈与税　など	
地方税	道府県税	普通税	道府県民税
			事業税
			自動車税　など
		目的税	狩猟税
			水利地益税　など
	市町村税	普通税	市町村民税
			固定資産税
			軽自動車税　など
		目的税	入湯税
			都市計画税　など

　使途（使いみち）を特定せず、一般経費に充てるために課される税金を「普通税（一般税）」、特定の目的のために課され、使途があらかじめ定められている税金を「目的税」といいます。

●直接税と間接税●

直接税	収得税	法人税　所得税　など
	財産税	相続税　贈与税　など
間接税	消費税	消費税　酒税　たばこ税　など
	流通税	印紙税　自動車重量税　など

社会福祉法人と税金

課税の優遇措置

第1章で、社会福祉法人に対する規制と優遇措置があることを学習しました（3ページ）が、その中の1つに「税制上の優遇措置」がありました。

社会福祉事業はその公益性の高さから、長く事業を続けて社会貢献を果たす、という重要な役割を担っています。そのためには、経営状況が安定していなくてはなりません。課税の優遇措置は、安定した経営を手助けする支援の一環なのです。

社会福祉法人と法人税

社会福祉法人は、法人税法上、「**公益法人等**」に該当し、原則は非課税となります。ただし、社会福祉法人においても、**法人税法上の収益事業を行う場合に限り納税義務が生じます。なお、社会福祉法上の判断（定款の記載）と法人税法上の判断は必ずしも一致するわけではありません。**

収益事業とは、公益法人等などが行う販売業、製造業その他の一定の事業で、継続して事業場を設けて行われる事業をいい、その性質上該当する事業に付随して行われる行為もこれに含まれます。

民間企業が行う事業と競合関係にある事業について、課税の公平性、中立性の観点から納税義務を課すことになっています。

なお、法人税、住民税及び事業税を納税する法人は、事業活動計算書の特別増減差額と当期活動増減差額の間に記入欄を追加して記載します。

運用上の留意事項（課長通知） 24 (1)

●収益事業の例●

・物品販売業	・不動産販売業	・金銭貸付業	・物品貸付業	・不動産貸付業
・製造業	・通信業	・運送業	・倉庫業	・請負業
・印刷業	・出版業	・写真業	・席貸業	・旅館業
・料理店業その他の飲食店業		・医療保健業	など	

法人税法施行令 第5条 第1項

　例えば、法人の土地の一部を、一般に向けて時間貸しのコインパーキングとしていた場合、収益事業（上記の不動産貸付業）となり、納税義務が生じます。

みなし寄附金

　みなし寄附金とは、社会福祉法人が法人税の対象となる収益事業を行って得た収益の一部を非収益事業のために支出した場合、法人の内部取引であるにもかかわらず、その部分を寄附金とみなす制度です。

　みなし寄附金のうち一定の金額は、法人税の対象となる所得から損金算入（経費として計上）することができるので、その分法人税の額も少なくなります。

　みなし寄附金は、収益事業によって得た資金を社会福祉事業などの非収益事業のために支出するわけですから、その役割は公益目的のための寄附と同じです。自分のためではなく、社会のために使用される資金に対して課税するわけにはいかないので、みなし寄附金にあたる部分は法人税がかかりません。

社会福祉法人と消費税

　消費税は間接税です。したがって、申告や納税は「課税事業者」が行います。社会福祉法人は、消費税法上の「課税事業者」に該当するので、消費税の納税義務があります。

　ただし、一般企業と同様に基準期間（基本的に2事業年度前のこと）の課税売上高が1,000万円以下の小規模事業者である場合には、別段の定めがある場合を除き、消費税の納税義務が免除されています。

11
社会福祉法人の課税制度

また、社会福祉事業として行われる取引についてはそのほとんどが非課税とされています。

●**非課税とされる社会福祉事業**●

① 　介護保険法の規定に基づく居宅介護サービス費の支給に係る居宅サービス（訪問介護、訪問入浴介護その他の一定のものに限る。）、施設介護サービス費の支給に係る施設サービスその他これらに類するものとして一定のもの

② 　社会福祉法に規定する社会福祉事業及び更生保護事業法に規定する更生保護事業として行われる資産の譲渡等（障害者支援施設若しくは授産施設を経営する事業、認定生活困窮者就労訓練事業、地域活動支援センターを経営する事業又は障害福祉サービス事業において生産活動としての作業に基づき行われるものを除く。）

③ 　②に掲げる資産の譲渡等に類するものとして一定のもの

④ 　身体障害者用物品の譲渡、貸付け及び製作の請負並びに身体障害者用物品の修理のうち厚生労働大臣が財務大臣と協議して指定するもの

　具体的には、社会福祉法に基づく第一種社会福祉事業、第二種社会福祉事業のほとんどが非課税とされる社会福祉事業に該当します。

社会福祉法人と所得税

　個人が社会福祉法人に寄附をした場合は、「特定寄附金」とされ、寄附した人が確定申告を行うことで、所得控除又は税額控除の適用（一定の要件を満たす場合）を受けることができます。社会福祉法人に寄附をすると、納税額が優遇されるため、社会福祉法人にとっても寄附金が集めやすくなるというメリットがあります。

社会福祉法人と印紙税

　社会福祉法人は、発行する領収書すべてについて収入印紙を貼付する必要がありません。領収書は印紙税法上「営業に関する受取書」となっており、営業行為を行わない（利益分配を行うことができない）社会福祉法人は、収入印紙を貼付する必要が無いからです。

　また、介護保険制度における介護サービスに係る利用者や障害者の自立支援に係るサービス利用者との契約書は、請負契約書とはみなされないため印紙税は課税されませんが、工事業者との間で作成する工事請負契約書は、非課税規定が適用されませんので、双方所持する契約書に収入印紙を貼付しなければなりません。

11

社会福祉法人の課税制度

社会福祉法人と固定資産税

　地方税の中に、土地、家屋、償却資産等の固定資産に対して課される固定資産税という税金がありますが、特定の用途の固定資産に対しては固定資産税が課されないことになっています。

●特定の用途の固定資産の例●

　　生活保護法第 38 条に規定する**保護施設**

　　（救護施設・更生施設・医療保護施設など）

　　児童福祉法第 7 条に規定する**児童福祉施設**

　　（助産施設・乳児院・母子生活支援施設・保育所・児童養護施設など）

　　就学前の子どもに関する教育、保育等の総合的な提供の推進に関する法律第 2 条第 6 項に規定する**認定こども園**

　　老人福祉法第 5 条の 3 に規定する**老人福祉施設**

　　（老人デイサービスセンター・養護老人ホーム・老人介護支援センターなど）

　　障害者の日常生活及び社会生活を総合的に支援するための法律第 5 条第 11 項に規定する**障害者支援施設**

　なお、上記の用途に使用されている固定資産であっても、有料で賃貸されている場合においては、その固定資産の所有者に対して固定資産税が課税されます。

社会福祉法人とその他の税

　社会福祉法人は上記の他、都道府県民税、市町村民税、事業税についても原則非課税とされています。

　　　　　—第 11 章には確認テストはございません—

巻末

確認テスト　　　解答解説

サンプル問題　解答解説

第2章
資産・負債の会計処理

問題：P.58

 1

解 答

（単位：円）

貸 借 対 照 表

流動資産	
現 金 預 金	（　　　5,050　）
貯 蔵 品	（　　　　50　）
前 払 費 用	（　　　360　）

事業活動計算書

増減の部 サービス活動	事　業　費	（　　30,070　）
	事　務　費	（　　20,340　）
	⋮	⋮
	⋮	⋮

解 説

1．仮払金

⑴　出張旅費の返金

（借）現 金 預 金	40	（貸）仮　払　金	40

⑵　プリンター取得費

（借）事 　務　 費	40	（貸）仮　払　金	50
現 金 預 金	10		

2．貯蔵品

使用分を貯蔵品から事業費に振り替えます。

（借）事 　業 　費	70	（貸）貯 　蔵　 品	70

3．前払費用

⑴　×3年度分

（借）事 　務 　費	300	（貸）前 　払 　費 　用	300

⑵　×4年度分

×4年度分は翌期の費用であるため、前払費用のまま計上します。

> **注意　年度の計算**
> ×3年度は、×3年から始まる1年間のことをいいます。そのため、3月決算の場合、×3年度は、×3年4月1日から×4年3月31日までの1年間であることに注意しましょう。

解　答

（単位：円）

貸 借 対 照 表

流動資産		
貯蔵品	（	200 ）
流動負債		
1年以内返済予定設備資金借入金	（	96,000 ）
1年以内返済予定長期運営資金借入金	（	144,000 ）
固定負債		
設備資金借入金	（	576,000 ）
長期運営資金借入金	（	936,000 ）

事業活動計算書

増減の部 サービス活動	⋮	⋮
	事　業　費（	30,050 ）
	⋮	⋮
	⋮	⋮
外サービス活動 増減の部	⋮	⋮
	支　払　利　息（	1,900 ）
	⋮	⋮
	⋮	⋮

解　説

1．貯蔵品

⑴　期首棚卸高

（借）事　業　費	250	（貸）貯　蔵　品	250

⑵　期末棚卸高

（借）貯　蔵　品	200	（貸）事　業　費	200

2．借入金

⑴　設備資金借入金

（借）設備資金借入金	96,000	（貸）1年以内返済予定設備資金借入金	96,000*

＊　毎月の返済額：672,000円÷84カ月＝8,000円
　　　　　　　　　8,000円×12カ月＝96,000円

(2) 長期運営資金借入金

当期末までの経過月数：×6 年 10 月〜 ×9 年 3 月までの 30 カ月

毎月の返済額：1,440,000 円÷ 120 カ月＝ 12,000 円

当期末残高：1,440,000 円− 12,000 円× 30 カ月＝ 1,080,000 円

（借）長期運営資金借入金 144,000 （貸）1年以内返済予定長期運営資金借入金 144,000*

＊ 12,000 円× 12 カ月＝ 144,000 円

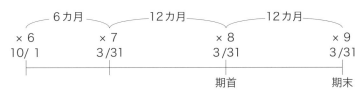

❸

（単位：円）

貸 借 対 照 表

流動資産	
現 金 預 金	（ 30,700 ）
⋮	⋮
固定資産	
その他の固定資産	
投 資 有 価 証 券	（ 17,072 ）

事業活動計算書

増減の部	サービス活動外	受取利息配当金収益	（ 905 ）
		その他のサービス活動外収益	（ 387 ）
		⋮	⋮
		⋮	⋮
		⋮	⋮
		投資有価証券評価損	（ 200 ）

解 説

1．N社株式（長期所有）

（借）投資有価証券評価損 200* （貸）投 資 有 価 証 券 200

＊ 6,800 円− 7,000 円＝△ 200 円

324

２．外貨建て国債（満期保有目的）

@107円　　　　　　　　　　　　　　　　　　10,272円

@105円　　為替差益　287円

@104円　　　　　　　　　　　　償却額

　　　　　取得価額　　　　　　　105円

　　　　　　　　　9,880円

　　　　　　　　　　　　95ドル　　　96ドル

取得価額：95ドル×@104円＝9,880円

⑴　償却原価法

（借）投 資 有 価 証 券	105	（貸）受取利息配当金収益	105*

＊　（100ドル－95ドル）÷5年＝1ドル
　　1ドル×@105円＝105円
　　償却原価：9,880円＋105円＝9,985円

⑵　換算替え

（借）投 資 有 価 証 券	287	（貸）為 替 差 益	287*

＊　@96ドル×@107円＝10,272円
　　10,272円－9,985円＝287円

３．外貨預金

（借）現 金 預 金	100	（貸）為 替 差 益	100*

＊　100ドル×@107円－10,600円＝100円

第3章
引当金の会計処理

問題：P.97

①

解　答

（単位：円）

科　目	金　額
職　員　賞　与	860,000
賞 与 引 当 金 繰 入	552,000
職 員 賞 与 支 出	1,260,000

解　説

1．×3年6月の賞与の支給

　法定福利費にはいくつかの処理方法が考えられますが、本書では仕訳の一例を示します。

（借）賞 与 引 当 金	400,000[*1]	（貸）現 金 預 金	600,000
職 員 賞 与	200,000[*2]		
（借）法 定 福 利 費	30,000[*3]	（貸）事 業 未 払 金	30,000

*1　460,000円−60,000円＝400,000円

*2　$600,000円 \times \dfrac{2\,カ月}{6\,カ月} = 200,000円$

*3　200,000円×15%＝30,000円

社会保険料の納付

（借）賞 与 引 当 金	60,000	（貸）現 金 預 金	90,000[*]
事 業 未 払 金	30,000		

*　600,000円×15%＝90,000円

2．×3年12月の賞与の支給

（借）	職　員　賞　与	660,000	（貸）	現　金　預　金	660,000
（借）	法　定　福　利　費	99,000*	（貸）	事　業　未　払　金	99,000

＊　660,000円×15％＝99,000円

社会保険料の納付

（借）	事　業　未　払　金	99,000	（貸）	現　金　預　金	99,000

3．×4年3月の賞与引当金の計上

（借）	賞与引当金繰入	552,000*	（貸）	賞　与　引　当　金	552,000

＊　$(720,000円＋720,000円×15\%)×\dfrac{4カ月}{6カ月}＝552,000円$

解　答

（単位：円）

貸借対照表

流動資産	
事　業　未　収　金	（ 10,000,000 ）
：	：
徴収不能引当金	（ △200,000 ）

事業活動計算書

サービス活動増減の部	介護保険事業収益	（ 50,700,000 ）
	：	：
	：	：
	：	：
	徴収不能引当金繰入	（ 190,000 ）
	：	：

1．事業未収金の計上

| （借）事 業 未 収 金 | 200,000 | （貸）介護保険事業収益 | 200,000 |

| （借）事 業 未 収 金 | 500,000 | （貸）介護保険事業収益 | 500,000 |

2．徴収不能引当金

⑴　徴収不能引当金の取崩し

| （借）徴収不能引当金 | 100,000 | （貸）事 業 未 収 金 | 100,000 |

⑵　徴収不能引当金の計上

| （借）徴収不能引当金繰入 | 190,000* | （貸）徴収不能引当金 | 190,000 |

＊　（9,400,000円＋200,000円＋500,000円－100,000円）×2％
　　－（110,000円－100,000円）＝190,000円

解　答

（単位：円）

<table>
<tr><td colspan="2" align="center">貸 借 対 照 表</td></tr>
<tr><td>固定資産</td><td></td></tr>
<tr><td>　基本財産</td><td></td></tr>
<tr><td>　　土　　　　地</td><td>20,000,000</td></tr>
<tr><td>　　建　　　　物</td><td>（　6,832,000）</td></tr>
<tr><td>　その他の固定資産</td><td></td></tr>
<tr><td>　　建　　　　物</td><td>（　4,330,000）</td></tr>
<tr><td>　　器具及び備品</td><td>（　　500,000）</td></tr>
</table>

事業活動計算書

増減の部／サービス活動	減 価 償 却 費	（　　783,000　）
特別増減／の部	固定資産売却損・処分損	（　　　　　1　）

解　説

1．減価償却

建物（基本財産）：10,000,000 円× 0.9 × 0.022 ＝ 198,000 円

建物（その他）：5,000,000 円× 0.067 ＝ 335,000 円

器具及び備品Ａ：2,000,000 円× 0.125 ＝ 250,000 円

（借）減 価 償 却 費 783,000	（貸）建物（基本財産） 198,000
	建物(その他の固定資産) 335,000
	器 具 及 び 備 品 250,000

2．器具及び備品Ｂの処分

前期末に耐用年数が到来し償却が終わっているため、簿価1円（備忘価額）が残っています。

（借）固定資産売却損・処分損　　　1	（貸）器 具 及 び 備 品　　　1

令和3年は、平成でいうと平成33年となります。
令和の年＋ 30 年＝平成○年　と考えると計算しやすいです。

❷

解 答

（単位：円）

貸 借 対 照 表

固定資産	
基本財産	
土　　　地	20,000,000
⋮	⋮
その他の固定資産	
土　　　地	（ 7,000,000 ）
車輌運搬具	（ 1,350,000 ）

事業活動計算書

サービス活動増減の部		
	⋮	⋮
	減 価 償 却 費	（ 600,000 ）
	⋮	⋮
	⋮	⋮
特別増減の部	⋮	⋮
	資 産 評 価 損	（ 3,000,000 ）
	⋮	⋮

解 説

1．車輌運搬具

(1) 取得価額の計算

取得価額をＸと置いて、期首の帳簿価額から逆算します。

$$X - \left(X \times 0.200 \times \frac{9\,カ月}{12\,カ月} + X \times 0.200 \right) = 1,950,000$$

$$X - (0.15\,X + 0.2\,X) = 1,950,000$$

$$X - 0.35\,X = 1,950,000$$

$$0.65\,X = 1,950,000$$

$$X = 1,950,000 \div 0.65 = 3,000,000$$

(2) 減価償却

（借）減 価 償 却 費　600,000*　　（貸）車 輌 運 搬 具　600,000

＊　3,000,000円×0.200＝600,000円

2．土地

（借）資 産 評 価 損　3,000,000*　　（貸）土地(その他の固定資産)　3,000,000

＊　5,000,000円－2,000,000円＝3,000,000円

❸

解　答

（単位：円）

科　目	金　額
有形リース資産	3,549,600
１年以内返済予定リース債務	835,200
リース債務	2,714,400
減価償却費	626,400
支払利息	93,600
ファイナンス・リース債務の返済支出	626,400
支払利息支出	93,600

解　説

1．リース契約締結時

（借）有形リース資産　4,176,000*　（貸）リ　ー　ス　債　務　4,176,000

＊　4,800,000円－624,000円＝4,176,000円

2．リース料支払時（×１年７月～×２年３月合計）

（借）リ　ー　ス　債　務　626,400^{*3}　（貸）現　金　預　金　720,000^{*1}
　　　支　払　利　息　　93,600^{*2}

＊1　80,000円×9カ月＝720,000円　　＊2　624,000円×$\dfrac{9カ月}{60カ月}$＝93,600円

＊3　（4,800,000円－624,000円）×$\dfrac{9カ月}{60カ月}$＝626,400円

3．決算時

(1)　減価償却

　　期中取得のため月割計算を忘れないように注意します。

（借）減　価　償　却　費　626,400*　（貸）有形リース資産　626,400

＊　4,176,000円÷5年×$\dfrac{9カ月}{12カ月}$＝626,400円

⑵　リース債務の振替え

（借）リ ー ス 債 務　835,200　　（貸）1年以内返済予定リース債務　835,200*

* （4,800,000円－624,000円）× $\dfrac{12 \text{カ月}}{60 \text{カ月}}$ ＝835,200円

リース債務（固定負債）：4,176,000円－626,400円－835,200円
＝2,714,400円

第5章

寄附金の会計処理

問題：P.148

① 解 答

（単位：円）

貸借対照表

固定資産	
基本財産	
建　　　物	(58,800,000)
⋮	⋮
基　本　金	(67,000,000)

事業活動計算書

サービス活動増減の部	⋮		⋮
	減 価 償 却 費	(	1,200,000)
	⋮		⋮
特別増減の部	施設整備等寄附金収益	(	17,000,000)
	基本金組入額	(	17,000,000)

解 説

1．配分金の受取りと基本金の計上

（借） 現 金 預 金	17,000,000	（貸） 施設整備等寄附金収益	17,000,000*
（借） 基 本 金 組 入 額	17,000,000	（貸） 基　　本　　金	17,000,000

＊　10,000,000円＋7,000,000円＝17,000,000円

2．建物の取得

（借） 建物（基本財産）	20,000,000	（貸） 現 金 預 金	20,000,000

3．減価償却

（借） 減 価 償 却 費	1,200,000*	（貸） 建物（基本財産）	1,200,000

＊　創設分：50,000,000円×0.020＝1,000,000円

　　増築分：$20,000,000円 \times 0.020 \times \dfrac{6カ月}{12カ月} = 200,000円$

　　合計：1,000,000円＋200,000円＝1,200,000円

（単位：円）

貸 借 対 照 表

固定資産	
その他の固定資産	
車 輌 運 搬 具	(4,000,000)
器 具 及 び 備 品	(300,000)
⋮	⋮
国庫補助金等特別積立金	(1,600,000)
⋮	⋮

事業活動計算書

サービス活動増減の部	経常経費寄附金収益	(	90,000)
	事　　務　　費	(	590,000)
	減 価 償 却 費	(	1,300,000)
	国庫補助金等特別積立金取崩額	(	△400,000)
特別増減の部	施設整備等補助金収益	(	2,000,000)
	固 定 資 産 受 贈 額	(	600,000)
	国庫補助金等特別積立金積立額	(	2,000,000)

1．受配者指定寄附金以外の配分金の受取りと積立金の計上

（借）	現 金 預 金	2,000,000	（貸）	施設整備等補助金収益	2,000,000
（借）	国庫補助金等特別積立金積立額	2,000,000	（貸）	国庫補助金等特別積立金	2,000,000

2．シュレッダーの現物寄附

（借）	事 務 消 耗 品 費	90,000	（貸）	経常経費寄附金収益	90,000

3．グランドピアノの現物寄附（無償取得）

（借）	器 具 及 び 備 品	600,000	（貸）	固定資産受贈額	600,000

4．減価償却

⑴　車輌

（借）	減 価 償 却 費	1,000,000*1	（貸）	車 輌 運 搬 具	1,000,000
（借）	国庫補助金等特別積立金	400,000*2	（貸）	国庫補助金等特別積立金取崩額	400,000

＊1　5,000,000円 × 0.200 ＝ 1,000,000円
＊2　2,000,000円 × 0.200 ＝ 400,000円

⑵　器具及び備品

（借）	減 価 償 却 費	300,000*	（貸）	器 具 及 び 備 品	300,000

＊　600,000円 × 0.500 ＝ 300,000円

第6章

純資産の会計処理

問題：P.180

❶

解 答

（単位：円）

貸　借　対　照　表	
固定資産	
基本財産	
建　　　　　物	(39,000,000)
その他の固定資産	
建　　　　　物	(18,000,000)
基　　本　　金	(50,000,000)
国庫補助金等特別積立金	(18,000,000)

事業活動計算書		
サービス活動増減の部	⋮	⋮
	減　価　償　却　費 (	3,000,000)
	国庫補助金等特別積立金取崩額 (	△ 2,000,000)
特別増減の部	固定資産受贈額 (	20,000,000)
	国庫補助金等特別積立金積立額 (	20,000,000)
	⋮	⋮

解 説

1．固定資産の無償取得

（借）　建物（その他の固定資産）　20,000,000	（貸）　固定資産受贈額　20,000,000

2．積立金の積立て

（借）　国庫補助金等特別積立金積立額　20,000,000	（貸）　国庫補助金等特別積立金　20,000,000

3．減価償却

（借）　減　価　償　却　費　3,000,000	（貸）　建物（基本財産）　1,000,000[*1]
	建物（その他の固定資産）　2,000,000[*2]

＊1　50,000,000円 × 0.020 = 1,000,000円
＊2　20,000,000円 × 0.100 = 2,000,000円

4．積立金の取崩し

（借）　国庫補助金等特別積立金　2,000,000[*]	（貸）　国庫補助金等特別積立金取崩額　2,000,000

＊　20,000,000円 × 0.100 = 2,000,000円

❷

（単位：円）

貸 借 対 照 表		
固定資産		
基本財産		
建　　　　　物	（ 28,930,000 ）	
⋮	⋮	
基　　本　　金	（ 21,000,000 ）	
国庫補助金等特別積立金	（ 8,679,000 ）	
⋮	⋮	

事業活動計算書

増減の部 サービス活動	⋮	⋮	
	減 価 償 却 費	（ 1,070,000 ）	
	国庫補助金等特別積立金取崩額	（ △ 321,000 ）	
特別増減の部	施設整備等寄附金収益	（ 21,000,000 ）	
	施設整備等補助金収益	（ 9,000,000 ）	
	基 本 金 組 入 額	（ 21,000,000 ）	
	国庫補助金等特別積立金積立額	（ 9,000,000 ）	

1．補助金、寄附金の受取りと積立金の積立て

（借）	仮　　受　　金	30,000,000	（貸）	施設整備等寄附金収益	21,000,000
				施設整備等補助金収益	9,000,000
（借）	基 本 金 組 入 額	21,000,000	（貸）	基　　本　　金	21,000,000
（借）	国庫補助金等特別積立金積立額	9,000,000	（貸）	国庫補助金等特別積立金	9,000,000

2．減価償却

建物本体と附属設備は貸借対照表上、まとめて建物として表示します。

（借）	減 価 償 却 費	1,070,000	（貸）	建 物 （ 本 体 ）	400,000[*1]
				建物（附属設備）	670,000[*2]

＊1　20,000,000円×0.020＝400,000円
＊2　10,000,000円×0.067＝670,000円

3．積立金の取崩し

　　積立金は固定資産の減価償却に応じて取崩します。補助金により複数の資産を取得した場合には、固定資産の取得価額等をもとに補助金を按分します。そして、按分後の金額を基礎として減価償却に応じて積立金を取崩します。

建物本体分：9,000,000円×<u>補助金の額</u>× $\dfrac{20,000,000円}{20,000,000円＋10,000,000円}$ ＝ 6,000,000円

取得価額合計に対する本体の割合

附属設備分：9,000,000円×<u>補助金の額</u>× $\dfrac{10,000,000円}{20,000,000円＋10,000,000円}$ ＝ 3,000,000円

取得価額合計に対する附属設備の割合

（借）国庫補助金等特別積立金　321,000　（貸）国庫補助金等特別積立金取崩額　321,000*

＊　6,000,000円×0.020＝120,000円
　　3,000,000円×0.067＝201,000円
　　120,000円＋201,000円＝321,000円

❸

解答

（単位：円）

貸借対照表

固定資産	
基本財産	
建　　　物	（43,000,000）
1年以内返済予定長期借入金	（1,500,000）
長 期 借 入 金	（3,000,000）
⋮	⋮
国庫補助金等特別積立金	（31,268,000）

事業活動計算書

サービス活動増減の部	⋮	⋮
	減 価 償 却 費	（1,000,000）
	国庫補助金等特別積立金取崩額	（△776,000）
特別増減の部	施設整備等補助金収益	（700,000）
	⋮	⋮
	国庫補助金等特別積立金積立額	（700,000）
	その他の特別損失	（144,000）

解説

1．過年度の処理

(1)　補助金の受取りと積立金の積立て（×27年4月）

（借）現 金 預 金	30,000,000	（貸）施設整備等補助金収益	30,000,000
（借）国庫補助金等特別積立金積立額	30,000,000	（貸）国庫補助金等特別積立金	30,000,000

(2) 償還補助金の受取りと積立金の積立て（×28 年 3 月〜×33 年 3 月の 6 回）

（借）	現　金　預　金	6,000,000	（貸）	施設整備等補助金収益	6,000,000 *
（借）	国庫補助金等特別積立金積立額	6,000,000	（貸）	国庫補助金等特別積立金	6,000,000

＊　1,000,000 円 × 6 年 = 6,000,000 円

(3) 積立金の取崩し（×28 年 3 月〜×33 年 3 月）

（借）	国庫補助金等特別積立金	4,800,000	（貸）	国庫補助金等特別積立金取崩額	4,800,000 *

＊　修正前の補助金：1,000,000 円 × 10 年 = 10,000,000 円

$$\underset{\text{修正前補助金合計}}{(\underline{30,000,000 \text{円} + 10,000,000 \text{円}})} \times 0.020 \times 6 \text{年} = 4,800,000 \text{円}$$

2．当年度の処理

(1) 補助金の受取りと積立金の積立て

（借）	仮　　受　　金	700,000	（貸）	施設整備等補助金収益	700,000
（借）	国庫補助金等特別積立金積立額	700,000	（貸）	国庫補助金等特別積立金	700,000

(2) 過年度の取崩し額の修正

① 過年度の実際取崩し額：4,800,000 円

② 過年度の要取崩し額

修正後償還補助金：

1,000,000 円 × 6 年 + 700,000 円 × 4 年 = 8,800,000 円

$$\underset{\text{修正後補助金合計}}{(\underline{30,000,000 \text{円} + 8,800,000 \text{円}})} \times 0.020 \times 6 \text{年} = 4,656,000 \text{円}$$

③ 積立金の修正額

$$\underset{\text{実際取崩し額}}{\underline{4,800,000 \text{円}}} - \underset{\text{要取崩し額}}{\underline{4,656,000 \text{円}}} = 144,000 \text{円}$$

（借）	その他の特別損失	144,000	（貸）	国庫補助金等特別積立金	144,000

(3) 当期の取崩し

（借）	国庫補助金等特別積立金	776,000 *	（貸）	国庫補助金等特別積立金取崩額	776,000

＊　$\underset{\text{修正後補助金合計}}{(\underline{30,000,000 \text{円} + 8,800,000 \text{円}})} \times 0.020 = 776,000 \text{円}$

⑷　減価償却

> （借）減 価 償 却 費　1,000,000*　　（貸）建　　　　　物　1,000,000

＊　50,000,000円×0.020＝1,000,000円

⑸　長期借入金の振替え

> （借）長 期 借 入 金　1,500,000　　（貸）1年以内返済予定長期借入金　1,500,000

特別積立金の当期末残高は、タイムテーブルを描いて計算できます。

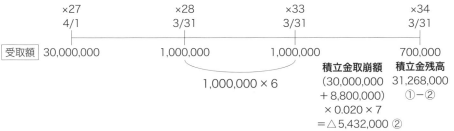

当期末までの積立金積立額：30,000,000＋1,000,000×6＋700,000
　　　　　　　　　　　　　＝36,700,000①

解　答

（単位：円）

貸 借 対 照 表

固定資産	
基本財産	
建　　　　　物	（ 9,332,800 ）
⋮	⋮
基　　本　　金	（ 7,500,000 ）
国庫補助金等特別積立金	（ 1,866,560 ）
⋮	⋮

事業活動計算書

増減の部 サービス活動	事　業　費	（　　400,000 ）
	減 価 償 却 費	（　　267,200 ）
	国庫補助金等特別積立金取崩額	（ △ 133,440 ）
特別増減の部	施設整備等補助金収益	（　2,000,000 ）
	施設整備等寄附金収益	（　7,500,000 ）
	基 本 金 組 入 額	（　7,500,000 ）
	国庫補助金等特別積立金積立額	（　2,000,000 ）

339

１．寄附金、補助金の受取りと積立金の積立て

　基本金計上額には、施設の創設、施設の創設時の設備、施設の創設時の初度調度物品も含まれます。そのため、7,500,000円を基本金に計上します。

（借）	仮　　受　　金	9,500,000	（貸）	施設整備等寄附金収益	7,500,000
				施設整備等補助金収益	2,000,000
（借）	基 本 金 組 入 額	7,500,000	（貸）	基　　本　　金	7,500,000
（借）	国庫補助金等特別積立金積立額	2,000,000	（貸）	国庫補助金等特別積立金	2,000,000

２．減価償却

（借）	減 価 償 却 費	267,200	（貸）	建 物 （ 本 体 ）	160,000*1
				建物（附属設備）	107,200*2

＊1　8,000,000円×0.020＝160,000円
＊2　1,600,000円×0.067＝107,200円

３．積立金の取崩し

建物本体分：$2{,}000{,}000円 \times \dfrac{8{,}000{,}000円}{8{,}000{,}000円+1{,}600{,}000円+400{,}000円} = 1{,}600{,}000円$

附属設備分：$2{,}000{,}000円 \times \dfrac{1{,}600{,}000円}{8{,}000{,}000円+1{,}600{,}000円+400{,}000円} = 320{,}000円$

初度物品分：$2{,}000{,}000円 \times \dfrac{400{,}000円}{8{,}000{,}000円+1{,}600{,}000円+400{,}000円} = 80{,}000円$

　初度物品分は消耗器具備品費として全額費用処理されているため、対応する積立金を全額取崩します。

（借）	国庫補助金等特別積立金	133,440	（貸）	国庫補助金等特別積立金取崩額	133,440*

＊　1,600,000円×0.020＝32,000円
　　320,000円×0.067＝21,440円
　　32,000円＋21,440円＋80,000円＝133,440円

第7章

法人の内部取引の処理

問題：P.212

❶

解 答

社会福祉事業区分　事業活動内訳表　（単位：千円）

	勘 定 科 目	本　部	特　養	内部取引消去	事業区分合計
サービス活動増減の部	介護保険事業収益		50,000		50,000
	⋮	⋮	⋮	⋮	⋮
	人　件　費	760	20,000		20,760
	事　業　費		10,000		10,000
	事　務　費	340	8,000		8,340
特別増減の部	施設整備等補助金収益		3,000		3,000
	拠点区分間繰入金収益	1,100		△ 1,100	0
	⋮	⋮	⋮	⋮	⋮
	拠点区分間繰入金費用		1,100	△ 1,100	0

解 説

1．理事会経費

⑴　特養拠点（処理済み）

（借）拠点区分間繰入金費用	200	（貸）現　金　預　金	200

⑵　本部拠点（未処理）

（借）人　件　費	160	（貸）拠点区分間繰入金収益	200
事　務　費	40		

上記の仕訳は、次のように分けて考えることもできます。

①　資金の受取り

（借）現　金　預　金	200	（貸）拠点区分間繰入金収益	200

② 費用の支払い

(借) 人　件　費	160	(貸) 現　金　預　金	200
事　務　費	40		

２．資金異動

⑴ 特養拠点（処理済み）

(借) 拠点区分間繰入金費用	900	(貸) 現　金　預　金	900

⑵ 本部拠点（誤処理）

① 誤った仕訳

(借) 現　金　預　金	900	(貸) 拠点区分間借入金	900

② 正しい仕訳

(借) 現　金　預　金	900	(貸) 拠点区分間繰入金収益	900

③ 修正仕訳

(借) 拠点区分間借入金	900	(貸) 拠点区分間繰入金収益	900

３．内部取引消去の仕訳（イメージ）

(借) 拠点区分間繰入金収益	1,100	(貸) 拠点区分間繰入金費用	1,100

❷

解　答

社会福祉事業区分　貸借対照表内訳表　　（単位：千円）

勘 定 科 目	本　部	特　養	内部取引消去	事業区分合計
車　両　運　搬　具	10,800			10,800
⋮	⋮	⋮	⋮	⋮
国庫補助金等特別積立金	7,560			7,560

社会福祉事業区分　事業活動内訳表　　（単位：千円）

	勘 定 科 目	本　部	特　養	内部取引消去	事業区分合計
サービス活動増減の部	⋮	⋮	⋮	⋮	⋮
	減 価 償 却 費	200	1,000		1,200
	国庫補助金等特別積立金取崩額	△ 140	△ 700		△ 840
	⋮	⋮	⋮	⋮	⋮
特別増減の部	拠点区分間固定資産移管収益	3,300		△ 3,300	0
	⋮	⋮	⋮	⋮	⋮
	国庫補助金等特別積立金積立額		8,400		8,400
	拠点区分間固定資産移管費用		3,300	△ 3,300	0

解　説

1．特養拠点

(1) 減価償却と積立金の取崩し

(借)	減 価 償 却 費	1,000*1	(貸)	車 輌 運 搬 具	1,000
(借)	国庫補助金等特別積立金	700*2	(貸)	国庫補助金等特別積立金取崩額	700

＊1　$12,000 千円 \times 0.100 \times \dfrac{10 カ月}{12 カ月} = 1,000 千円$

＊2　$8,400 千円 \times 0.100 \times \dfrac{10 カ月}{12 カ月} = 700 千円$

(2) 固定資産の移管

(借)	拠点区分間固定資産移管費用	3,300*3	(貸)	車 輌 運 搬 具	11,000*1
	国庫補助金等特別積立金	7,700*2			

＊1　12,000 千円 － 1,000 千円 ＝ 11,000 千円

＊2　8,400 千円 － 700 千円 ＝ 7,700 千円

＊3　11,000 千円 － 7,700 千円 ＝ 3,300 千円

2．本部

(1) 固定資産の移管

(借)	車 輌 運 搬 具	11,000	(貸)	拠点区分間固定資産移管収益	3,300
				国庫補助金等特別積立金	7,700

(2) 減価償却と積立金の取崩し

(借)	減 価 償 却 費	200*1	(貸)	車 輌 運 搬 具	200
(借)	国庫補助金等特別積立金	140*2	(貸)	国庫補助金等特別積立金取崩額	140

＊1　$12,000千円 × 0.100 × \dfrac{2カ月}{12カ月} = 200千円$

＊2　$8,400千円 × 0.100 × \dfrac{2カ月}{12カ月} = 140千円$

3．内部取引消去の仕訳（イメージ）

(借)	拠点区分間固定資産移管収益	3,300	(貸)	拠点区分間固定資産移管費用	3,300

❸

解　答

社会福祉事業区分　貸借対照表内訳表　　（単位：千円）

勘 定 科 目	本　　部	特　　養	内部取引消去	事業区分合計
現　金　預　金	30,000	50,000		80,000
拠点区分間貸付金	900		△ 900	0
⋮	⋮	⋮	⋮	⋮
職　員　預　り　金	600	2,100		2,700
拠点区分間借入金		900	△ 900	0

社会福祉事業区分　事業活動内訳表　　（単位：千円）

	勘 定 科 目	本　　部	特　　養	内部取引消去	事業区分合計
サービス活動増減の部	⋮	⋮	⋮	⋮	⋮
	人　　件　　費	6,000	21,000		27,000
	⋮	⋮	⋮	⋮	⋮
	⋮	⋮	⋮	⋮	⋮

解　説

1．本部

⑴　誤った仕訳（本部）

（借）職員給料（人件費）	1,000	（貸）現　金　預　金	900
		職 員 預 り 金	100

⑵　正しい仕訳

　　給料から源泉所得税等を引いた純支払額 900 千円を特養に貸し付けたと考えます。

（借）拠点区分間貸付金	900	（貸）現　金　預　金	900

⑶　修正仕訳

（借）拠点区分間貸付金	900	（貸）職員給料（人件費）	1,000
職 員 預 り 金	100		

　　なお、給料総額 1,000 千円を拠点区分間貸付金、源泉所得税等 100 千円を拠点区分間借入金と分けても大丈夫です。

2．特養

⑴　特養の仕訳

仕　訳　な　し

⑵　正しい仕訳

　　900 千円を本部から借り入れて、給料を支払ったと考えます。

（借）現　金　預　金	900	（貸）拠点区分間借入金	900

（借）職員給料（人件費）	1,000	（貸）現　金　預　金	900
		職 員 預 り 金	100

⑶　修正仕訳

（借）職員給料（人件費）	1,000	（貸）拠点区分間借入金	900
		職 員 預 り 金	100

3．内部取引消去の仕訳（イメージ）

（借）拠点区分間借入金	900	（貸）拠点区分間貸付金	900

第8章

就労支援事業会計

問題：P.236

解答

就労支援事業製造原価明細書

勘 定 科 目	金 額
I 材料費	
当期材料費	（　6,000,000）
II 労務費	
当期労務費	（　3,200,000）
III 外注加工費	
IV 経費	
支払家賃	（　　960,000）
当期就労支援事業総製造費用	（　10,160,000）
期首仕掛品棚卸高	0
合　　計	（　10,160,000）
期末仕掛品棚卸高	0
当期就労支援事業製造原価	（　10,160,000）

解説

当期材料費：＠500円×3,600個＋＠700円×6,000個＝6,000,000円

当期労務費：3,840,000円÷（960時間×8人）＝＠500円

　　　　　　＠500円×6,400時間＝3,200,000円

支払家賃：＠80,000円×12カ月＝960,000円

　パッチワークとは、布と布をつぎ合わせて作るカラフルなデザインの手芸をいいます。

❷

解　答

問1　工賃変動積立金　　　　　　199,600　円

　　　設備等整備積立金　　　　2,070,400　円

問2　工賃変動積立金　　　　　　170,000　円

　　　設備等整備積立金　　　　2,100,000　円

解　説

平均賃金：（480,000円＋499,200円＋508,800円）÷3年＝496,000円

工賃変動積立金

　各事業年度の積立額：496,000円×10％＝49,600円（平均工賃の10％以内）

　積立後残高：150,000円＋49,600円＝199,600円

　積立額限度額：496,000円×50％＝248,000円（平均工賃の50％以内）

　199,600円≦248,000円　∴積立額：49,600円

設備等整備積立金：

　各事業年度の積立額：1,000,000円×10％＝100,000円（就労支援事業収入の10％以内）

　積立後残高：2,000,000円＋100,000円＝2,100,000円

　積立額限度額：5,000,000円×75％＝3,750,000円（就労支援事業資産の取得価額の75％以内）

　2,100,000円≦3,750,000円　∴積立額：100,000円

問1　**工賃変動積立金を優先して積み立てる場合**

　　工賃変動積立金の積立額：49,600円

　　設備等整備積立金の積立額：120,000円－49,600円＝70,400円
　　　　　　　　　　　　　　　　事業活動増減差額

　　工賃変動積立金：199,600円

　　設備等整備積立金：2,000,000円＋70,400円＝2,070,400円

問2　**設備等整備積立金を優先して積み立てる場合**

　　設備等整備積立金の積立額：100,000円

　　工賃変動積立金の積立額：120,000円－100,000円＝20,000円
　　　　　　　　　　　　　　　事業活動増減差額

　　設備等整備積立金：2,100,000円

　　工賃変動積立金：150,000円＋20,000円＝170,000円

第９章

計算書類の作成 Ⅰ

問題：P.285

解　答

（単位：千円）

貸 借 対 照 表

固定資産		
基本財産		
土　　　地		400,000
建　　　物	（	180,000 ）
その他の固定資産		
建　　　物	（	90,000 ）
有形リース資産	（	59,000 ）
流動負債		
1年以内返済予定設備資金借入金	（	120,000 ）
固定負債		
設備資金借入金	（	240,000 ）
国庫補助金等特別積立金	（	90,000 ）

事業活動計算書

増減の部	サービス活動	：	：
		減 価 償 却 費（	26,000 ）
		国庫補助金等特別積立金取崩額（	△ 5,000 ）
		：	：

計算書類に対する注記（法人全体用）

1．重要な会計方針

⑴　固定資産の減価償却の方法

　・建物－定額法

　・リース資産

　　所有権移転ファイナンス・リース取引に係るリース資産

　　　自己所有の固定資産に適用する減価償却方法と同一の方法によっている。

　　所有権移転外ファイナンス・リース取引に係るリース資産

　　（リース期間）を耐用年数とし、残存価額を零とする定額法によっている。

　　　　　　　　　　　　　⋮

4．基本財産の増減の内容及び金額

　　基本財産の増減の内容及び金額は以下のとおりである。　　　　（単位：千円）

基本財産の種類	前期末残高	当期増加額	当期減少額	当期末残高
土　　　　地	400,000	—	—	400,000
建　　　　物	190,000	—	10,000	180,000
合　　計	590,000	—	10,000	580,000

　　　　　　　　　　　　　⋮

5．基本金又は固定資産の売却若しくは処分に係る（国庫補助金等特別積立金）の取崩し

　　該当なし

6．担保に供している資産

　　担保に供されている資産は以下のとおりである。

　　　土地（基本財産）　　　　　　　　（　　　　400,000　）千円

　　　建物（基本財産）　　　　　　　　（　　　　180,000　）千円

　　　　　　　　　　　　　　　　　計　（　　　　580,000　）千円

　　担保している債務の種類および金額は以下のとおりである。

　　　設備資金借入金（１年以内返済予定額を含む）（　　　　360,000　）千円

　　　　　　　　　　　　　　　　　計　（　　　　360,000　）千円

7．有形固定資産の取得価額、減価償却累計額及び当期末残高

　固定資産の取得価額、減価償却累計額及び当期末残高は、以下のとおりである。

（単位：千円）

	取得価額	減価償却累計額	当期末残高
土地（基本財産）	400,000	—	400,000
建物（基本財産）	200,000	20,000	180,000
建　　物	100,000	10,000	90,000
有形リース資産	70,000	11,000	59,000
合　　計	770,000	41,000	729,000

解　説

1．固定資産

(1)　減価償却

　　建物（基本財産）：200,000千円 × 0.050 ＝ 10,000千円

　　建物（その他）：100,000千円 × 0.050 ＝ 5,000千円

　　リース資産A：40,000千円 × 0.125 ＝ 5,000千円

　　リース資産B：30,000千円 ÷ 5年 ＝ 6,000千円

（借）減 価 償 却 費	26,000	（貸）建物（基本財産）	10,000
		建物(その他の固定資産)	5,000
		有形リース資産	11,000

(2)　国庫補助金等特別積立金の取崩し

（借）国庫補助金等特別積立金	5,000	（貸）国庫補助金等特別積立金取崩額	5,000*

＊　100,000千円 × 0.050 ＝ 5,000千円

2．設備資金借入金

（借）設備資金借入金	120,000	（貸）1年以内返済予定設備資金借入金	120,000*

＊　10,000千円 × 12カ月 ＝ 120,000千円

第 10 章

計算書類の作成 Ⅱ

問題：P.311

解 答

Ⅰ　活用可能な財産　　　　　　　　　　　　　　14,508,000　円

Ⅱ　控除対象財産

1　社会福祉法に基づく事業に活用している不動産等　10,000,000　円

2　再取得に必要な財産

(1)　建設単価の実績上昇率　　　　　　　　　　1.45

(2)　将来の将来の建替に必要な費用　　　　　696,000　円

(3)　大規模修繕に必要な費用　　　　　　　　460,000　円

(4)　設備・車輌等の更新に必要な費用　　　　　　0　円

3　必要な運転資金　　　　　　　　　　　　300,000　円

控除対象財産計　　　　　　　　　　　　11,456,000　円

Ⅲ　社会福祉充実残額　　　　　　　　　　　　3,050,000　円

（1万円未満切捨）

解 説

Ⅰ　活用可能な財産

80,008,000 円－ 20,000,000 円－ 30,000,000 円－ 15,500,000 円
＝ 14,508,000 円

II 控除対象財産

1 社会福祉法に基づく事業に活用している不動産等

55,500,000円－30,000,000円－15,500,000円＝10,000,000円

2 再取得に必要な財産

(1) 建設単価の実績上昇率

建設単価：20,000,000円÷延床面積：100m^2＝@200,000円/m^2

実績上昇率：@290,000円/m^2÷@200,000円/m^2＝1.45

建設工事費デフレーターによる上昇率：1.4

1.45 ＞ 1.4　よって1.45を用いる。

(2) 将来の将来の建替に必要な費用

2,000,000円 × 1.45 × 24%＝696,000円
　減価償却累計額　　　　　　自己資金比率

(3) 大規模修繕に必要な費用

2,000,000円 × 23%－0円＝460,000円
　減価償却累計額　費用比率　過去の大規模修繕

(4) 再取得に必要な財産

696,000円＋460,000円＝1,156,000円

3 必要な運転資金

$$1,200,000円 × \frac{3カ月}{12カ月} = 300,000円$$

4 特例の判定

1,156,000円 ＋ 300,000円＝1,456,000円 ≧ 1,200,000円
　再取得に必要な財産　必要な運転資金　　　　　　年間事業活動支出

よって特例は適用しない

5 控除対象財産計

10,000,000円 ＋ 1,156,000円 ＋ 300,000円＝11,456,000円
　事業活用不動産等　再取得に必要な財産　必要な運転資金

III 社会福祉充実残額

14,508,000円－11,456,000円－3,052,000円 → 3,050,000円
　活用可能な財産　　控除対象財産　　　　　　　（1万円未満切捨）

サンプル問題

総合福祉研究会が公表しているサンプル問題の標準解答を
もとに、ネットスクールが解説を作成しています。

1

解答

（単位：円）

	借　方		貸　方	
	科　　目	金　額	科　　目	金　額
①	現　金　預　金	40,000,000	施設整備等補助金収益	40,000,000
	国庫補助金等特別積立金積立額	40,000,000	国庫補助金等特別積立金	40,000,000
②	車　輌　運　搬　具	6,000,000	現　金　預　金	2,400,000
			固 定 資 産 受 贈 額	3,600,000
③	前　払　費　用	500,000	長 期 前 払 費 用	500,000
④	現　金　預　金	20,000,000	施設整備等寄附金収益	20,000,000
	基 本 金 組 入 額	20,000,000	基　　本　　金	20,000,000
⑤	購入時の仕訳			
	有　価　証　券	200,000,000	現　金　預　金	200,000,000
	期末の仕訳			
	有　価　証　券	2,000,000	有 価 証 券 評 価 益	2,000,000

※　各4点(⑤のみ各2点)×5か所

解説

① 施設及び設備の整備のための地方公共団体からの補助金は、国庫補助金等特
別積立金を積み立てます。

② 固定資産を低額譲渡された場合、時価で資産計上し、代金と時価との差額は
固定資産受贈額とします。

③ 来期中の保険料 500,000 円だけ、固定資産である長期前払費用から流動資産の前払費用に振り替えます。

④ 共同募金会からの施設整備及び施設整備に係る受配者指定寄附金は、基本金へ組み入れます。

⑤ 証券投資信託の受益証券も有価証券と同様に、期末に時価評価し、有価証券評価損益を計上します。

2

解 答

	勘定科目	金額	
(1)	基 本 金	26,000,000	円
	国 庫 補 助 金 等 特 別 積 立 金	159,208,000	円
(2)	国 庫 補 助 金 等 特 別 積 立 金	223,610,000	円
	過 年 度 修 正 額	11,550,000	円
(3)	賞 与 引 当 金	20,240,000	円
	職 員 賞 与	8,800,000	円
(4)	勘 定 科 目	金 額	
	有 形 リ ー ス 資 産	7,099,200	円
	1 年 以 内 返 済 予 定 リ ー ス 債 務	1,670,400	円
	リ ー ス 債 務	5,428,800	円
	減 価 償 却 費	1,252,800	円
	支 払 利 息	187,200	円
	ファイナンス・リース債務の返済支出	1,252,800	円
	支 払 利 息 支 出	187,200	円
(5)	納 付 税 額	140,600	円

※ 各問解答：4点

解 説

⑴ **固定資産の無償取得**

① 固定資産の取得時（令和4年4月1日）

地方公共団体には寄附概念がないため、基本金ではなく国庫補助金等特別積立金を積み立てます。

（借）	建 物	16,000,000	（貸）	固定資産受贈額	16,000,000
（借）	国庫補助金等特別積立金積立額	16,000,000	（貸）	国庫補助金等特別積立金	16,000,000

② 決算時（令和5年3月31日）

（借）	減 価 償 却 費	1,792,000^{*1}	（貸）	建 物	1,792,000
（借）	国庫補助金等特別積立金	1,792,000^{*2}	（貸）	国庫補助金等特別積立金取崩額	1,792,000

*1 16,000,000円×0.112＝1,792,000円

*2 補助割合が100％のため、減価償却費と国庫補助金等特別積立金取崩額は同額となります。

③ 国庫補助金等特別積立金

145,000,000円＋16,000,000円－1,792,000円＝159,208,000円

基本金残高は、変動がないため26,000,000円となります。

⑵ **償還補助金**

① 打ち切り前の補助金総額

補 助 金：260,000,000円

借 入 金：100,000,000円（うち償還補助金87,500,000円*）

* ＠3,500,000円×25回＝87,500,000円

自 己 資 金：40,000,000円

取 得 価 額：400,000,000円

補助金総額：260,000,000円＋87,500,000円＝347,500,000円

② 打ち切り後の補助金総額

補 助 金：260,000,000円

借 入 金：100,000,000円（うち償還補助金35,000,000円*）

* ＠3,500,000円×10回＝35,000,000円

償還補助金平成26年3月から令和5年3月までのため、10回となります。

自 己 資 金：40,000,000円

取 得 価 額：400,000,000 円

補助金総額：260,000,000 円＋ 35,000,000 円＝ 295,000,000 円

③ 当年度末の国庫補助金等特別積立金の計算

減価償却費：400,000,000 円× 0.022 ＝ 8,800,000 円

打ち切り後の補助金総額を使って計算します。

国庫補助金等特別積立金（取崩前）：260,000,000 円＋ 35,000,000 円
　　　　　　　　　　　　　　　　　　 ＝ 295,000,000 円

国庫補助金等特別積立金取崩額：295,000,000 円× 0.022 × 11 年
　　　　　　　　　　　　　　　　 ＝ 71,390,000 円

国庫補助金等特別積立金（取崩後）：295,000,000 円－ 71,390,000 円
　　　　　　　　　　　　　　　　　　 ＝ 223,610,000 円

④ 国庫補助金等特別積立金の過年度修正額

固定資産の取得は平成 24 年 4 月のため、前期末（令和 4 年 3 月末）までの償却年数は 10 年となります。

前期末までの取崩額：347,500,000 円× 0.022 × 10 年＝ 76,450,000 円

修 正 後 の 取 崩 額：295,000,000 円× 0.022 × 10 年＝ 64,900,000 円

過 年 度 修 正 額：76,450,000 円－ 64,900,000 円＝ 11,550,000 円

修正前
347,500,000　＠ 7,645,000 × 10 年＝ 76,450,000
修正後
295,000,000　＠ 6,490,000 × 10 年＝ <u>64,900,000</u>
　　　　　　　　　　　　　修正額：11,550,000 ────▶ 11,550,000

(3) **賞与引当金**

① 賞与引当金計上（令和 5 年 3 月末）

> （借）賞与引当金繰入　20,240,000 ＊　　（貸）賞 与 引 当 金　20,240,000

＊　（26,400,000 円＋ 3,960,000 円）× $\dfrac{4 \text{カ月}}{6 \text{カ月}}$ ＝ 20,240,000 円

② 賞与支給時（令和5年6月）

```
（借）賞 与 引 当 金 20,240,000    （貸）現  金  預  金 25,080,000*3
     職  員  賞  与  8,800,000*1          職 員 預 り 金  3,960,000
（借）法 定 福 利 費  1,320,000*2    （貸）事 業 未 払 金  1,320,000
```

＊1　職員賞与：$26,400,000円 \times \dfrac{2カ月}{6カ月} = 8,800,000円$

＊2　社会保険料（法定福利費）：$3,960,000円 \times \dfrac{2カ月}{6カ月} = 1,320,000円$

＊3　26,400,000円 － 1,320,000円 ＝ 25,080,000円

⑷　リース会計

①　7月1日（契約日）

```
（借）有形リース資産  8,352,000*    （貸）リ ー ス 債 務  8,352,000
```

＊　9,600,000円 － 1,248,000円 ＝ 8,352,000円

②　7月末日（リース料の支払い）

　　7月末～3月末まで、同様のリース料の支払いが9回行われます。

```
（借）リ ー ス 債 務 139,200*1    （貸）現  金  預  金 160,000
     支  払  利  息  20,800*2
```

＊1　8,352,000円 ÷ 60回 ＝ 139,200円
＊2　1,248,000円 ÷ 60回 ＝ 20,800円

③　3月31日（決算整理）

```
（借）減 価 償 却 費 1,252,800*1    （貸）有形リース資産  1,252,800
（借）リ ー ス 債 務 1,670,400*2    （貸）1年以内返済予定リース債務 1,670,400
```

＊1　減価償却費：$8,352,000円 \times 0.2 \times \dfrac{9カ月}{12カ月} = 1,252,800円$

＊2　1年以内返済予定リース債務：8,352,000円 ÷ 60回 × 12回 ＝ 1,670,400円

④　各勘定科目の金額

　　有形リース資産：8,352,000円 － 1,252,800円 ＝ 7,099,200円

　　1年以内返済予定リース債務：1,670,400円

　　リ ー ス 債 務：8,352,000円 － 139,200円 × 9回 － 1,670,400円

　　　　　　　　　　　＝ 5,428,800円

減 価 償 却 費：1,252,800 円

支 払 利 息：20,800 円 × 9 回＝ 187,200 円

ファイナンス・リース債務の返済支出：139,200 円 × 9 回＝ 1,252,800 円

支払利息支出：20,800 円 × 9 回＝ 187,200 円

(5) **簡易課税**

① 課税標準額の計算

軽減税率（パン）：

$$7,372,186 円 \times \frac{100}{108} = 6,826,098.148 \rightarrow 6,826,000 円（千円未満切捨）$$

標準税率（パン以外）：

$$(10,248,942 円 + 1,789,880 円 + 1,063,366 円) \times \frac{100}{110} = 11,911,080$$

$$\rightarrow 11,911,000 円（千円未満切捨）$$

② 課税標準額に対する消費税額

軽減税率：6,826,000 円 × 6.24％（国）＝ 425,942.4

$$\rightarrow 425,942 円（小数点以下切捨）$$

標準税率：11,911,000 円 × 7.8％（国）＝ 929,058 円

③ みなし仕入率の特例（75％ルール）の判定

・第三種事業　パン：$7,372,186 円 \times \dfrac{100}{108} = 6,826,098 円$

　　　　　　　紙器：$10,248,942 円 \times \dfrac{100}{110} = 9,317,220 円$

　　　　　　　合計：$6,826,098 円 + 9,317,220 円 = 16,143,318 円$

・第四種事業　喫茶店：$1,789,880 円 \times \dfrac{100}{110} = 1,627,163 円$

・第五種事業　清掃業務：$1,063,366 円 \times \dfrac{100}{110} - 966,696 円$

・全事業合計：$16,143,318 円 + 1,627,163 円 + 966,696 円 = 18,737,177 円$

・各割合　第三種事業：$\dfrac{16,143,318}{18,737,177} = 86.15\％$

判　定　86.15％ ≧ 75％

　　　　　第四種事業：$\dfrac{1,627,163}{18,737,177} = 8.68\％$

∴適用あり

④ 控除対象仕入税額の計算

軽減税率：425,942 円 × 70% = 298,159 円

標準税率：929,058 円 × 70% = 650,340 円

⑤ 納付税額（国税）

軽減税率：425,942 円 − 298,159 円 = 127,783 円

標準税率：929,058 円 − 650,340 円 = 278,718 円

合計：127,783 円 + 278,718 円 = 406,501 → 406,500 円（百円未満切捨）

⑥ 納付税額（地方税）

$$406,501 \text{ 円} \times \frac{2.2}{7.8} = 114,654 \rightarrow 114,600 \text{ 円（百円未満切捨）}$$

⑦ 国税及び地方消費税の納税額（合計額）

406,500 円 + 114,600 円 = 521,100 円

521,100 円 − 296,800 円（中間納付）− 83,700 円（中間納付）

= 140,600 円

解 答

Z保育園拠点区分資金収支計算書

（自）令和4年4月1日 （至）令和5年3月31日

（単位：円）

		勘定科目	予算（A）	決算（B）	差異（A）−（B）	備考
事業活動による収支	収入	**保育事業収入**	125,200,000	125,105,320	94,680	
		委託費収入	79,335,000	79,256,880	78,120	
		利用者等利用料収入	700,000	684,600	15,400	
		利用者等利用料収入（一般）	700,000	684,600	15,400	
		その他の事業収入	45,165,000	45,163,840	1,160	
		補助金事業収入（公費）	41,100,000	41,100,000		
		補助金事業収入（一般）	4,065,000	4,063,840	1,160	
		その他の収入	1,350,000	1,325,254	24,746	
		受入研修費収入	50,000	40,000	10,000	
		利用者等外給食費収入	1,200,000	1,189,600	10,400	
		雑収入	100,000	95,654	4,346	
		事業活動収入計（1）	126,550,000	126,430,574	119,426	
	支出	**人件費支出**	80,616,096	80,616,096		
		職員給料支出	45,565,420	45,565,420		
		職員賞与支出	8,550,000	8,550,000		
		非常勤職員給与支出	16,463,460	16,463,460		
		退職給付支出	694,000	694,000		
		法定福利費支出	9,343,216	9,343,216		
		事業費支出	8,110,000	8,077,336	32,664	
		給食費支出	2,740,000	2,736,521	3,479	
		保健衛生費支出	200,000	189,654	10,346	
		保育材料費支出	1,610,379	1,602,310	8,069	
		水道光熱費支出	1,489,621	1,489,621		
		消耗器具備品費支出	860,000	856,941	3,059	
		保険料支出	40,000	38,600	1,400	
		賃借料支出	420,000	420,000		
		車輌費支出	750,000	743,689	6,311	
		事務費支出	16,690,000	16,638,228	51,772	
		福利厚生費支出	300,000	298,564	1,436	
		職員被服費支出	600,000	598,621	1,379	
		旅費交通費支出	300,000	296,841	3,159	
		研修研究費支出	100,000	98,600	1,400	
		事務消耗品費支出	1,325,621	1,325,621		
		水道光熱費支出	178,214	178,214		
		修繕費支出	466,165	456,210	9,955	

	通信運搬費支出	800,000	796,954	3,046	
	会議費支出	100,000	98,650	1,350	
	広報費支出	200,000	198,640	1,360	
	業務委託費支出	2,960,000	2,954,621	5,379	
	手数料支出	760,000	756,980	3,020	
	保険料支出	1,600,000	1,598,650	1,350	
	賃借料支出	800,000	798,000	2,000	
	土地・建物賃借料支出	4,360,000	4,360,000		
	租税公課支出	980,000	975,861	4,139	
	保守料支出	150,000	148,960	1,040	
	渉外費支出	150,000	146,576	3,424	
	諸会費支出	360,000	353,200	6,800	
	雑支出	200,000	198,465	1,535	
	支払利息支出	200,000	196,542	3,458	
	その他の支出	1,200,000	1,189,600	10,400	
	利用者等外給食費支出	1,200,000	1,189,600	10,400	
	事業活動支出計(2)	106,816,096	106,717,802	98,294	
	事業活動資金収支差額(3)＝(1)－(2)	19,733,904	19,712,772	21,132	
施設整備等による収支	収入 施設整備等補助金収入				
	施設整備等寄附金収入				
	設備資金借入金収入				
	固定資産売却収入				
	施設整備等収入計(4)				
	支出 設備資金借入金元金償還支出	2,616,000	2,616,000		
	固定資産取得支出	1,045,200	1,045,200		
	器具及び備品取得支出	1,045,200	1,045,200		
	施設整備等支出計(5)	3,661,200	3,661,200		
	施設整備等資金収支差額(6)＝(4)－(5)	△ 3,661,200	△ 3,661,200		
その他の活動による収支	収入 積立資産取崩収入	200,000	198,000	2,000	
	退職給付引当資産取崩収入	200,000	198,000	2,000	
	その他の活動収入計(7)	200,000	198,000	2,000	
	支出 積立資産支出	16,000,000	15,980,000	20,000	
	退職給付引当資産支出	1,000,000	980,000	20,000	
	保育所施設・設備整備積立金積立支出	15,000,000	15,000,000		
	その他の活動支出計(8)	16,000,000	15,980,000	20,000	
	その他の活動資金収支差額(9)＝(7)－(8)	△ 15,800,000	△ 15,782,000	△ 18,000	
	予備費支出(10)	451,000 △ 178,296		272,704	
	当期資金収支差額合計(11)＝(3)＋(6)＋(9)－(10)		269,572	△ 269,572	
	前期末支払資金残高(12)	23,332,200	23,332,200		
	当期末支払資金残高(11)＋(12)	23,332,200	23,601,772	△ 269,572	

※ ピンクのアミカケ部分が各１点20か所

361

①

> 不足分の49,420円
> は予備費から流用

人件費支出	80,533,000	80,616,096	△ 83,096
職員給料支出	45,500,000	45,565,420	△ 65,420
職員賞与支出	8,560,000	8,550,000	10,000
非常勤職員給与支出	16,453,000	16,463,460	△ 10,460
退職給付支出	700,000	694,000	6,000
法定福利費支出	9,320,000	9,343,216	△ 23,216

> 非常勤職員給与支出の△10,460円
> 法定福利費支出の△23,216円
> も予備費から流用

　ポイントは、非常勤職員給与支出の△ 10,460 円と、法定福利費支出の△ 23,216 円についても予備費を流用することです。予備費は軽微な補正に対して資金支出として使用するため、非常勤職員給与支出と法定福利費支出も対象となります。

　なお、ここでの予備費の流用は 49,420 円＋ 10,460 円＋ 23,216 円の合計83,096 円となります。

　予備費支出の合計：83,096 円（①）＋ 95,200 円（④）＝ 178,296 円となります。

4

解　答

3．「再取得に必要な財産」　※ 割合は小数点以下第4位を四捨五入。

（1）将来の建替費用

財産の名称等	取得年度	建設時延べ床面積（小数点以下第4位を四捨五入）	建設時自己資金	大規模修繕実績額	減価償却累計額
園舎生活訓練	1988	1,499.960	8,524,364	0	201,146,553
紙器工場	1988	201.510	8,450,000	0	8,449,998
製菓工場	1990	97.200	4,716,450	0	6,608,985
作業棟・体育棟	1998	1,197.900	76,204,500	0	90,587,099
作業室・倉庫	1999	141.860	11,497,500	0	9,278,430
体育倉庫	1993	23.180	1,645,000	0	1,644,999
合　計					

建設単価等上昇率					
①建設工事費デフレーター	②1㎡当たり単価上昇率				①、②のいずれか高い方の率
	一般的1㎡当たり単価(a)	当該建物の建設時の取得価額(b)	建設時延べ床面積(c)	a/ (b/c)	
1.364	250,000	326,715,844	1,499.960	1.148	1.364
1.364	250,000	8,450,000	201.510	5.962	5.962
1.253	250,000	6,716,450	97.200	3.618	3.618
1.204	250,000	203,679,500	1,197.900	1.470	1.470
1.215	250,000	11,497,500	141.860	3.085	3.085
1.199	250,000	1,645,000	23.180	3.523	3.523

	自己資金比率			合計額
③ 一般的自己資金比率	④建設時自己資金比率		③、④のいずれか高い方の率	
	建設時自己資金(d)	d/b		
22%	8,524,364	2.6%	22.0%	60,360,057
22%	8,450,000	100.0%	100.0%	50,378,888
22%	4,716,450	70.2%	70.2%	16,785,738
22%	76,204,500	37.4%	37.4%	49,802,975
22%	11,497,500	100.0%	100.0%	28,623,956
22%	1,645,000	100.0%	100.0%	5,795,331
				211,746,945

（2）大規模修繕に必要な費用

減価償却累計額 (a)	一般的大規模修繕費用比率 (b)	大規模修繕実績額	合計額①	※大規模修繕額が不明な場合		合計額（①、②のいずれか）
				貸借対照表価額 (c)	合計額② （(a×b)× c/(a＋c))	
201,146,553	30%	0	60,343,965	—	—	60,343,965
8,449,998	30%	0	2,534,999	—	—	2,534,999
6,608,985	30%	0	1,982,695	—	—	1,982,695
90,587,099	30%	0	27,176,129	—	—	27,176,129
9,278,430	30%	0	2,783,529	—	—	2,783,529
1,644,999	30%	0	493,499	—	—	493,499
						95,314,816

（3）設備・車輌等の更新に必要な費用　（4）合計

合　計	121,037,214

項　　目	金　額
将来の建替費用	211,746,945
大規模修繕に必要な費用	95,314,816
設備・車輌等の更新に必要な費用	121,037,214
合　計	428,098,975

4．「必要な運転資金」

項　目	金　額			月　数	合計額
年間事業活動支出	189,304,605	12		3	47,326,151

5．「計算の特例」

項　目	金　額			月　数	合計額
年間事業活動支出		12		12	

6．「社会福祉充実残額」

項　目	金　額	控除対象財産計
活用可能な財産	492,714,084	
社会福祉法に基づく事業に活用している不動産等	0	
再取得に必要な財産	428,098,975	475,425,126
必要な運転資金	47,326,151	
計算の特例		
合　計	17,280,000	

※ 各１点20か所

解　説

3．再取得に必要な財産

(1)　将来の建替費用（減価償却累計額 × 建設単価等上昇率 × 自己資金比率）

・減価償却累計額

建設時延べ床面積：1,454.55㎡ ＋ 45.41㎡ ＝ 1,499.96

→ 1,499.960㎡（小数点第４位四捨五入）

建設時自己資金：3,597,160 円 ＋ 4,927,204 円 ＝ 8,524,364 円

減価償却累計額：200,561,318 円 ＋ 585,235 円 ＝ 201,146,553 円

・建設単価等上昇率

①建設工事費デフレーター：1.364（所与）

当該建物の建設時の取得価額：321,788,640 円 ＋ 4,927,204 円

＝ 326,715,844 円

②実績上昇率（a/（b/c））：250,000 円 ÷（326,715,844 円 ÷ 1,499.960㎡）

　　　　　　　　　　一般建設単価　　　　　　実績建設単価

＝ 1.1477 → 1.148（小数点第４位四捨五入）

①、②のいずれか高い方の率：1.364 ＞ 1.148　∴ 1.364

- ・一般的自己資金比率：22.0%（所与）＞実績 2.6%　∴22.0%
- ・将来の建替費用

  201,146,553 円 × 1.364 × 22.0% ＝ 60,360,057.6

  → 60,360,057 円（小数点以下切捨）
- ・将来の建替費用合計額

  60,360,057 円 ＋ 50,378,888 円 ＋ 16,785,738 円 ＋ 49,802,975 円 ＋ 28,623,956 円 ＋ 5,795,331 円

  　　園舎生活訓練　　　　　　　　　　　　　その他の固定資産

  ＝ 211,746,945 円

(2) **大規模修繕に必要な費用**

- ・大規模修繕に必要な費用（合計額①）

  201,146,553 円 × 30% ＝ 60,343,965.9 → 60,343,965 円（小数点以下切捨）

  　　減価償却累計額　　　費用比率
- ・大規模修繕が不明な場合（合計額②）

  なし
- ・大規模修繕に必要な費用（合計額（①、②のいずれか））

  60,343,965 円
- ・大規模修繕に必要な費用合計額

  60,343,965 円 ＋ 2,534,999 円 ＋ 1,982,695 円 ＋ 27,176,129 円 ＋ 2,783,529 円 ＋ 493,499 円

  　　園舎生活訓練　　　　　　　　　　　　その他の固定資産

  ＝ 95,314,816 円

(3) **設備・車輌等の更新に必要な費用**：121,037,214 円（所与）

(4) **再取得に必要な財産（合計）**

  211,746,945 円　　＋　　95,314,816 円　　＋　　121,037,214 円

  　　将来の建替費用　　　　大規模修繕に必要な費用　設備・車輌等の更新に必要な費用

  ＝ 428,098,975 円（所与）

4．必要な運転資金

$$189,304,605 \text{円} \times \frac{3\text{カ月}}{12\text{カ月}} = 47,326,151.25$$

　事業活動支出

→ 47,326,151 円（小数点以下切捨）

5．計算の特例の判定

再取得に必要な財産＋必要な運転資金：428,098,975 円＋ 47,326,151 円
$$= 475,425,126 円$$

年間事業活動支出：189,304,605 円

475,425,126 円≧ 189,304,605 円　　∴「計算の特例」は適用しない

6．社会福祉充実残額

・控除対象財産計

0 円　 ＋　 428,098,975 円　 ＋　 47,326,151 円＝ 475,425,126 円

<u>事業活用不動産等</u>　<u>再取得に必要な財産</u>　　<u>必要な運転資金</u>

・社会福祉充実残額

492,714,084 円－ 475,425,126 円＝ 17,288,958

<u>活用可能な財産</u>　　　<u>控除対象財産計</u>

→ 17,280,000 円（万円未満切捨）

5

解　答

第二号第一様式

法人単位事業活動計算書

（自）令和4年4月1日　（至）令和5年3月31日　　（単位：円）

		勘　定　科　目	当年度決算（A）	前年度決算（B）	増減（A）－（B）
サービス活動増減の部	収益	介護保険事業収益	229,559,000		
		経常経費寄附金収益	130,000		
		その他の収益			
		サービス活動収益計(1)	229,689,000		
	費用	人件費	152,044,000		
		事業費	32,795,000		
		事務費	26,496,000		
		減価償却費	18,977,000		
		国庫補助金等特別積立金取崩額	△ 12,083,200		
		徴収不能額			
		徴収不能引当金繰入	169,760		
		その他の費用			
		サービス活動費用計(2)	218,398,560		
		サービス活動増減差額(3)＝(1)－(2)	11,290,440		

サービス活動外増減の部	収益	受取利息配当金収益	300		
		投資有価証券評価益			
		投資有価証券売却益			
		その他のサービス活動外収益			
		サービス活動外収益計(4)	300		
	費用	支払利息	2,786,500		
		投資有価証券評価損			
		投資有価証券売却損			
		その他のサービス活動外費用			
		サービス活動外費用計(5)	2,786,500		
	サービス活動外増減差額(6)＝(4)－(5)		△ 2,786,200		
経常増減差額(7)＝(3)＋(6)			8,504,240		
特別増減の部	収益	施設整備等補助金収益	6,400,000		
		施設整備等寄附金収益			
		固定資産受贈額	300,000		
		その他の特別収益			
		特別収益計(8)	6,700,000		
	費用	基本金組入額			
		資産評価損			
		固定資産売却損・処分損			
		国庫補助金等特別積立金取崩額(除却等)			
		国庫補助金等特別積立金積立額	6,400,000		
		災害損失	720,000		
		その他の特別損失			
		特別費用計(9)	7,120,000		
	特別増減差額(10)＝(8)－(9)		△ 420,000		
当期活動増減差額(11)＝(7)＋(10)			8,084,240		
繰越活動増減差額の部	前期繰越活動増減差額(12)		139,741,960		
	当期末繰越活動増減差額(13)＝(11)＋(12)		147,826,200		
	基本金取崩額(14)				
	その他の積立金取崩額(15)				
	その他の積立金積立額(16)				
	次期繰越活動増減差額(17)＝(13)＋(14)＋(15)－(16)		147,826,200		

第三号第一様式

法人単位貸借対照表

令和5年3月31日現在　　　　　　（単位：円）

	当年度末	前年度末	増減		当年度末	前年度末	増減
流動資産	125,298,700			流動負債	29,038,000		
現金預金	85,032,800			短期運営資金借入金			
有価証券				事業未払金	10,878,000		
事業未収金	39,420,000			その他の未払金			
未収補助金	400,000			1年以内返済予定設備資金借入金	8,000,000		
未収収益				1年以内返済予定リース債務			
貯蔵品	75,000			職員預り金	1,410,000		
立替金				賞与引当金	8,750,000		
前払費用	568,000			その他の流動負債			
仮払金							
その他の流動資産							
徴収不能引当金	△ 197,100						
固定資産	527,670,100			固定負債	149,835,000		
基本財産	474,360,000			設備資金借入金	128,000,000		
土地	15,000,000			リース債務			
建物	459,360,000			退職給付引当金	21,835,000		
その他の固定資産	53,310,100			その他の固定負債			
構築物	2,437,500			負債の部合計	178,873,000		
車輌運搬具	6,101,300			純　資　産　の　部			
器具及び備品	9,061,500			基本金	15,000,000		
有形リース資産				国庫補助金等特別積立金	298,269,600		
ソフトウェア	874,800			施設整備等積立金	13,000,000		
退職給付引当資産	21,835,000			次期繰越活動増減差額	147,826,200		
施設整備等積立資産	13,000,000			（うち当期活動増減差額）	(8,084,240)		
長期前払費用							
その他の固定資産				純資産の部合計	474,095,800		
資産の部合計	652,968,800			負債及び純資産の部合計	652,968,800		

※資産の部合計と負債及び純資産の部合計はセットで2点
※退職給付引当資産と退職給付引当金はセットで2点
※その他のピンクのアミカケ部分が各1点×16か所

＜資料２＞

借	方	貸	方	資金収支計算書	事業活動計算書
勘 定 科 目	金 額	勘 定 科 目	金 額		
② 事務費（保険料）	560,000	前 払 費 用	560,000	○	○
③ 国庫補助金等特別積立金積立額	4,000,000	国庫補助金等特別積立金	4,000,000	×	○
③ 国庫補助金等特別積立金	11,949,600	国庫補助金等特別積立金取崩額	11,949,600	×	○

③償還補助金総額：＠4,000,000円×25年＝100,000,000円

補 助 金 総 額：359,600,000円＋100,000,000円＝459,600,000円

減 価 償 却 費：580,000,000円×0.026＝15,080,000円

国庫補助金等特別積立金取崩額：459,600,000円×0.026＝11,949,600円

＜資料３＞

借	方	貸	方	資金収支計算書	事業活動計算書
勘 定 科 目	金 額	勘 定 科 目	金 額		
① 減 価 償 却 費	18,564,800	建 物	15,080,000	×	○
		車 輌 運 搬 具	1,503,000		
		器 具 及 び 備 品	1,593,000		
		ソ フ ト ウ ェ ア	388,800		
② 賞 与 引 当 金	8,424,000	人件費（職員賞与）	8,424,000	×	○
② 人件費（賞与引当金繰入）	8,750,000	賞 与 引 当 金	8,750,000	×	○
③ 国庫補助金等特別積立金積立額	2,400,000	国庫補助金等特別積立金	2,400,000	×	○
③ 減 価 償 却 費	267,200	車 輌 運 搬 具	267,200	×	○
③ 国庫補助金等特別積立金	133,600	国庫補助金等特別積立金取崩額	133,600	×	○
④ 減 価 償 却 費	45,000	構 築 物	45,000	×	○
④ 災 害 損 失	720,000	構 築 物	720,000	×	○
④ 減 価 償 却 費	62,500	構 築 物	62,500	×	○
⑤ 事務費（事務消耗品費）	50,000	貯 蔵 品	50,000	○	○

⑥	器 具 及 び 備 品	300,000	固定資産受贈額	300,000	×	○
	減 価 償 却 費	37,500	器 具 及 び 備 品	37,500	×	○
	事業費(教養娯楽費)	80,000	経常経費寄附金収益	80,000	○	○
⑦	徴 収 不 能 引 当 金	165,000	事 業 未 収 金	165,000	×	×
	徴収不能引当金繰入	169,760	徴 収 不 能 引 当 金	169,760	×	○
⑧	前 払 費 用	568,000	事務費(保険料)	568,000	○	○
⑨	人件費(退職給付費用)	892,000	退 職 給 付 引 当 金	892,000	×	○
	退職給付引当資産	892,000	現 金 預 金	892,000	○	×

巻末 サンプル問題 解答解説

②賞 与 引 当 金 繰 入：$13,125,000円 \times \dfrac{4カ月}{6カ月} = 8,750,000円$

③減 価 償 却 費：$4,800,000円 \times 0.167 \times \dfrac{4カ月}{12カ月} = 267,200円$

国庫補助金等特別積立金取崩額：$2,400,000円 \times 0.167 \times \dfrac{4カ月}{12カ月} = 133,600円$

④減 価 償 却 費：$1,800,000円 \times 0.050 \times \dfrac{6カ月}{12カ月} = 45,000円$

構築物(破損時簿価)：$765,000円 - 45,000円 = 720,000円$

減 価 償 却 費：$2,500,000円 \times 0.050 \times \dfrac{6カ月}{12カ月} = 62,500円$

⑤事務費(事務消耗品費)：$125,000円 \div 5本 \times 2本 = 50,000円$

⑥減 価 償 却 費：$300,000円 \times 0.125 = 37,500円$

⑦事 業 未 収 金：$38,468,000円 + 228,941,000円 - 227,824,000円$
$- 165,000円 = 39,420,000円$

徴収不能引当金設定金額：$39,420,000円 \times 0.5\% = 197,100円$

徴収不能引当金繰入：$197,100円 - (192,340円 - 165,000円) = 169,760円$

⑨退 職 給 付 費 用：$21,835,000円 - 20,943,000円 = 892,000円$

集　計

1．事業活動計算書

経常経費寄附金収益：$50,000円 + 80,000円(⑥) = 130,000円$

人　　件　　費：$150,826,000円 - 8,424,000円(②) + 8,750,000円(②)$
$+ 892,000円(⑨) = 152,044,000円$

事　　業　　費：$32,715,000円 + 80,000円(⑥) = 32,795,000円$

事　　務　　費：$560,000円(資料2②) + 26,454,000円 + 50,000円(⑤)$
$- 568,000円(⑧) = 26,496,000円$

減 価 償 却 費：18,564,800円（①）＋267,200円（③）＋45,000円（④）
　　　　　　　　＋62,500円（④）＋37,500円（⑥）＝18,977,000円
国庫補助金等特別積立金取崩額：11,949,600円（資料2③）＋133,600円（③）＝12,083,200円
国庫補助金等特別積立金積立額：4,000,000円（資料2③）＋2,400,000円（③）＝6,400,000円

2．貸借対照表

現　金　預　金：78,953,000円＋234,742,300円－227,770,500円
　　　　　　　　－892,000円（⑨）＝85,032,800円
事 業 未 収 金：38,468,000円＋228,941,000円－227,824,000円
　　　　　　　　－165,000円（⑦）＝39,420,000円
貯　蔵　　　品：125,000円－50,000円（⑤）＝75,000円
前　払　費　用：560,000円－560,000円（資料2②）＋568,000円（⑧）
　　　　　　　　＝568,000円
徴 収 不 能 引 当 金：192,340円－165,000円（⑦）＋169,760円（⑦）＝197,100円
建　　　　　物：474,440,000円－15,080,000円（①）＝459,360,000円
構　　　築　　物：765,000円＋2,500,000円－45,000円（④）－720,000円（④）
　　　　　　　　－62,500円（④）＝2,437,500円
車 輌 運 搬 具：3,071,500円＋4,800,000円－1,503,000円（①）
　　　　　　　　－267,200円（③）＝6,101,300円
器 具 及 び 備 品：10,392,000円－1,593,000円（①）＋300,000円（⑥）
　　　　　　　　－37,500円（⑥）＝9,061,500円
ソ フ ト ウ ェ ア：1,263,600円－388,800円（①）＝874,800円
退 職 給 付 引 当 資 産：20,943,000円＋892,000円（⑨）＝21,835,000円

1年以内返済予定設備資金借入金：下記決算整理仕訳により8,000,000円となります。

（借）設備資金借入金　8,000,000　　（貸）1年以内返済予定設備資金借入金　8,000,000

賞 与 引 当 金：8,424,000円－8,424,000円（②）＋8,750,000円（②）
　　　　　　　　＝8,750,000円
設 備 資 金 借 入 金：136,000,000円－8,000,000円（上記決算整理仕訳）
　　　　　　　　＝128,000,000円
退 職 給 付 引 当 金：20,943,000円＋892,000円（⑨）＝21,835,000円
国庫補助金等特別積立金：303,952,800円＋4,000,000円（資料2③）
　　　　　　　　－11,949,600円（資料2③）＋2,400,000円（③）
　　　　　　　　－133,600円（③）＝298,269,600円

理論問題

理論問題

1 以下の文章のうち、会計基準の規定に照らして正しいものには○、間違っているものには×をつけなさい。

⑴ 事業活動計算書は、経常的な収益と経常的な費用を記載して、当期活動増減差額を求める様式になっている。

⑵ 計算書類に対する注記は、法人全体で記載すればよく、拠点区分における注記は必要ない。

⑶ 経常経費に対する物品や土地などの寄附を受けた場合は、対価の支払いを伴わず、支払資金に影響しないので、事業活動計算書には計上されるが、資金収支計算書には計上されない。

⑷ 拠点区分が１つの法人の場合であっても、資金収支計算書（第１号の１様式）、資金収支内訳表（第１号の２様式）、拠点区分資金収支計算書（第１号の４様式）は作成しなければならない。

⑸ 介護保険サービス及び障害福祉サービスを実施する拠点では、拠点区分資金収支明細書（会計基準別紙３）の作成を省略することができ、保育所運営費、措置費による事業を実施する拠点では、拠点区分事業活動明細書（会計基準別紙４）の作成を省略することができる。

⑹ 財産目録は、法人全体で作成することとされており、社会福祉事業、公益事業、収益事業の区分ごとに作成するものではない。

⑺ 計算書類の表示方法の適用に際して、重要性の乏しいものについては、本来の厳密な方法によらず、他の簡便な方法によることができる。

⑻ 会計帳簿は、原則として、拠点区分ごとに仕訳日記帳及び総勘定元帳を作成し、備え置くものとする。

⑼ 設備資金借入金の返済時期に合わせて執行される借入金元金償還補助金については、国庫補助金等特別積立金を積立てる。

⑽　退職給付引当金を計上している法人にあっても、退職金は金銭で支給するものなので、資金収支計算書の退職給付支出と事業活動計算書の退職給付費用は必ず一致する。

解　答

(1)	(2)	(3)	(4)	(5)
×	×	×	×	○
1－3	9－2	5－1	9－1	9－3

(6)	(7)	(8)	(9)	⑽
○	○	○	○	×
10－2	1－2	7－1	6－3	3－3

※　上記の数字は、テキストの対応する章と節を表しています。
　　（1－3→第1章 第3節　以下の問題も同じです。）

解　説

⑴　誤　り：事業活動計算書では、経常的な収益と経常的な費用の差額で経常増減差額を求める様式になっています。

⑵　誤　り：計算書類に対する注記には、法人全体で記載する注記と拠点区分で記載する注記があります。

⑶　誤　り：経常経費に対する寄附物品は、仕訳で資金の科目が増減しませんが資金収支計算書に計上される唯一の取引です。
　　　　　　事務消耗品費支出と、経常経費寄附金収入が資金収支計算書に記載されます。なお、固定資産の寄附は資金収支計算書に記載されません。

⑷　誤　り：資金収支内訳表（第1号の2様式）は、各事業区分の内訳表であるため、拠点区分が1つしかない（事業も1つしかない）場合には、作成不要となります。

⑽　誤　り：（借）退職給付費用、（貸）退職給付引当金の仕訳を行った場合、事業活動計算書には退職給付費用が計上されますが、資金収支計算書には計上されません。そのため、事業活動計算書の退職給付費用と、資金収支計算書の退職給付支出は一致するとは限りません。

2 以下の文章のうち、会計基準の規定に照らして正しいものには○、間違っているものには×をつけなさい。

⑴　会計基準に定めのない事項については、一般に公正妥当と認められる社会福祉法人会計の慣行をしん酌しなければならない。

⑵　資金収支計算書は、当該会計年度における支払資金の増加及び減少の状況について、事業活動による収支、施設整備等による収支の2つに区分して記載する。

⑶　社会福祉法人の作成する計算書類は、資金収支計算書、事業活動計算書、貸借対照表及び財産目録である。

⑷　補正予算が理事会で承認されている場合、資金収支計算書の「予算額」欄に記入する額は、補正予算額ではなく当初予算額である。

⑸　財産目録の金額は、法人単位貸借対照表記載の金額と同一である。

⑹　流動資産である有価証券について発生した評価損益は、資金収支計算書及び事業活動計算書のいずれにも計上される。

⑺　支払資金の増減に影響しない土地などの寄附物品については、事業活動計算書の固定資産受贈額として計上し、資金収支計算書には計上しない。

⑻　交換により取得した資産の評価は、交換の相手方が計上していた帳簿価額をもって行うものとする。

⑼　法人税を納税する法人は、事業活動計算書等の特別増減差額と当期活動増減差額の間に記入欄を追加する。

⑽　固定資産の売却にともなって取崩された国庫補助金等特別積立金の額は、事業活動計算書の特別増減の部に収益として計上する。

解　答

(1)	(2)	(3)	(4)	(5)
○	×	×	×	○
1 － 2	1 － 3	9 － 1	10 － 1	10 － 2

(6)	(7)	(8)	(9)	(10)
○	○	×	○	×
2 － 6	5 － 1	4 － 1	11 － 2	6 － 2

巻末
付録
理論問題

解　説

(2)　誤　り：資金収支計算書では、事業活動による収支、施設整備等による収支、その他の活動による収支の３つに区分します。

(3)　誤　り：財産目録は、計算書類には含まれません。

(4)　誤　り：資金収支計算書の予算欄に記入する額は、その時点のもっとも最新の金額を記入します。

(8)　誤　り：交換により取得した資産は、交換に際し当法人が提供した資産の帳簿価額で評価します。

(10)　誤　り：国庫補助金等特別積立金取崩額は、事業活動計算書上、特別増減の部に費用のマイナスとして計上します。

3 以下の文章のうち、会計基準の規定に照らして正しいものには○、間違っているものには×をつけなさい。

(1) 支払資金としての流動資産及び流動負債は、1年基準により固定資産または固定負債から振り替えられたもの、引当金並びに棚卸資産も含まれる。

(2) 資金収支計算書の流動資産評価損等による資金減少額には、有価証券売却損、有価証券評価損を含む資産評価損、為替差損、徴収不能額が含まれる。

(3) 固定資産の寄附を受領した際には、取得時の時価（当該資産の取得のために通常要する価額）により、資金収支計算書の施設整備等寄附金収入として計上し、併せて事業活動計算書の施設整備等寄附金収益として計上する。

(4) 当期活動増減差額にその他の積立金取崩額を加算した額に余剰が生じた場合には、その範囲内で将来の特定の目的のために積立金を積み立てることができるが、その他の積立金の積立ては、事業活動計算書の繰越活動増減差額の部に計上する。

(5) 関連当事者との取引の内容について計算書類に注記を付す場合の関連当事者の範囲は、社会福祉法人の役員とその近親者、役員とその近親者が議決権の過半数を有している法人であり、開示対象となる役員は、有給の役員に限定されている。

(6) 受取手形、未収金、貸付金等の債権については、徴収不能のおそれがあるときは、会計年度の末日においてその時に徴収することができないと見込まれる額を控除しなければならないが、徴収することができないと見込まれる額を債権から直接控除する方法と、徴収不能引当金として貸借対照表の資産の部に控除項目として記載する方法が認められている。

(7) 拠点区分資金収支明細書及び拠点区分事業活動明細書については、事業の内容に応じて、いずれか一方の明細書の作成は省略することができる。

(8) 基本金の組入れ及び国庫補助金等特別積立金の積立て対象となった基本財産の建物を取り壊して建て替えた場合には、その事業を廃止していなくとも、取り壊した建物に関して組み入れられた基本金及び積み立てられた国庫補助金等特別積立金の残高は取り崩すこととなっている。

(9)　拠点区分ごとの「計算書類に対する注記」に記載が不要な項目は、継続事業の前提に関する事項、関連当事者との取引の内容に関する事項、重要な偶発債務、合併及び事業の譲渡若しくは事業の譲受けである。

(10)　財産目録は、会計年度末現在における全ての資産及び負債について、その名称、数量、金額等を詳細に表示する。

解　答

(1)	(2)	(3)	(4)	(5)
×	○	×	×	×
1－3	9－1	5－1	6－4	9－2

(6)	(7)	(8)	(9)	(10)
○	○	×	○	○
3－1	9－3	6－1	9－2	10－2

解　説

(1)　誤　り：支払資金としての流動資産及び流動負債には、1年基準により固定資産または固定負債から振り替えられたもの、引当金、棚卸資産は除かれます。ただし、棚卸資産のうち貯蔵品は支払資金に含まれます。

(3)　誤　り：固定資産の寄附を受けた場合には、資金収支計算書には計上されません。また、事業活動計算書上、固定資産受贈額として計上します。

(4)　誤　り：「当期末繰越活動増減差額」にその他の積立金取崩額を加算した額に余剰が生じた場合には、積立金を積み立てることができます。
なお、当期末繰越活動増減差額は、当期活動増減差額に前期繰越活動増減差額を加算したものです。

(5)　誤　り：開示対象となる役員は、有給かつ常勤の役員となります。

(8)　誤　り：基本金の取崩しは、事業の全部または一部を廃止した場合に限られます。

4 以下の文章のうち、会計基準の規定に照らして正しいものには○、間違っているものには×をつけなさい。

(1) リース契約時には、支払資金の増減が生じないので、資金収支計算書には何も計上されない。

(2) リース取引において、利息相当額をリース期間中の各期に定額で配分する方法を、利息法という。

(3) 減価償却の方法としては、有形固定資産については定額法または定率法のいずれかの方法で償却計算を行うが、償却方法は、例えば甲拠点の備品は定額法、乙拠点の備品は定率法とすることも可能である。

(4) 重要な後発事象が発生した場合は、計算書類に注記する必要があるが、その後発事象の発生により、当会計年度の決算における会計上の判断ないし見積もりを修正する必要が生じた場合には、当会計年度の計算書類に反映させなければならない。

(5) 将来の特定の費用または損失であって、その発生が当会計年度以前の事象に起因し、発生の可能性が高く、かつその金額を合理的に見積もることが出来る場合には、役員退職慰労引当金を計上することも可能である。

(6) 棚卸資産については、原則として、資金収支計算書上は購入時等に支出として処理するが、事業活動計算書上は当該棚卸資産を販売等した時に費用として処理する。

(7) 寄附物品については、取得時の時価により、経常経費に対する寄附であれば事業活動計算書に経常経費寄附金収益として計上されるが、支払資金に影響しないので、資金収支計算書には計上されない。

(8) 社会福祉法人の事業の一部を廃止し、かつ基本金組入れの対象となった基本財産が破棄、または売却された場合には、事前に所轄庁に協議し内容の審査を受けたうえで、当該事業に関して組み入れられた基本金の額を必ず取崩しその金額を事業活動計算書の繰越活動増減差額の部に計上する。

⑼　関連当事者の範囲に含まれる社会福祉法人の役員の近親者とは、役員の６親等以内の親族及びこの者と特別の関係にあるものをいう。

⑽　貸借対照表の第一様式から第四様式までのすべてを作成する場合には、法人全体で記載する注記は法人単位貸借対照表の後に記載し、拠点区分で記載する注記は（何）拠点区分貸借対照表の後に記載する。

解答

⑴	⑵	⑶	⑷	⑸
○	×	○	○	×
4－2	4－2	4－3	9－2	3－1

⑹	⑺	⑻	⑼	⑽
○	×	○	×	×
2－5	5－1	6－1	9－2	9－2

解説

⑵　誤り：リース取引において、利息相当額を各期に定額で配分する方法を定額法といいます。

⑸　誤り：引当金の４要件を満たす場合には、引当金を計上することができるのではなく、引当金を計上しなければなりません。

⑺　誤り：経常経費に対する寄附物品は、仕訳で資金の科目が増減しませんが資金収支計算書に計上される唯一の取引です。
事務消耗品費支出と、経常経費寄附金収入が資金収支計算書に記載されます。なお、固定資産の寄附は資金収支計算書に記載されません。

⑼　誤り：関連当事者の範囲に含まれる社会福祉法人の役員の近親者とは、役員の３親等以内の親族及びこの者と特別の関係にあるものをいいます。

⑽　誤り：「法人全体の注記」は、事業区分貸借対照表内訳表の後に記載します。

5 以下の文章のうち、会計基準の規定に照らして正しいものには○、間違っているものには×をつけなさい。

⑴ 支払資金としての流動資産及び流動負債は、１年基準により固定資産または固定負債から振り替えられたもの、引当金並びに棚卸資産（貯蔵品を除く）を除くものとする。

⑵ 交換により取得した資産の評価は、交換に際して受け入れた資産の帳簿価額をもって行う。

⑶ 資金収支計算及び事業活動計算を行うにあたって、事業区分または拠点区分またはサービス区分に共通する支出及び費用について配分を行う場合、人数、時間、面積等の量的基準を組み合わせた複合的基準を用いることはできない。

⑷ 附属明細書には寄附金収益明細書が含まれる。

⑸ 徴収不能引当金を計上しても支払資金残高が減少しないのと同様に、徴収不能額を計上しても支払資金残高は減少しない。

⑹ 有形固定資産の減価償却の方法（定額法・定率法）は、拠点区分ごと、資産の種類ごとに選択して適用することができる。

⑺ 関連当事者である有給常勤の役員との取引の内容について計算書類に注記する必要があるのは、年間 1,000 万円を超える事業活動計算書項目に係る取引のみであり、貸借対照表項目に係る取引は含まれない。

⑻ 将来の特定の目的のために積立金を積み立てることができるのは、事業活動計算書の当期末繰越活動増減差額にその他の積立金取崩額を加算した額に余剰が生じた場合である。

(9)　法人全体で注記が求められているが、拠点区分ではそもそも注記が求められ
　　ていない項目は、「継続事業の前提に関する事項」「関連当事者との取引の内容
　　に関する事項」「重要な偶発債務」「合併及び事業の譲渡若しくは事業の譲受け」
　　である。

(10)　財産目録は計算書類に該当しない。

解　答

(1)	(2)	(3)	(4)	(5)
○	×	×	○	×
1 − 3	4 − 1	7 − 6	9 − 3	3 − 1

(6)	(7)	(8)	(9)	(10)
○	×	○	○	○
4 − 3	9 − 2	6 − 4	9 − 2	9 − 1

解　説

(2)　誤　り：交換により取得した資産は、交換に際し当法人が提供した資産の帳
　　　　　　簿価額で評価します。

(3)　誤　り：共通する支出及び費用について配分を行う場合、人数、時間、面積
　　　　　　等の量的基準を組み合わせた複合的基準を用いることができます。

(5)　誤　り：徴収不能額は支払資金の減少となり、資金収支計算書上、「流動資産
　　　　　　評価損等による減少額」に計上します。

(7)　誤　り：関連当事者である有給常勤役員との取引について、貸借対照表項目
　　　　　　についても年間 1,000 万円を超える取引については、注記の対象と
　　　　　　なります。

6 以下の文章のうち、会計基準の規定に照らして正しいものには○、間違っているものには×をつけなさい。

(1) 採用する会計処理の原則及び手続を会計方針というが、一度採用した会計方針は毎会計年度継続して適用しなければならず、会計方針の変更は認められない。

(2) 事業未収金のような経常的な取引によって発生した債権については流動資産に計上するものとされていることから、例えば、当該債権が破産債権となった場合には、当該債権額に相当する徴収不能引当金を流動資産に計上することになる。

(3) 「会計基準」において、徴収不能引当金、賞与引当金、退職給付引当金、役員退職慰労引当金が例示されているが、その他の引当金についても引当金としての要件を満たす場合には、原則として計上しなければならないこととされている。

(4) 棚卸資産について、資金収支計算書上は、購入時に支出として処理することが原則とされているが、例外的に、販売時や消費時に支出に計上する処理も認められている。

(5) 社会福祉法人は、計算書類の作成に関して、事業区分と拠点区分を設けなければならない。さらに、事業区分には、サービス区分を設けなければならない。

(6) 会計年度の末日における時価がその時の取得原価より著しく低い資産とは、帳簿価額が時価から概ね50%以下に下落している場合をいうものとされている。

(7) 平成19年3月31日以前に取得した有形固定資産について償却計算を実施するための残存価額は取得価額の10%とされており、他方、無形固定資産については、当初より残存価額をゼロとして減価償却を行うものとされている。

(8) 国庫補助金等特別積立金の積立てについて、設備資金借入金の返済時期に合わせて執行される補助金等のうち、施設整備時または設備整備時においてその受領金額が確実に見込まれており、実質的に施設整備事業または設備整備事業に対する補助金等に相当するものとして国庫補助金等とされたものは、実際に

当該施設整備等が実施されたときに当該金額を国庫補助金等特別積立金に積み立てるものとされている。

⑼　リース取引にかかる会計処理について、利息相当額をリース期間中の各期に配分する方法は、原則として、利息法（各期の支払利息相当額をリース債務の未返済元本残高に一定の利率を乗じて算定する方法）によることとされている。

⑽　基本金の取崩しは、事業活動計算書の特別増減の部に計上するものとされている。

巻末
付録
理論問題

解 答

(1)	(2)	(3)	(4)	(5)
×	×	○	×	×
1－2	3－1	3－1	2－5	9－1

(6)	(7)	(8)	(9)	(10)
×	○	×	○	×
4－4	4－3	6－3	4－2	6－1

解 説

⑴　誤　り：正当な理由がある場合には、会計方針の変更は認められます。

⑵　誤　り：破産債権、更生債権等で１年以内に回収されないことが明らかなものは固定資産に計上します。

⑷　誤　り：棚卸資産について、資金収支計算書上、購入時に支出として計上する方法しか認められていません。なお、貯蔵品については消費時に支出として計上します。

⑸　誤　り：サービス区分を設けるのは、事業区分ではなく、拠点区分です。

⑹　誤　り：時価が取得原価から概ね50％以下に下落している場合をいいます。

⑻　誤　り：償還補助金を受取ったときに、国庫補助金等特別積立金を積立てます。

⑽　誤　り：基本金の取崩しは、繰越活動増減差額の部に計上します。

7 以下の文章のうち、会計基準の規定に照らして正しいものには○、間違っているものには×をつけなさい。

⑴ 「社会福祉法人会計基準」は、社会福祉法人が行う全ての事業に関する会計に適用される。

⑵ その他の積立金は、将来の特定の目的の費用または損失の発生に備えるため、社会福祉法人が理事会の議決に基づき事業活動計算書の当期末繰越活動増減差額から積立金として積み立てるものであり、当期末繰越活動増減差額にその他の積立金取崩額を加算した額に余剰が生じた場合には、その範囲内で将来の特定の目的のために積立金を積み立てることができる。

⑶ 交換により取得した資産の評価は、交換に対して提供した資産の取得のために通常要する価額をもって行うものとされている。

⑷ 会計年度末日後に発生した事象で翌会計年度以後の社会福祉法人の財政及び活動の状況に影響を及ぼすものを偶発事象という。

⑸ 土地などの支払資金の増減に影響しない寄附物品については、寄附申込書の収受は必要であるが、「寄附金収益明細書」の記載は不要である。

⑹ 社会福祉法人は、事業計画をもとに資金収支予算書を作成するが、事業活動は予算に基づいて行うこととされている。

⑺ 寄附物品が介護事業で使用する介護用品の場合には、経常経費寄附金収益には計上されるが、経常経費寄附金収入には計上されない。

⑻ 地方公共団体から無償で譲渡された土地・建物の評価額については、固定資産受贈額を計上し、国庫補助金等特別積立金を積立てる。

⑼　未収金、前払金、未払金、前受金等の経常的な取引により発生した債権債務は、1年基準により流動資産または流動負債に属するものとする。

⑽　年度途中で当初の予算と乖離し、理事長の承認を受けて予備費を使用した場合、予備費から予算を超過している支出科目に予算の振り替えを行う。

解　答

(1)	(2)	(3)	(4)	(5)
○	○	×	×	×
1－2	6－4	4－1	9－2	5－1

(6)	(7)	(8)	(9)	⑽
○	×	○	×	○
10－1	5－1	6－2	1－3	10－1

解　説

⑶　誤　り：交換により取得した資産は、交換に際し当法人が提供した資産の帳簿価額で評価します。

⑷　誤　り：会計年度末日後に発生した事象で翌会計年度以後の社会福祉法人の財政及び活動の状況に影響を及ぼすものを後発事象といいます。

⑸　誤　り：寄附金及び寄附物品を収受した場合においては、寄附者から寄附申込書を受けることとし、寄附金収益明細書を作成し、寄附者、寄附目的、寄附金額等を記載します。

⑺　誤　り：経常経費に対する寄附物品は、仕訳で資金の科目が増減しませんが、支出と収入が資金収支計算書に記載されます。なお、固定資産の寄附は資金収支計算書に記載されません。

⑼　誤　り：未収金、前払金、未払金、前受金等の経常的な取引により発生した債権債務は、正常営業基準により流動資産または流動負債に計上します。

索　引

た

は

ま

や

ら

おわりに……

お疲れ様でした。

会計1級の学習はこれで修了です。

まずは試験合格に向けてサンプル問題の反復練習をしつつ、苦手な論点はテキスト本文に戻って確認する作業を繰り返しましょう。はじめは解けない問題でも、インプットとアウトプットを繰り返すことで理解が深まり、苦手な問題を克服していくことができます。

そして、会計1級にチャレンジして見事に合格された暁には、ぜひ「社会福祉法人マイスター」の称号を取得すべく、経営管理という科目の試験にもチャレンジなさってください！

【経営管理】「役員あるいは統括会計責任者、社会福祉法人経営の中核を担う方」に必要とされるこれまでの上級（財務管理）の内容＋法人運営で必要となる幅広い知識

この本で学習してくださった皆様が、みごとに試験に合格され、さらに次のステップにチャレンジして、いずれ社会福祉法人の運営を支える立場となって活躍していただけたらとても嬉しいです。

ネットスクール　社会福祉法人経営実務検定試験テキスト＆トレーニング
制作スタッフ一同

······ Memorandum Sheet ······

······ Memorandum Sheet ······

社会福祉法人経営実務検定
書籍ラインナップ

書名	判型	税込価格（予価）	発刊年月
サクッとうかる社会福祉法人経営実務検定試験 入門 公式テキスト＆トレーニング	A5判	1,760円	好評発売中
サクッとうかる社会福祉法人経営実務検定試験 会計3級 公式テキスト＆トレーニング	A5判	2,420円	好評発売中
サクッとうかる社会福祉法人経営実務検定試験 会計2級 テキスト＆トレーニング	A5判	3,080円	好評発売中
サクッとうかる社会福祉法人経営実務検定試験 会計1級 テキスト＆トレーニング	A5判	3,520円	好評発売中
サクッとうかる社会福祉法人経営実務検定試験 経営管理 財務管理編テキスト＆トレーニング（仮）	A5判	2,420円	2022年10月予定
リクッとうかる社会福祉法人経営実務検定試験 経営管理 ガバナンス編テキスト＆トレーニング（仮）	A5判	3,080円	2022年10月予定

社会福祉法人経営実務検定対策書籍は全国の書店・ネットスクールWEB-SHOPをご利用ください。

ネットスクール WEB-SHOP

https://www.net-school.jp/

ネットスクール WEB-SHOP　検索

※ 書名・価格・発行年月や表紙のデザインなどは変更する場合もございますので、予めご了承ください。(2022年9月現在)

社会福祉法人経営実務検定試験　会計1級

サンプル問題

ご利用方法

以下の別冊は、この紙を残したままていねいに抜き取りご利用ください。

下の図のように、別冊を開きホッチキスの針を外します。

針を外すさいは、必ず、素手ではなくドライバー等の器具をご使用ください。

なお、抜取りのさいの損傷によるお取替えはご遠慮願います。

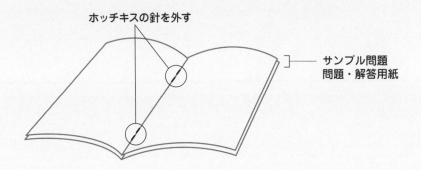

ホッチキスの針を外す

サンプル問題
問題・解答用紙

解答用紙ダウンロードサービス

解答用紙はダウンロードサービスもご利用いただけます。ネットスクールHP
（https://www.net-school.co.jp/）から「読者の方へ」にアクセスしてください。

サンプル問題

社会福祉法人経営実務検定試験

問題用紙

会計 1 級

（令和〇〇年〇〇月〇〇日施行）

◇問題用紙及び解答用紙の指定の欄に試験会場番号・受験番号と氏名を記入してください。

◇受験票を机の通路側に見えるように置いてください。

◇机の上には筆記用具、電卓、腕時計、受験票以外は置かないでください。

◇会場内では携帯電話の電源をお切りください。

◇解答用紙には所属も記入してください。

会計 1 級サンプル問題問題用紙

試験会場番号

1 (20点)

令和4年度中に発生した次の各々の取引等について、仕訳を解答用紙に記入しなさい。なお、仕訳が不要な場合はそのように記入しなさい。また、取引に伴って、基本金の組入れ等の処理が必要な場合は、あわせて解答すること。

① 建物の耐震補強工事（資本的支出に該当）を行うことになり、地方公共団体からの補助金 40,000,000 円が普通預金に入金された。

② 利用者から時価 6,000,000 円の車両を 2,400,000 円で譲り受け、代金は普通預金から支払った。

③ 決算整理手続きにおいて、長期前払費用2,000,000円のうち来期中の保険料500,000円が含まれていることが判明した。

④ 共同募金会から、施設増築のための受配者指定寄附金 20,000,000 円を受け取り、普通預金に入金した。

⑤ 流動資産として計上していた定期預金を取り崩して証券投資信託の受益証券（満期保有目的ではなく、流動資産として保有）を 200,000,000 円分購入した。当該受益証券の期末時価は、202,000,000 円であった。

2 （20 点）

次の問いに答えなさい。なお、当該社会福祉法人の過年度及び当年度の会計処理は、適正に行われているものとする。

（1）令和 4 年 4 月 1 日に、地方公共団体より、中古建物の無償譲渡を受けた。

当該中古建物の評価額　　16,000,000 円

（法定耐用年数 47 年 [償却率 0.022]、中古資産の耐用年数 9 年 [償却率 0.112]）

当年度末の貸借対照表に計上される基本金及び国庫補助金等特別積立金の金額を求めなさい。

なお、当該建物は譲渡を受けた令和 4 年 4 月 1 日から使用を開始しており、当該無償譲渡には関係しない当年度末の基本金残高は 26,000,000 円、国庫補助金等特別積立金の残高は 145,000,000 円であり、償却計算等の会計処理は適正に行われているものとする。

（2）平成 24 年 4 月に 400,000,000 円の新規施設を建設し、使用を開始した。資金内訳は、補助金 260,000,000 円、借入金 100,000,000 円、自己資金 40,000,000 円であった。

建物については、定額法による減価償却を行っている（残存価額は 0 円、耐用年数は 47 年（償却率 0.022））。

借入金の返済は毎年 4,000,000 円ずつの 25 年返済であるが、返済時期（初回は平成 26 年 3 月・年 1 回払い）に合わせて毎年 3,500,000 円の償還補助金を 25 年間受領することが、当時は確実に見込まれていた。

ところが、25 年間継続する予定であった償還補助が、令和 4 年度の償還補助金受領後に通知された諸般の事情により令和 4 年度の補助を最後に支給が打ち切られることが、令和 4 年度の償還補助入金後に通知された。

(4) 令和 4 年 7 月 1 日、以下の条件で車両のリース契約を締結した。

リ ー ス の 形 態　　所有権移転外ファイナンス・リース

リ ー ス 料 総 額　　9,600,000 円（うち利息相当額 1,248,000 円）

リ ー ス 期 間　　5 年（令和 4 年 7 月より毎月末日払い（160,000 円×60 回））

耐用年数（リース期間）　残存価額 0 円、定額法（償却率 0.200）

令和 4 年度末（令和 5 年 3 月）の貸借対照表、事業活動計算書及び資金収支計算書に表示されるこのリース取引に関係する勘定科目と金額を求めなさい。なお、各年度の処理は、リース料総額から利息相当額を控除し、リース期間に定額で配分する方法を採用している。

(5) 就労継続支援 B 型事業所ではパンの製造販売、紙器の製造販売、市中での喫茶店の営業、外部事業所の清掃業務を実施している。年間の売上高が 5,000 万円に満たないことから消費税の申告については簡易課税を選択している。

以下の資料から今期（令和 4 年度）の消費税及び地方消費税の納税額（合計額）を計算しなさい。なお、消費税及び地方消費税の中間納税額はそれぞれ 296,800 円、83,700 円であった。

令和 4 年度における年間売上高（税込み）

事業種別（税率）	売上高	構成比

3 （20点）

（1）社会福祉法人Z福祉会は、認可保育園のZ保育園を運営している。この保育園のZ保育園の令和4年度の決算にあたり3月の理事会にて補正予算を承認したものの決算手続き中に支出予算額を超過する費目（グレーの網がけ部分）が発生した。予算管理責任者である園長は、理事長から以下のような科目間流用と予備費の流用の承認を得た。承認事項にもとづいて予算流用後の資金収支計算書を作成しなさい。

※ 承認事項

① 人件費については、職員賞与支出と退職給付支出の余剰額を職員給与支出に流用後、不足額については予備費から流用する。

② 事業費の水道光熱費支出については、保育材料費支出の予算を流用する。

③ 事務費の事務消耗品費支出と水道光熱費支出については、修繕費支出の予算を流用する。

④ 固定資産取得支出の器具及び備品取得支出については、予備費から流用する。

Z保育園拠点区分資金収支計算書
（自）令和4年4月1日　（至）令和5年3月31日

（単位：円）

勘定科目	予算(A)	決算(B)	差異(A)−(B)	備考
保育事業収入	125,200,000	125,105,320	94,680	
委託費収入	79,335,000	79,256,880	78,120	

事務費支出	16,690,000	16,638,228	51,772
福利厚生費支出	300,000	298,564	1,436
職員被服費支出	600,000	598,621	1,379
旅費交通費支出	300,000	296,841	3,159
研修研究費支出	100,000	98,600	1,400
事務消耗品費支出	1,250,000	1,325,621	△ 75,621
水道光熱費支出	160,000	178,214	△ 18,214
修繕費支出	560,000	456,210	103,790
通信運搬費支出	800,000	796,954	3,046
会議費支出	100,000	98,650	1,350
広報費支出	200,000	198,640	1,360
業務委託費支出	2,960,000	2,954,621	5,379
手数料支出	760,000	756,980	3,020
保険料支出	1,600,000	1,598,650	1,350
賃借料支出	800,000	798,000	2,000
土地・建物賃借料支出	4,360,000	4,360,000	
租税公課支出	980,000	975,861	4,139
保守料支出	150,000	148,960	1,040
渉外費支出	150,000	146,576	3,424
諸会費支出	360,000	353,200	6,800
雑支出	200,000	198,465	1,535
支払利息支出	200,000	196,542	3,458
その他の支出	1,200,000	1,189,600	10,400
利用者等外給食費支出	1,200,000	1,189,600	10,400

Z保育園拠点区分資金収支計算書

（自）令和4年4月1日　（至）令和5年3月31日

（単位：円）

	勘定科目	予算(A)	決算(B)	差異(A)-(B)	備考
収入	保育事業収入	125,200,000	125,105,320	94,680	
	委託費収入	79,335,000	79,256,880	78,120	
	利用者等利用料収入	700,000	684,600	15,400	
	利用者等利用料収入（一般）	700,000	684,600	15,400	
	その他の事業収入	45,165,000	45,163,840	1,160	
	補助金事業収入（公費）	41,100,000	41,100,000		
	補助金事業収入（一般）	4,065,000	4,063,840	1,160	
	その他の収入	1,350,000	1,325,254	24,746	
	受入研修費収入	50,000	40,000	10,000	
	利用者等外給食費収入	1,200,000	1,189,600	10,400	
	雑収入	100,000	95,654	4,346	
	事業活動収入計（1）	126,550,000	126,430,574	119,426	
	人件費支出		80,616,096		
	職員給料支出		45,565,420		
	職員賞与支出		8,550,000		
	非常勤職員給与支出		16,463,460		
	退職給付支出		694,000		
	法定福利費支出		9,343,216		
	事業費支出		8,077,336		
	給食費支出	2,740,000	2,736,521	3,479	

		支払利息支出	200,000	196,542	3,458
		その他の支出	1,200,000	1,189,600	10,400
		利用者等外給食費支出	1,200,000	1,189,600	10,400
		事業活動支出計 (2)		106,717,802	
		事業活動資金収支差額 (3) = (1) − (2)		19,712,772	
施設整備等による収支	収入	施設整備等補助金収入			
		施設整備等寄附金収入			
		設備資金借入金収入			
		固定資産売却収入			
		施設整備等収入計 (4)			
	支出	設備資金借入金元金償還支出	2,616,000	2,616,000	
		固定資産取得支出		1,045,200	
		器具及び備品取得支出		1,045,200	
		施設整備等支出計 (5)		3,661,200	
		施設整備等資金収支差額 (6) = (4) − (5)		△ 3,661,200	
その他の活動による収支	収入	積立資産取崩収入	200,000	198,000	2,000
		退職給付引当資産取崩収入	200,000	198,000	2,000
		その他の活動収入計 (7)	200,000	198,000	2,000
	支出	積立資産支出	16,000,000	15,980,000	20,000
		退職給付引当資産支出	1,000,000	980,000	20,000
		保育所施設・設備整備積立金積立支出	15,000,000	15,000,000	
		その他の活動支出計 (8)	16,000,000	15,980,000	20,000
		その他の活動資金収支差額 (9) = (7) − (8)	△ 15,800,000	△ 15,782,000	△ 18,000
		予備費支出 (1 0)	451,000 △		

4 (20点)

社会福祉法人Rの令和4年度の「社会福祉充実残額の計算資料」にもとづいて以下の「財務諸表等入力シート」を完成し社会福祉法人Rの社会福祉充実残額を計算しなさい。

ただし、特に指示がない場合、複数の方法が選択できる場合においては、社会福祉充実残額が最も少なくなる方法を採用すること。

※ 社会福祉充実残額の計算資料

① 基本金には3号基本金 15,555,684 円が含まれている。

② 期中に当初建築の園舎生活訓練（建築時の取得価額 321,788,640 円、建築時の自己資金 3,597,160 円、減価償却累計額 200,561,318 円、延べ床面積 1454.55 ㎡）に対して増築工事 4,927,204 円（全額自己資金、減価償却累計額 585,235 円、延べ床面積 45.41 ㎡）を行った。

③ 今期の建設工事費デフレーターは 1,000 であり、その他の計算に必要な項目は既に記入済み。

④ 過去に大規模修繕は実施していない。

⑤ 全ての資産は社会福祉事業等に使用している。

⑥ 必要な運転資金は3カ月分とする。

＜財務諸表等入力シート＞

1. 「活用可能な財産の算定」

項目	金額
資産 (a)	1,024,067,347
負債 (b)	45,809,732

3. 「再取得に必要な財産」　※　割合は小数点以下第４位を四捨五入。

(1) 将来の建替費用

財産の名称等	取得年度	建設時延べ床面積（小数点以下第4位を四捨五入）	建設時自己資金	大規模修繕実績額	減価償却累計額
園舎生活訓練	1988			0	
紙器工場	1988	201.510	8,450,000	0	8,449,998
製菓工場	1990	97.200	4,716,450	0	6,608,985
作業棟・体育棟	1998	1,197.900	76,204,500	0	90,587,099
作業室・倉庫	1999	141.860	11,497,500	0	9,278,430
体育倉庫	1993	23.180	1,645,000	0	1,644,999
合計					

建設単価等上昇率

①建設工事費デフレーター	②1㎡当たり単価上昇率			①、②のいずれか高い方の率
一般的1㎡当たり単価 (a)	当該建物の建設時の取得価額 (b)	建設時延べ床面積 (c)	a/(b/c)	
1.36…	250,000		201.510	5,062
1.36…	250,000	8,450,000		5,062

（2）大規模修繕に必要な費用

減価償却累計額 (a)	一般的大規模修繕費用比率 (b)	大規模修繕実績額	合計額① (c)	※大規模修繕額が不明な場合 貸借対照表価額	合計額② (a×b) ×c/(a+c)	合計額（①、②のいずれか）
8,449,998	30%	0	2,534,999	—	—	2,534,999
6,608,985	30%	0	1,982,695	—	—	1,982,695
90,587,099	30%	0	27,176,129	—	—	27,176,129
9,278,430	30%	0	2,783,529	—	—	2,783,529
1,644,999	30%	0	493,499	—	—	493,499

（3）設備・車輌等の更新に必要な費用

合計
121,037,214

（4）合計

項目	金額
将来の建替費用	
大規模修繕に必要な費用	
設備・車輌等の更新に必要な費用	121,037,214
合計	428,098,975

5 （20 点）

ある社会福祉法人は、介護保険事業を行っている法人である。この法人について、次の令和 4 年 3 月 31 日現在の法人単位貸借対照表及び、＜資料 1 ＞＜資料 2 ＞＜資料 3 ＞を参考にして、この法人の令和 4 年度決算の事業活動計算書及び貸借対照表を完成させなさい。

なお、数値の記入されない欄に「0」を記入する必要はなく、網掛け部分は解答しなくてよい。また、1 円未満の端数は切り捨てること。

法人単位貸借対照表
令和 4 年 3 月 31 日現在

第三号第一様式
（単位：円）

資　産　の　部	当年度末	前年度末	増減	負　債　の　部	当年度末	前年度末	増減
流動資産	118,163,660			流動負債	28,401,000		
現金預金	78,953,000			短期運営資金借入金			
有価証券				事業未払金	10,629,000		
事業未収金	38,468,000			その他の未払金			
未収補助金	250,000			1 年以内返済予定設備資金借入金	8,000,000		
未収収益				1 年以内返済予定リース債務			
貯蔵品	125,000			職員預り金	1,348,000		
立替金				賞与引当金	8,424,000		
前払費用	560,000			その他の流動負債			
仮払金							
その他の流動資産							

＜資料1＞　令和4年度の期中取引合計額

（単位：円）

勘定科目	借方合計	貸方合計
現　金　預　金	234,742,300	227,770,500
事　業　未　収　金	228,941,000	227,824,000
未　収　補　助　金	400,000	250,000
仮　払　金	380,000	380,000
構　築　物	2,500,000	
車　輌　運　搬　具	4,800,000	30,068,000
事　業　未　払　金	29,819,000	
1年以内返済予定設備資金借入金	8,000,000	0
職　員　預　り　金	15,853,000	15,915,000
介護保険事業収益（収入）		229,559,000
経常経費寄附金収益（収入）		50,000
人　件　費（支　出）	150,826,000	
事　業　費（支　出）	32,715,000	
事　務　費（支　出）	26,454,000	
受取利息配当金収益（収入）		300
支　払　利　息（支　出）	2,786,500	
施設設備等補助金収益（収入）		6,400,000
合　計	738,216,800	738,216,800

＜資料３＞

　＜資料１＞は、決算処理をする前の取引を掲載しているものであり、未だ処理されていない事項、または既に処理しているが、疑義のある事項は以下のとおりである。適宜、修正または決算整理処理の追加を行いなさい。なお、問題文にある勘定科目が解答欄に無い場合は大区分の科目に含めて解答すること。

① 令和４年度に計上すべき減価償却費は次の通りである。

建物	15,080,000	円
構築物	④参照	
車両運搬具	1,503,000	円	（③の車両を除く）
器具及び備品	1,593,000	円	（⑥の器具及び備品を除く）
ソフトウェア	388,800	円	

② 令和４年度の年間賞与支給額は29,484,000円であったが、支給時に賞与引当金の取崩処理をしていなかった。令和５年６月の賞与支給予定額は13,125,000円であり、支給対象期間は12月から５月であるが、賞与引当金の計上処理がなされていなかった。

③ 令和４年12月20日に、4,800,000円の車両を取得した（＜資料１＞に計上済み）。その取得にあたっては、共同募金会から受配者指定寄附金の配分金2,400,000円を受領して（＜資料１＞に計上済み）購入した。なお、この車両の耐用年数は６年で、選択している定額法による償却率は、0.167である。

④ 構築物は、主要道路から施設へ向かう道路の入り口に設置された看板のみであったが、令和４年９月、台風の影響により破損したため、新しい看板を設置した。新しい看板について取得時の会計処理は行われていないが、古い看板については、破損による除却の会計処理はなされていなかった。古い看板については、破損直前までの減価償却費を

注意事項

◇ この問題用紙及び解答用紙の中では、「社会福祉法人会計基準」（平成 28 年 3 月 31 日／厚生労働省令第 79 号）と、「社会福祉法人会計基準の制定に伴う会計処理等に関する運用上の取扱いについて」（平成 28 年 3 月 31 日／雇児発 0331 第 15 号・社援発 0331 第 39 号・老発 0331 第 45 号）及び「社会福祉法人会計基準の制定に伴う会計処理等に関する運用上の留意事項について」（平成 28 年 3 月 31 日／雇児総発 0331 第 7 号・社援基発 0331 第 2 号・障障発 0331 第 2 号・老総発 0331 第 4 号）を総称して、「会計基準」と表記している。解答に当たっては、令和 4 年 4 月 1 日現在の「会計基準」に基づいて答えなさい。

◇ 問題は大問 ① から大問 ⑤ までであるので注意すること。

◇ 解答がマイナスとなる場合には、数字の前に「△」をつけて「△1,000」のように記載すること。

◇ 次の勘定科目は「会計基準」に定められた貸借対照表科目及び事業活動計算書科目の一部である。特に指示のない限り、解答に使用する勘定科目はこの中から選択すること。勘定科目の名称は、下記の通りに記載すること（略字や、同じ意味でも下記と異なる表記はすべて不正解とするので注意すること）。

貸借対照表科目

（資産の部）

現金預金	有価証券	事業未収金	未収金	未収補助金	未収収益	貯蔵品	医薬品	給食用材料
立替金	前払金	前払費用	1 年以内回収予定長期貸付金	短期貸付金	仮払金	徴収不能引当金
土地	建物	構築物	機械及び装置	車輌運搬具	器具及び備品	建設仮勘定	有形リース資産
権利	ソフトウェア	無形リース資産	投資有価証券	長期貸付金	退職給付引当資産
施設整備等積立資産	差入保証金			

（負債の部）

短期運営資金借入金	事業未払金	その他の未払金	役員等短期借入金	1 年以内返済予定設備資金借入金
1 年以内返済予定長期運営資金借入金	1 年以内返済予定リース債務	1 年以内返済予定役員等長期借入金
1 年以内支払予定長期未払金	未払費用	預り金	職員預り金	前受金	前受収益	仮受金

サンプル問題

社会福祉法人経営実務検定試験

解答用紙

会計 1 級

本サンプル問題は、一般財団法人総合福祉研究会の作成によるものであり、著作権も同会に帰属しております。

なお、本サンプル問題は、書籍制作時点で最新のものではありますが、変更されることもありますので、最新のものは一般財団法人総合福祉研究会のホームページにてご確認ください。

https://www.sofukuken.gr.jp/test-10/

試験会場番号	

（令和〇年〇〇月〇日施行）

会計1級サンプル問題解答用紙

1

(単位：円)

	借　方		貸　方	
	科　目	金　額	科　目	金　額
①				
②				
③				
④				
購入時の仕訳				

			金　額	
（1）	基　本　金			円
	国庫補助金等特別積立金			円
（2）	国庫補助金等特別積立金			円
	過　年　度　修　正　額			円
（3）	賞　与　引　当　金			円
	職　員　賞　与			円
（4）	勘　定　科　目	金　額		
				円
				円
				円

3

Ｚ保育園拠点区分資金収支計算書
(自) 令和 4 年 4 月 1 日　　(至) 令和 5 年 3 月 31 日

(単位：円)

	勘定科目	予算 (A)	決算 (B)	差異 (A) − (B)	備考
収入	**保育事業収入**	125, 200, 000	125, 105, 320	94, 680	
	委託費収入	79, 335, 000	79, 256, 880	78, 120	
	利用者等利用料収入	700, 000	684, 600	15, 400	
	利用者等利用料収入 (一般)	700, 000	684, 600	15, 400	
	その他の事業収入	45, 165, 000	45, 163, 840	1, 160	
	補助金事業収入 (公費)	41, 100, 000	41, 100, 000		
	補助金事業収入 (一般)	4, 065, 000	4, 063, 840	1, 160	
	その他の収入	1, 350, 000	1, 325, 254	24, 746	
	受入研修費収入	50, 000	40, 000	10, 000	
	利用者等外給食費収入	1, 200, 000	1, 189, 600	10, 400	
	雑収入	100, 000	95, 654	4, 346	
	事業活動収入計 (1)	126, 550, 000	126, 430, 574	119, 426	
	人件費支出		80, 616, 096		
	職員給料支出		45, 565, 420		
	職員賞与支出		8, 550, 000		
	非常勤職員給与支出		16, 463, 460		
	退職給付支出		694, 000		
	法定福利費支出		**9, 343, 216**		
	事業費支出		8, 077, 336		
	給食費支出	2, 740, 000	2, 736, 521	3, 479	

科目			予算	決算	差異
事業活動による収支					
収入					
		諸会費支出	360,000	353,200	6,800
		雑支出	200,000	198,465	1,535
支出		支払利息支出	200,000	196,542	3,458
		その他の支出	1,200,000	1,189,600	10,400
		利用者等外給食費支出	1,200,000	1,189,600	10,400
		事業活動支出計 (2)		106,717,802	
		事業活動資金収支差額 (3) = (1) - (2)		19,712,772	
施設整備等による収支					
収入		施設整備等補助金収入			
		施設整備等寄附金収入			
		設備資金借入金収入			
		固定資産売却収入			
		施設整備等収入計 (4)			
支出		設備資金借入金元金償還支出	2,616,000	2,616,000	
		固定資産取得支出		1,045,200	
		器具及び備品取得支出		1,045,200	
		施設整備等支出計 (5)		3,661,200	
		施設整備等資金収支差額 (6) = (4) - (5)		△ 3,661,200	
その他の活動による収支					
収入		積立資産取崩収入	200,000	198,000	2,000
		退職給付引当資産取崩収入	200,000	198,000	2,000
		その他の活動収入計 (7)	200,000	198,000	2,000
支出		積立資産支出	16,000,000	15,980,000	20,000
		退職給付引当資産支出	1,000,000	980,000	20,000
		保育所施設・設備整備積立金積立支出	15,000,000	15,000,000	
		その他の活動支出計 (8)	16,000,000	15,980,000	20,000
		その他の活動資金収支差額 (9) = (7) - (8)	△ 15,800,000	△ 15,782,000	△ 18,000

4

3. 「再取得に必要な財産」 ※ 割合は小数点以下第 4 位を四捨五入。

(1) 将来の建替費用

財産の名称等	取得年度	建設時延べ床面積 (小数点以下第 4 位を四捨五入)	建設時自己資金	大規模修繕実績額	減価償却累計額
園舎生活訓練	1988			0	
紙器工場	1988	201.510	8,450,000	0	8,449,998
製菓工場	1990	97.200	4,716,450	0	6,608,985
作業棟・仁育棟	1998	1,197.900	76,204,500	0	90,587,099
作業室・倉庫	1999	141.860	11,497,500	0	9,278,430
体育倉庫	1993	23.180	1,645,000	0	1,644,999
合計					

建設単価等上昇率

①建設工事費 デフレーター		②1 ㎡当たり単価上昇率		①、②のいずれか高い方の率
	一般的 1 ㎡当たり単価 (a)	当該建物の建設時の取得額 (b)	建設時延べ床面積 (c)	a/ (b/c)
	250,000			
1,361				

（2）大規模修繕に必要な費用

減価償却累計額 (a)	一般的大規模修繕 費用比率 (b)	大規模修繕実績額	合計額①	※大規模修繕額が不明な場合		
			(c)	貸借対照表価額 合計額② (a×b)	合計額 (①、② のいずれか)
8,449,998	30%	0	0	—	—	
6,608,985	30%	0	2,534,999	—	2,534,999	
90,587,099	30%	0	1,982,695	—	1,982,695	
9,278,430	30%	0	27,176,129	—	27,176,129	
1,644,999	30%	0	2,783,529	—	2,783,529	
	30%	0	493,499	—	493,499	

（3）設備・車輌等の更新に必要な費用

合計	121,037,214

（4）合計

項目	金額
将来の建替費用	
大規模修繕に必要な費用	
設備・車輌等の更新に必要な費用	121,037,214
合計	428,098,975

5

法人単位事業活動計算書

（自）令和 4 年 4 月 1 日　（至）令和 5 年 3 月 31 日

（単位：円）

	勘　定　科　目	当年度決算 (A)	前年度決算 (B)	増減 (A) − (B)
サービス活動増減の部	収益	介護保険事業収益			
		経常経費寄附金収益			
		その他の収益			
		サービス活動収益計 (1)			
	費用	人件費			
		事業費			
		事務費			
		減価償却費			
		国庫補助金等特別積立金取崩額			
		徴収不能額			
		徴収不能引当金繰入			
		その他の費用			
		サービス活動費用計 (2)			
		サービス活動増減差額 (3) = (1) − (2)			
サービス活動外増減の部	収益	受取利息配当金収益			
		投資有価証券評価益			
		投資有価証券売却益			
		その他のサービス活動外収益			
		サービス活動外収益計 (4)			
		支払利息			
		投資有価証券評価損			

法人単位貸借対照表

令和5年3月31日現在

(単位：円)

	当年度末	前年度末	増減		当年度末	前年度末	増減
流動資産				流動負債			
現金預金				短期運営資金借入金			
有価証券				事業未払金			
事業未収金				その他の未払金			
未収補助金				1年以内返済予定設備資金借入金			
未収収益				1年以内返済予定リース債務			
貯蔵品				職員預り金			
立替金				賞与引当金			
前払費用				その他の流動負債			
仮払金				固定負債			
その他の流動資産				設備資金借入金			
徴収不能引当金				リース債務			
固定資産							
基本財産							
土地							

◇ 正解は３択としてください。「」を記入してください。３択としてください「」が付されていない場合に
は不正解とします。

◇ 使用する勘定科目は特に別段の指示のない限り、必ず裏表紙の注意事項に記載の勘定科目を使用し
てください。同じ意味でも裏表紙の注意事項に記載の科目を使用していない場合は不正解とします。

◇ 検定試験は各級とも１科目100点を満点とし、全科目得点70点以上を合格とします。ただし、各級
は不正解とします。

　・ 各科目とも、設問のうちひとつでも0点の大問がある場合には不合格とします。

◇ 試験時間は11：00から12：40までの100分です。

◇ 途中退室は11：30から12：30の間にできます。途中退室された場合は再入室することはできませ
ん。なお、体調のすぐれない方は試験監督係員にお申し出ください。

◇ 試験開始時間までに、裏表紙の注意事項もお読みください。

◇ 問題用紙・解答用紙・計算用紙はすべて回収し、返却はいたしません。

◇ 問題と標準解答を12月〇日（月）午後５時に、（一財）総合福祉研究会ホームページにて発表します。

◇ 合否結果は１月中旬ごろインターネット上のマイページで各自ご確認ください。なお、個別の採点内
容や得点等についてはお答えいたしかねますのでご了承ください。

◇ 合格証書は２月初旬ごろご自宅に発送いたします。

－ 1 －

（3）下記の資料をもとに、令和4年度末（令和5年3月）の賞与引当金の金額を求めなさい。また、令和5年6月に予定どおりに賞与が支給された場合に、令和5年度の6月末までに費用として計上されるべき職員賞与の金額を求めなさい。なお、賞与引当金の計上額は、社会保険料事業主負担分を含む方法（社会保険料率は15％とする。）を採用しており、支給対象期間に変更はないものとする。

<　資　料　>

	内　　容	金　　　額
①	令和4年度期首の賞与引当金の額	18,400,00● 円
②	令和4年6月の賞与支給額（別途社会保険料事業主負担額 3,600,000 円）	24,000,00● 円
③	令和4年12月の賞与支給額（別途社会保険料事業主負担額 5,400,000 円）	36,000,00● 円
④	令和5年6月の賞与支給予定額（別途社会保険料事業主負担額 3,960,000 円）	26,400,00● 円

※　6月賞与：支給対象期間：前年12月～当年5月

※　12月賞与：支給対象期間：当年6月～当年11月

喫茶店　（10％）	1,789,880 円	9％
清掃業務　（10％）	1,063,366 円	5％
合　計	20,474,374 円	100％

業種とみなし仕入率

業　　種	みなし仕入率
第一種事業（卸売業）	90％
第二種事業（小売業）	80％
第三種事業（製造業）	70％
第四種事業（料理飲食業）	60％
第五種事業（サービス業）	50％
第六種事業（不動産業）	40％

	項目	予算	決算	差異
事業活動による収支	**収入**			
	補助金事業収入（公費）	41,100,000	41,100,000	—
	補助金事業収入（一般）	4,065,000	4,063,840	1,160
	その他の収入	1,350,000	1,325,254	24,746
	受入研修費収入	50,000	40,000	10,000
	利用者等外給食費収入	1,200,000	1,189,600	10,400
	雑収入	100,000	95,654	4,346
	事業活動収入計 (1)	126,550,000	126,430,574	119,426
	支出			
	事業費支出	80,533,000	80,616,096	△ 83,096
	職員給料支出	45,500,000	45,565,420	△ 65,420
	職員賞与支出	8,560,000	8,550,000	10,000
	非常勤職員給与支出	16,453,000	16,463,460	△ 10,460
	退職給付支出	700,000	694,000	6,000
	法定福利費支出	9,320,000	9,343,216	△ 23,216
	事業費支出	8,110,000	8,077,336	32,664
	給食費支出	2,740,000	2,736,521	3,479
	保健衛生費支出	200,000	189,654	10,346
	保育材料費支出	1,625,000	1,602,310	22,690
	水道光熱費支出	1,475,000	1,489,621	△ 14,621
	消耗器具備品費支出	860,000	856,941	3,059
	保険料支出	40,000	38,600	1,400
	賃借料支出	420,000	420,000	
	車輌費支出	750,000	743,689	6,311

区分	勘定科目	予算	決算	差異
施設整備等による収支 / 収入	施設整備等寄附金収入			
	設備資金借入金収入			
	固定資産売却収入			
	施設整備等収入計 (4)			
支出	設備資金借入金元金償還支出	2,616,000	2,616,000	
	固定資産取得支出	950,000	1,045,200	△ 95,200
	器具及び備品取得支出	950,000	1,045,200	△ 95,200
	施設整備等支出計 (5)	3,566,000	3,661,200	△ 95,200
	施設整備等資金収支差額 (6) = (4) - (5)	△ 3,566,000	△ 3,661,200	95,200
その他の活動による収支 / 収入	積立資産取崩収入	200,000	198,000	2,000
	退職給付引当資産取崩収入	200,000	198,000	2,000
	その他の活動収入計 (7)	200,000	198,000	2,000
支出	積立資産支出	16,000,000	15,980,000	20,000
	退職給付引当資産支出	1,000,000	980,000	20,000
	保育所施設・設備整備積立金積立支出	15,000,000	15,000,000	
	その他の活動支出計 (8)	16,000,000	15,980,000	20,000
	その他の活動資金収支差額 (9) = (7) - (8)	△ 15,800,000	△ 15,782,000	△ 18,000
	予備費支出 (10)	△ 451,000		451,000
	当期資金収支差額合計 (11) = (3) + (6) + (9) - (10)		269,572	△ 269,572
	前期末支払資金残高 (12)	23,332,200	23,332,200	
	当期末支払資金残高 (11) + (12)	23,332,200	23,601,772	△ 269,572

支出

科目	予算額	決算額	差異
消耗器具備品費支出	860,000	856,941	3,059
保険料支出	40,000	38,600	1,400
賃借料支出	420,000	420,000	
車輌費支出	750,000	743,689	6,311
事務費支出		16,638,228	
福利厚生費支出	300,000	298,564	1,436
職員被服費支出	600,000	598,621	1,379
旅費交通費支出	300,000	296,841	3,159
研修研究費支出	100,000	98,600	1,400
事務消耗品費支出		1,325,621	
水道光熱費支出		178,214	
修繕費支出		**456,210**	
通信運搬費支出	800,000	796,954	3,046
会議費支出	100,000	98,650	1,350
広報費支出	200,000	198,640	1,360
業務委託費支出	2,960,000	2,954,621	5,379
手数料支出	760,000	756,980	3,020
保険料支出	1,600,000	1,598,650	1,350
賃借料支出	800,000	798,000	2,000
土地・建物賃借料支出	4,360,000	4,360,000	
租税公課支出	980,000	975,861	4,139
保守料支出	150,000	148,960	1,040
渉外費支出	150,000	146,576	3,424
諸会費支出	360,000	353,200	6,800
雑支出	200,000	198,465	1,535

2. 「社会福祉法に基づく事業に活用している不動産等」

（1）財産目録における貸借対照表価額

合計（a）
417,332,718

（2）対応負債

項目	金額
1年以内返済予定設備資金借入金	0
1年以内返済予定リース債務	0
設備資金借入金	0
リース債務	0
合計（b）	0

（3）合計

項目	金額
財産目録合計（a）	417,332,718
対応負債合計（b）	0
対応基本金（c）	310,246,192
国庫補助金等特別積立金（d）	159,741,655
合計（a－b－c－d）	0

自己資金比率

③一般的自己資金比率	④建設時自己資金比率		③、④のいずれか高い方の率	合計額
	建設時自己資金 (d)	d/b		
22%		2.6%	22.0%	
22%	8,450,000	100.0%	100.0%	50,378,888
22%	4,716,450	70.2%	70.2%	16,785,738
22%	76,204,500	37.4%	37.4%	49,802,975
22%	11,497,500	100.0%	100.0%	28,623,956
22%	1,645,000	100.0%	100.0%	5,795,331

1.215	1.199
250,000	250,000
11,497,500	1,645,000
141.860	23.180
3.085	3.523
3.085	3.523

| 年間事業活動支出 | 189,304,605 | 12 | | |

5. 「計算の特例」

項目	金額	月数	合計額
年間事業活動支出		12	12

6. 「社会福祉充実残額」

項目	金額	
活用可能な財産	492,714,084	控除対象財産計
社会福祉法に基づく事業に活用している不動産等	0	
再取得に必要な財産	428,098,975	
必要な運転資金	47,326,151	
計算の特例		
合計		

貸借対照表

負債の部 / 純資産の部

科目	金額
リース債務	
退職給付引当金	20,943,000
その他の固定負債	
負債の部合計	185,344,000

純 資 産 の 部

科目	金額
基本金	15,000,000
国庫補助金等特別積立金	303,952,800
施設整備等積立金	13,000,000
次期繰越活動増減差額	139,741,960
（うち当期活動増減差額）	(8,351,000)
純資産の部合計	471,694,760
負債及び純資産の部合計	657,038,760

資産の部

科目	金額
基本財産	489,440,000
土地	15,000,000
建物	474,440,000
その他の固定資産	49,435,100
構築物	765,000
車輌運搬具	3,071,500
器具及び備品	10,392,000
有形リース資産	1,263,600
ソフトウェア	
退職給付引当資産	20,943,000
施設整備等積立資産	13,000,000
長期前払費用	
その他の固定資産合計	
資産の部合計	657,038,760

令和4年3月31日の貸借対照表に関する補足説明は以下の通りである。なお、過年度の会計処理は全て適正に行われているものとする。

① 貯蔵品は、コピー機用トナーの代金である。まとめ買いすると廉価であったので、前期にまとめて5本購入したものである。

② 前払費用の560,000円は、令和4年4月1日から令和5年3月31日までの建物火災保険料（事務費）の前払いである。

③ 基本財産の建物は、580,000,000円で建設したものである。なお、国庫補助金等を359,600,000円受領し、残額は200,000,000円の設備資金の借り入れと自己資金によりまかなっている。
建物は定額法（残存価額0円　耐用年数39年　償却率0.026）により減価償却を行っている。

④ 上記③の設備資金借入金は、当初200,000,000円を借り入れ、25年間、毎年8,000,000円の元金返済をしているものである。また、上記③の補助金のほかに、設備資金借入金の償還補助金を返済期間と同じ25年間にわたり、毎年4,000,000円受領することが確実に見込まれている。

⑤ 国庫補助金等特別積立金は、全額基本財産の建物にかかるものであり、取崩額の計算にあっては、過年度の処理は適正に行われている。

取得価額　　1,800,000円　　　　　　2,500,000円

取得年月　　（各自推定）　　　　　　令和4年10月

耐用年数　　20年（定額法償却率0.050）　　20年（定額法償却率0.050）

⑤ コピー機用トナーについて期末にな卸しを実施したところ、残り3本となっていたが、会計処理はなされていなかった。

⑥ 令和4年4月に、地域の方から300,000円相当の応接セット（器具及び備品、耐用年数8年、償却率0.125）の受贈を受けていたが、何ら会計処理はなされていなかった。また、市内の企業から協賛として、時価80,000円の利用者用の娯楽用品の受贈を受けていたが、こちらについても、何ら会計処理はされていなかった。

⑦ 令和4年度中に前期以前の事業未収金について、徴収不能165,000円が確定したが、何ら会計処理はなされていなかった。また、当期末、事業未収金残高に過去の平均徴収不能発生率0.5%を乗じた金額を徴収不能引当金として計上している。

⑧ 令和5年3月10日に、翌期（令和5年4月1日から令和6年3月31日まで）の建物火災保険料568,000円を支払ったが、誤って保険料（事務費）に計上していた。

⑨ 法人独自の退職金規程による退職金制度のみ採用しており、退職給付引当金は期末要支給額によって計上している。令和4年度中に対象者の退職はなく、当期末の要支給額は、21,835,000円であった。なお、将来の退職金支給に備えて、退職給付引当資産として、要支給額と同額を別途預金に積み立てている。

基本金　国庫補助金等特別積立金　施設整備等積立金　次期繰越活動増減差額

事業活動計算書科目

（収益の部）

介護保険事業収益　老人福祉事業収益　児童福祉事業収益　保育事業収益　就労支援事業収益

障害福祉サービス等事業収益　生活保護事業収益　医療事業収益　経常経費寄附金収益

借入金利息補助金収益　受取利息配当金収益　有価証券売却益　有価証券評価益　雑収益

投資有価証券売却益　受入研修費収益　設備整備費収益　為替差益　投資有価証券評価益

施設整備等補助金収益　利用者等外給食費収益　長期運営資金借入金元金償還寄附金収益　国庫補助金等特別積立金取崩額

設備整備等補助金収益　施設整備等寄附金収益　長期運営資金借入金元金償還寄附金収益　投資有価証券受贈額

車輛運搬具売却益　器具及び備品売却益　徴収不能引当金戻入益

拠点区分間繰入金収益　事業区分固定資産売却益　拠点区分間固定資産移管収益

（費用の部）

役員報酬　職員給料　職員賞与　賞与引当金繰入　非常勤職員給与　派遣職員費　退職給付費用

法定福利費　給食費　介護用品費　保健衛生費　医療費　被服費　教養娯楽費　日用品費

保育材料費　本人支給金　水道光熱費　燃料費　消耗器具備品費　保険料　賃借料　教育指導費

就職支度費　葬祭費　車輛費　福利厚生費　職員被服費　旅費交通費　研修研究費

事務消耗品費　印刷製本費　修繕費　通信運搬費　会議費　広報費　業務委託費　手数料

土地・建物賃借料　租税公課　保守料　渉外費　諸謝金　利用者負担軽減額

国庫補助金等特別積立金積立額　徴収不能額　徴収不能引当金繰入　支払利息　有価証券売却損　有価証券評価損　為替差損

有価証券売却損　投資有価証券売却損　投資有価証券評価損　利用者等外給食費

雑損失　基本金組入額　国庫補助金等特別積立金積立額　事業区分固定資産売却損　車輛運搬具売却損・処分損

器具及び備品売却損・処分損　資産評価損　建物売却損・処分損　拠点区分間固定資産移管費用

災害損失　拠点区分間繰入金費用　その他の特別損失

（繰越活動増減差額の部）

基本金取崩額　施設整備等積立金取崩額

基本金取崩額　施設整備等積立金取崩額

該当する項目に☑をご記入ください

所属

□ 社会福祉法人役員 　　　□ 会計事務所職員
□ 社会福祉法人（社協以外）職員 　□ 公務員
□ 社会福祉協議会職員 　　　□ 学生
□ 金融機関職員 　　□ 会社員（役員を含む） 　□ その他（ 　　　　　）

受験番号	氏名	得点

- 1 -

⑤	期末の仕訳			

1

ファイナンス・リース債務の返済支出		
支 払 利 息 支 出		円
(5)	納付税額	円
		円

2

科目	予算	決算	差異
水道光熱費支出		1,489,621	
消耗器具備品費支出	860,000	856,941	3,059
保険料支出	40,000	38,600	1,400
賃借料支出	420,000	420,000	
車輌費支出	750,000	743,689	6,311
事務費支出		**16,638,228**	
福利厚生費支出	300,000	298,564	1,436
職員被服費支出	600,000	598,621	1,379
旅費交通費支出	300,000	296,841	3,159
研修費研究費支出	100,000	98,600	1,400
事務消耗品費支出		1,325,621	
水道光熱費支出		178,214	
修繕費支出		**456,210**	
通信運搬費支出	800,000	796,954	3,046
会議費支出	100,000	98,650	1,350
広報費支出	200,000	198,640	1,360
業務委託費支出	2,960,000	2,954,621	5,379
手数料支出	760,000	756,980	3,020
保険料支出	1,600,000	1,598,650	1,350
賃借料支出	800,000	798,000	2,000
土地・建物賃借料支出	4,360,000	4,360,000	
租税公課支出	980,000	975,861	4,139
保守料支出	150,000	148,960	1,040
渉外費支出	150,000	146,576	3,424

事業活動による収支
支出

当期資金収支差額合計 (11) = (3) + (6) + (9) - (10)	269,572	△ 269,572
前期末支払資金残高 (12)	23,332,200	23,332,200
当期末支払資金残高 (11) + (12)	23,332,200	23,601,772

3

自己資金比率

③一般的自己資金比率	④建設時自己資金比率		③、④のいずれか高い方の率	合計額
	建設時自己資金 (d)	d/b		
22%		2.6%	22.0%	
22%	8,450,000	100.0%	100.0%	50,378,888
22%	4,716,450	70.2%	70.2%	16,785,738
22%	76,204,500	37.4%	37.4%	49,802,975
22%	11,497,500	100.0%	100.0%	28,623,956
22%	1,645,000	100.0%	100.0%	5,795,331

1.253	250,000	6,716,450	97.200	3.618	3.618
1.204	250,000	203,679,500	1,197.900	1.470	1.470
1.215	250,000	11,497,500	141.860	3.085	3.085
1.199	250,000	1,645,000	23.180	3.523	3.523

年間事業活動支出 | 189,304,605 | 12

5. 「計算の特例」

項目	金額	月数	合計額
年間事業活動支出		12	12

6. 「社会福祉充実残額」

項目	金額	
活用可能な財産	492,714,084	控除対象財産計
社会福祉法に基づく事業に活用している不動産等	0	
再取得に必要な財産	428,098,975	
必要な運転資金	47,326,151	
計算の特例		
合計		

4

勘定科目		
サービス活動費用計(5)		
サービス活動外増減差額(6)=(4)-(5)		
経常増減差額(7)=(3)+(6)		
特別増減の部	収益	施設整備等補助金収益
		施設整備等寄附金収益
		固定資産受贈額
		その他の特別収益
		特別収益計(8)
	費用	基本金組入額
		資産評価損
		固定資産売却損・処分損
		国庫補助金等特別積立金取崩額（除却等）
		国庫補助金等特別積立金積立額
		災害損失
		その他の特別損失
		特別費用計(9)
特別増減差額(10)=(8)-(9)		
当期活動増減差額(11)=(7)+(10)		
繰越活動増減差額の部		前期繰越活動増減差額(12)
		当期末繰越活動増減差額(13)=(11)+(12)
		基本金取崩額(14)
		その他の積立金取崩額(15)
		その他の積立金積立額(16)
		次期繰越活動増減差額(17)=(13)+(14)+(15)-(16)

構築物		
車輛運搬具		
器具及び備品		
有形リース資産		
ソフトウェア		
退職給付引当資産		
施設整備等積立資産		
長期前払費用		
その他の固定資産		
資産の部合計		

負債の部合計		
基本金		
国庫補助金等特別積立金		
施設整備等積立金		
次期繰越活動増減差額		
（うち当期活動増減差額）		
純資産の部合計		
負債及び純資産の部合計		

5

ネットスクール出版